The XIII buiks o Eneados Virgil translatit out o Latin metre, by the Reverend Fai Gavin Douglas, Bishop o Dunkeld, and uncle tae the Earl o Angus, every buik haein his parteecular prologue

modrenised by John Law

(completit by Caroline Macafee)

Volume II

Copyright © The estate of the late John Law.

The XIII buiks o Eneados o the famous poet Virgil translatit by Gavin Douglas and modrenised by John Law

Vol. II

Published 2010 as an e-book by The Scots Language Centre

http://www.scotslanguage.com/articles/view/2216

This edition published 2012 by Caroline Macafee at http://www.lulu.com/

ISBN 978-1-4716-7213-2

This work is licensed under a Creative Commons Attribution-NonCommercial-ShareAlike 3.0 Unported License.
To view a copy of this license, visit http://creativecommons.org/licenses/by-nc-sa/3.0/.
Permissions beyond the scope of this license may be available at http://www.scotslanguage.com/.

The moral rights of the authors have been asserted.

Cover image: Nisus and Euryalus, marble by Jean-Baptiste Roman in the Louvre, © Marie-Lan Nguyen / Wikimedia Commons

Contents of Volume II

Introduction tae the Saicont Pairt by Gavin Douglas	1
The Prologue o the Seivint Buik	3
The Seivint Buik	9
The Prologue o the Aucht Buik	63
The Aucht Buik	71
The Prologue o the Nynt Buik	119
The Nynt Buik	123
The Prologue o the Tenth Buik	175
The Tenth Buik	181
The Prologue o the Levint Buik	243
The Levint Buik	249
The Prologue o the Twalt Buik	305
The Twalt Buik	315
Translator's note by Gavin Douglas	377
The Prologue o the Thirteent Buik	379
The Thirteent Buik eikit tae Virgil by Mapheus Vegius	385
Douglas' Efterword	423
Virgil's Efterword	431

Introduction tae the Saicont Pairt by Gavin Douglas

Virgil, in thir sax forsaid buiks, follaes the maist excellent Greek poet Homer in his *Odyssey* o Ulysses, shawin Eneas' lang navigation and gret perils and dangers on the sea.

Nou in the sax buiks here-efter he follaes Homer in his *Iliad*, descrivin the horrible battles betwix the Trojans and the Italians. He paints Eneas tae be a prince indued wi aa noble and princely virtues, baith o body and o mind; in feats o weir excellin aa ithers; and wis o sic clemency, that these wham he had subdued in weir, wi his gret gentleness wan thaim tae be his verra freins. He wis virtuous, sincere, gentle and liberal; in justice, wisdom and magnanimity a mirror tae aa princes, whase virtues gif the princes o our days will follae, thay sall nocht only be favoured o God, but alsae weill beluvit o aa guid men; thair empire, kingdoms and posterity sall be the mair durable; for it is virtue that ever haes promovit commonwalths, and vice haes ever been the cause o destruction o the same, as we read in aa histories baith civil and ecclesiastical.

Whaurfore, lat every noble prince that desires tae come tae hie honour, and gret fame and name efter this life, fear God, luve virtue and justice, hate vice, punish evil men, and promove guid men, and tae this end mak aa his laws, ordinances and proceedings. Sae sall his kingdom and posterity be maist permanent and durable.

Vivit post funera virtus.[1]

---

[1]   Virtue lives on beyond the grave.

The Prologue o the Seivint Buik

As bricht Phoebus, schene sovereign, heiven's ee
the opposite held o his chymmis[1] hie,
clear shinin beams and gowden simmer's hue,
in latoun[2] colour alterin haill o new,
kythin nae sign o heat by his veisage
sae near approachit he his winter stage;
ready he wis tae enter the thrid morn
in cloudy skyis under Capricorn.
Altho he be the heart and lamp o heiven
forfeeblit waux his leamin giltly levin[3]
throu the declinin o his large round sphere.
The frosty region reignis o the year,
the time and season bitter cauld and pale,
thae short dayis that clerkis cleip brumaill,[4]
whan brim blasts o the northern airt
owrewhelmit haed Neptunus in his cairt
and aa to-shake the leaves o the trees;
the ragin storm owrewalterin wawy seas;
rivers ran reid on spate wi watter broun
and burnis hurlis aa thair bankis doun
and landbrist rummlin rudely wi sic beir[5]
sae loud nocht rummist wild lion or bear.
Fluidis' monsters, sic as merswine[6] or whales
for the tempest law in the deep devales.
Mars occident, retrograde in his sphere
provokin strife, reignit as lord that year;
rainy Orion wi his stormy face
bewailit o the shipman by his race;[7]
frawart Saturn, chill o complexioun –
throu whase aspect dearth and infectioun

---

1   chymmis: mansion, i.e. sign o the zodiac
2   latoun: bressy
3   levin: flash o licht
4   brumaill: wintry
5   beir: ootcry
6   merswine: porpoises
7   race: course

been causit aft, and mortal pestilence –
went progressive the grees o his ascense;
and lusty Hebe, Juno's dochter gay
stude spulyiet o her office and array.
The soil y-sowpit[8] intae watter wak,[9]
the firmament owrekest wi rokkis[10] black,
the grund fadit, and fauch[11] waux aa the fields;
muntain tappis sleikit wi snaw owreheilds[12]
on raggit rowkis[13] o hard harsk whinstane;
wi frozen fronts cauld clinty clewis[14] shane.
Beauty was lost and barren shew the lands;
wi frostis hair owrefret the fieldis stands.
Sour bitter bubbis[15] and the shoueris snell
seemed on the sward a similitude o Hell.
Reducin tae our mind, in every steid
goustly[16] shaddas o eild and grisly deid.
Thick drumly scuggis[17] daurkent sae the heiven;
dim skyis aft furth warpit fearfu levin,
flaggis o fire and mony felloun flaw,[18]
sherp sops[19] o sleet and o the snipin snaw.
The dowie ditches war aa donk and wat;
the law vale flodderit aa wi spate;
the plain streetis and every hiewey
fu o flushes, dubs, mire and cley.
Laggerit leys[20] wallowit fernis shew;
broun muirs kythit thair wizzent mossy hue;
bank, brae and boddom blanchit waux and bare;

8	y-sowpit: droukit
9	wak: wat
10	rokkis: cluds
11	fauch: yalla
12	owreheilds: covers owre
13	rowkis: clints
14	clewis: cleuchs
15	bubbis: blasts
16	goustly: dreich
17	scuggis: shaddas
18	flaw: blast
19	sops: dauds
20	laggerit leys: dubby pastures

for gurl[21] wadder groweit beastis hair.
The wind made wave the reid weed on the dyke;
bedoven in donkis[22] deep was every syke;[23]
owre craggis and the front of rockis sere[24]
hang gret ice-shockles[25] lang as ony spear.
The grund stude barren, witherit, dosk[26] and gray;
herbs, flouers, and gresses wallowit away;
wuidis, forests, wi nakit bewis blout[27]
stude strippit o thair weed in every hout.[28]
Sae busteously Boreas his bugle blew
the deer fu dern doun in the dales drew.
Smaa birdis, flockin throu thick ronnis[29] thrang
in chirmin and wi cheepin changed thair sang
seekin hiddils and hirnis[30] thaim tae hide
frae fearfu thuds o the tempestuous tide.
The watter linns routis, and every linn
whustlit and brayit o the swouchin win.
Puir labourers and busy husbandmen
went wat and weary draggelt in the fen.
The silly sheep and thair little hird grooms
lurks under lee o bankis, wuids and brooms;
and ither dauntit gretter bestial
within thair stables seizit into stall,
sic as mules, horses, oxen and kye.
Fed tuskit bairs, and fat swine in sty,
sustainit war by man's governance
on hervest and on simmer's purveyance.
Widewhaur wi force sae Eolus shoutis shill[31]
in this congealit season sherp and chill.
The caller air, penetrative and pure,

---

21   gurl: cauld and stormy

22   bedoven in donkis: droukit in dubs

23   syke: sheuch

24   sere: mony

25   ice-shockles: icicles

26   dosk: daurk

27   blout: barren

28   hout: shaw, holt

29   ronnis: thickets

30   hiddils and hirnis: hidie-holes an neuks

31   shill: shrill

dazin the bluid in every creature,
made seek warm stoves and bein fires hot
in double garment cled and wilycoat
wi michty drink and meatis confortive
agin the stormy winter for tae strive.

Repaterit[32] weill, and by the chimney beikit
at even, betime, doun a-bed me streikit,
warpit my heid, kest on clathes thrinfauld
for til expel the perilous piercin cauld.
I crossit me, syne bounit for tae sleep
whaur leamin throu the gless I did tak keep
Latonia,[33] the lang irksome nicht
her subtle blinkis shed and wattery licht
fu hie up-whirlit in her regioun
til Phoebus richt in oppositioun
intae the Crab her proper mansion draw,
haudin the hicht altho the sun went law.
Hornit hebawd,[34] whilk cleip we the nicht owl,
within her cavern heard I shout and yowl,
laithly o form wi cruikit camsho beak;
ugsome to hear was her wild eldritch skreik.
The wild geese claikin eik by nicht's tide
atowre the city fleein heard I glide.

On slumber I slaid fu sad and sleepit sound
while the orient upwart gan rebound.
Phoebus' crouned bird, the nicht's orlogeir,[35]
clappin his wingis thrice haed crawen clear,
approachin near the greikin o the day.
Within my bed I waukent whaur I lay;
sae fast declines Cynthia the muin
and kayis keckles on the ruif abuin;
Palamedes' birdis croupin in the sky
fleein on randoun shapen like a Y
and as a trumpet rang thair voices' soun
whase cries been prognosticatioun
o windy blastis and ventosities.

32	repaterit: fed
33	Latonia: i.e. the Mune
34	hebawd: hoolet (only here)
35	orlogeir: time-keeper

Fast by my chaumer, in heich wizzent trees
the sore[36] gled whustles loud wi mony a pew,
whaurby the day was dawin weill I knew;
bade bete the fire, and caunle alicht;
syne blissit me, and in my weedis dicht;
a shot windae unshet a little on char;[37]
perceivit the mornin blae, wan and haar
wi cloudy gum and rack[38] owrewhelmed the air
the sulyie stithely hasart,[39] roch and hair;
branches brattlin; and blaiknit[40] shew the braes
wi hirstis[41] harsk o waggin windlestraes;
the dewdraps congealit on stibble and rind
and sharp hailstanes, mortfundit[42] o kind
hoppin on the thack and on the causey by.
The shot I closed and drew inwart in hy,
chiverin for cauld, the season was sae snell;
shupe wi het flame tae fleme the freezin fell.[43]

And as I bounit me tae the fire me by,
baith up and doun the hous I did aspy,
and seein Virgil on a lectern stand,
tae write anon I hint a pen in hand
for til perform the poet grave and sad,
wham sae faur furth ere than begun I haed
and waux annoyit some deal in my hairt
there restit uncompletit sae gret a pairt
and til mysel I sayed, "In guid effeck,
thou maun draw furth, the yoke lies on thy neck."
Within my mind compassin thocht I sae:
naething is duin while ocht remains tae dae –
for business, whilk occurrit on case,
owrevolvit[44] I this volume, lay a space –

---

[36]   sore: sorrel

[37]   on char: ajar

[38]   gum and rack: haze an drivin mist

[39]   the sulyie stithely hasart: the grund rigidly gray

[40]   blaiknit: pale

[41]   hirstis: knowes

[42]   mortfundit: deidly cauld

[43]   fleme the freezin fell: banish the freezin skin, i.e. get warm

[44]   owrevolvit: laid by

and, tho I weary wis, me list nocht tire
fu laith tae leave our wark sae in the mire,
or yit tae stint for bitter storm or rain.
Here I assayed tae yoke our pleuch again
and, as I cud, wi aefauld diligence,
this neist buik follaein o profound sentence
haes thus begun in the chill winter cauld
whan frost's days owrefret baith firth and fauld.

Explicit tristis prologus
whaurof the author says thus:

This Prologue smells new come furth o Hell
and as our buik begouth his weirfare tell
sae weill accordin duly been annexed
thou dreary preamble wi a bluidy text.
O sable be thy letters illuminate
accordin tae thy process and estate.

The Seivent Buik

Chaipter I

Eneas' nurse, Caieta, gan decess
whaur yit the place keepis her name, but les.

Oh Caieta, thou nurrice o Enee,
thou haes alsae, that time whan thou gan dee,
untae our coast or frontiers o Ital
given the bruit and fame perpetual,
while this day the ilk place and steid
observes the renown efter thy deid;
thy tomb and banes merkit wi thy name
in gret Hesperia witnessin the same,
gif that be ony glory nou tae thee.

The ruthfu than and devote Prince Enee
performit duly thy funeral service,
upo the sepulture, as custom wis and guise,
a heap o erd and little motte gart upraise
and wi bent sail syne furth his voyage taes.
Efter that assuagit wis the deep sea,
thay leave the coast and sped on thair journey.
The pipin wind blew in thair tail at nicht
nor the schene muin her course and clear licht
haes nocht denyit, sae that the haw streams
couth shine and glitter unner the twinklin gleams.

The coast endlang the isle Circaea
thay sweepen fast by, hard on buird the brae,
whaur-as the rich sun's dochter, Circe,
thae shaws – wham tae repair nane aucht tae be –
wi her eident sweet sang and carolling
causes aawey for tae resound and ring,
and in her proud place o beds aa the nicht
the weill-smellin cedar burnis bricht;
wi subtle slayis[1] and her heddles slee,
rich, lenyie[2] wabbis naetly weaves she.

---

1   slayis: weavin tuils for beatin up the weft

Frae this land readily on faur micht thay hear
the gret ragin o lioness and the bear
whilk thay did mak, refusin tae be in band
in silence, aa the late nicht rummesand;
the birsit bairs[3] and beiris in thair sties
roarin aa wud wi whrinis[4] and wild cries,
and gret feigures o wolfis eik infeir,
yowlin and yammerin grisly for tae hear;
whilks aa this cruel goddess, hecht Circe,
by enchantment and forcy herbis slee,
haed furth o man's feigure and estate
intae wild beastis' shape and form translate;
whilk monstrous transformation for the naince
no happen micht untae devote Trojanes
gif thay arrivit in thae portis nice –
thae cursit coastis o this enchantrice,
that thay no suld dae enter, nor thaim finnd,
thair sailis aa wi prosper follaein wind
Neptunus filled; and made thaim sail swiftlie,
aa dangeris and gray shaulds cairryit by.

Chaipter II

King Latin o the goddis haed command
tae wad his dochter tae man o uncouth land.

Than gan the sea o beamis wauxen reid,
and heich abuve, doun frae the heivenly steid,
within her rosy cairtis clearly shane
Aurora vestit intae broun sanguane.
Efter the windis lownit war at will,
and aa the blastis pacified and still,
Outowre the caulm stream o marble gray
wi airis' palmis sweep thay furth thair way.
And suddenly here frae the stabled sea
a large seemly shaw beheld Enee;
amiddis wham the fluid he gan espy
o Tiber flowein saft and easilie,

---

[2] lenyie: fine

[3] bairs: boars

[4] whrinis: squeals

wi swirlin wells and meikle yalla sand
intae the sea did enter fast at hand.
The birdis sere o mony diverse hues,
about the watter, abuve up in the clews,[5]
on bankis weillbeknaw[6] and fluidis' bay,
wi wribles[7] sweet and mirthfu sangis gay
gan mease and gled the heivens and the air,
and throu the shaw went fleein owre aawhere.
Tae turn thair course he gan his feirs command,
and stevin thair ships tae the samen land;
joyfu and blythe thay enter in the fluid,
that dern about scuggit wi bewis stuid.

Nou, thou, my muse Erato, I thee pray,
dae shaw me this, at I may sherply say
whit kin process o time wis, and whit kings
in auld Latium, and in whit state aa things,
whan first this strange army or fellaeship
in Italy gan arriven, every ship.
I sall declare aa, and reduce fuit-hait,
frae the beginnin o the first debate.
Oh thou sweet goddess, oh thou haly wicht,
convoy and teach thy poet tae say richt!
I sall the horrible battles shaw and tell,
the bluidy hostis, and the fieldis fell;
hou, throu thair courage, dochty kingis sere
as deid corpse become war, and brocht on bier;
the pouer haill o aa Tuscany,
and aa the gret routis o Italy
assembled intae airmies on the land.
Per order nou thare rises upo hand
faur larger maiters for tae treat and write;
a gretter wark begin we tae indite.

Thae boundis, wi thair lusty ceities all,
by lang process o peace, in state ryal
the King Latinus held in governing.
Ere than, fu ageit wis this noble king,
wham, as we hae heard tauld lang agone,

---

5   clews: cleuchs

6   weillbeknaw: fameiliar

7   wribles: warbles

by King Faunus engendert wis upon
the maid or nymph o Laurent, Marica.
And tae this Faunus faither wis alsa
Picus the King, whilk doth thee represent,
Saturnus, for his faither and parent –
thou wis the first gan aa thair bluid begin,
the first fundment and chief stock o kin.
By disposition o the gods divine,
son nor manchild nane haed King Latine;
for alsmeikle as his young son, a page,
deceasit wis within his tender age.
The King's palace, and aa that ryal hauld,
aa her alane a dochter did withhauld,
nou ready for a man, and come tae age
in green yearis tae complete mairriage.
Fu mony nobles intae Latium
askit her tae wife, throu Ital aa and some:
Turnus her askis, comen o hie parage,[8]
abuve aa ither maist guidly personage,
and tharetae rich o freindis and michty
o elders gret and ryal ancestry;
wham King Latinus' spous, Queen Amatae,
wi diligence did procure, day by day,
that he adjoinit war thair son-in-law:
but fearfu signis by the goddis shaw,
and sindry terrors gan tharetae gainstand.

Amiddis o the palace close did stand,
wi blissfu bewis, a fair green laureir,
hauden in dreid and worship mony a year,
wham this ilk prince and faither Latinus
did consecrate and hallow tae Phoebus,
for that he fand it growein in the field
whaur he his ryal palace first did beild.
The indwellers o the grund, efter this tree,
Laurentes untae name cleipit haes he.
Betide a wunner taikenin for tae say:
a gret flicht o bees, on a day
cairried owre the sea heich throu the moist air,
wi loud bummin gan alicht and repair
on the hie tap o this foresaid laureir.

---

8   parage: lineage

Intil a clud fu thick thegither infeir,
thair feet aa samen knit efter thair guise,
a swarm, ere ony wist hou or whitwise,
hung frae a flourished branch o this ilk tree.
Incontinent the spaemen cries, "We see
a strange man tae come untae thir pairts
wi a gret rout, and frae the samen airts
whaurfrae yon beeis come, sall hither seek,
whilk, for his bontie[9] and his thewis[10] meek
sall weild this palace and hie seignory.
Abuve this, eik, betid ane mair ferly:
as King Latinus kennles, on thair guise,
upo the altars for the sacrifice,
the clean schydes[11] o the dry firebrands,
whaur that alsae fast by her faither stands
Lavinia the maid, his dochter fair,
a selcouth thing tae see, in her side hair
it seemed the het fire kennelt bricht,
and her gay clathin aa wi loweis licht
gan gleit,[12] and sparklin burn up in a bleeze;
her ryal tresses inflamelt, ill at ease;
her crounel, picht wi mony precious stane,
enfirit aa o burnin flawis[13] shane.
And efter that seemit this guidly wicht
tae be involved in yalla reeky licht,
and furth owre aa the place and ruif on hie
the fire bleezes, thaim seemit, scatters she.
Certes, this wis repute wi young and auld
a grisly thing and wondrous tae behauld;
for the divines declares by and by
whit this fearfu taiken did signify:
that is tae knaw, that this ilk maid suld be
o fame excellin and felicity;
but tae the people prognostication clear
o sudden battle and o mortal weir.

9	bontie: excellence
10	thewis: personal qualities
11	schydes: kennlers, bits o wuid
12	gleit: glitter
13	flawis: flashes

But than the King, thochtfu and aa pensive
o sic monsters,[14] gan tae seek belive
his faither Faunus' orator and answer,
whilk couth the fates for tae come declare;
and gan requiren responsions[15] alsa
in the shaw unner hie Albunea,
whilk is a chief gret forest, as thay tell,
and namit frae a haly routin well,
whaur, frae the earth, in dern wents here and thare,
a strang fleur[16] thraws up in the air.
Thither haill the people o Italia,
and aa the land eik o Oenotria,
thair doutsome askin turses for answeir,
and thair petitions gets assoilyiet[17] here.
The King's offerin and rich sacrifice
the priest thither gart bring, as wis the guise,
and, unner silence o the daurk nicht,
on sheepskinnis, weill spreid and couchit richt,
whilk slain war in the sacrifice that day,
he streikis him adoun and thareon lay,
demandin swevins and visions til appear.
On mervellous wise, thir fleein shaddas sere
and feigures nice[18] did he see and aspy,
and diverse voices heard he eik fast by,
and gan the goddis' carpin bruik and jose,[19]
wi speech o thae spreitis that been y-close
in Acheron, the deepest pit o Hell,
and thaim that faur doun in Avernus dwell.
The King alsae, that time, attour the lave,
here wad himsel his answer ask and crave.
A hunner woolit[20] wedders, weill gainand,
in sacrifice he brittens for offerand,
on whase saft fleeces, weill and duly spread,
the King doun ligs for that nicht's bed.

---

[14]   monsters: i.e. divine portents

[15]   responsions: answers frae a deity

[16]   fleur: flavour, smell

[17]   assoilyiet: resolved (by releigious authority)

[18]   nice: byordnar

[19]   bruik and jose: unnerstaun (literally possess an enjoy)

[20]   woolit: woolly, unshorn

And suddenly, furth o the shawis close,
sayin him thus, thare come a hasty voce:

"Oh thou, my child, comen o my stock,
address thee ne'er tae knit intae wedlock
thy dochter til a man o Latin land;
lippen nocht in alliance ready at hand.
Tae be thy match sall come an aliener,
that o his bluid sall gender sic an heir,
whilk sall our name abuve the starns upbring;
o whase stock the nevoyis and affspring
unner thair feet and lordship sall behaud
aa landis steered and rulit as thay wad,
as faur as that the sun, circlin we see,
behauldis baith the east and wester sea."

Chaipter III

> *Efter Eneas come tae Ital land,
> made sacrifice tae the gods wi offerand.*

The King thir answers o his faither Faunus,
and admonitions by nicht given thus,
no hides nocht, nor closes in his mouth;
sae that the fame thareof walkis fu couth
owre aa the ceities o Italy widewhaur.
Whan-as the younkers o Troy arrived war,
and at the shore, unner a gressy bank,
thair navy gan thay anchor fast and hank.[21]

Eneas, and ither chieftains glorious,
and the fresh lusty springald Ascanius,
unner the branches o a seemly tree
gan leanen doun, and rest thair bodies free;
and tae thair denner did thaim aa address
on green herbis and sonkis o saft gress.
The flour scones war set in, by and by,
wi ither messis, sic as wis readie;
syne braid trincheris did thay fu and charge
wi wild scrabbis[22] and ither fruitis large.

---

[21] hank: tie up

[22] scrabbis: crab aipples

Betide, as wis the will o Jupiter,
for faut o fuid constrainit sae thay war,
the ither meatis aa consumed and duin,
the parings o thair breid tae mop up suin,
and wi thair haundis brek, and chaftis gnaw,
the crustis and the coffins[23] aa on raw;
no spare thay nocht at last, for lack o meat,
thair fatal[24] fower-neuked trinchers for tae eat.
"Och!" quo Ascanius, "Hou is this befaa?
Behaud, we eat our tables up and aa!"
He sayed nae mair but this, hauf-deal in bourd.
Thaim thocht thay heard a fatal voice and word,
whilk wis as final end o thair voyage.
His faither first o aa, wi gled courage,
the word reft frae his mouth as that he spak,
and follaes on the answer stupefak.
"Aa hail, thou grund and land," quo he in hy,
by the Fates untae me destinie;
and, traist Penates," sayed Enee,
"aa hail our native goddis, weill ye be!
Here is our dwellin place whaur we sall leind,[25]
for tae remain here is our kintrie heind.[26]
Certes, nou I remember my faither Anchise
sic secret taikens o fates on this wise
shew and rehearsit, sayin thus tae me:
'Son, whan in sic hungir thou stad sall be,
as you art cairryit til a strange coast,
that, aa the messes etten, duin, and lost,
thou art constrained thy buirdis gnaw and fret,
than thou, aa irked, may thare believe tae get
a sover dwellin steid perpetuallie.
Remember, in that place, or near fast by,
tae found thy first ceity wi thy hand,
dicht wi fosses[27] and wallis hie standand.'
This wis that hungir tarried us sae lang;
this sall mak end o our mischiefis strang.
Whaurfore, the morn early, I you pray,

---

[23]   coffins: caskets i.e. pie-crusts
[24]   fatal: fatit
[25]   leind: bide, reside
[26]   heind: bonny
[27]   fosses: defensive ditches

first as the sun uprises, we gledly may
search and inquire whit place and land is this,
or whit mainer o people tharein dwellis;
and o this kith whaur stauns the chief ceitie,
lat us seek sindry weyis frae the sea.
Nou mak we merry. Awa dowf hertis dull.
Nou skink,[28] and offer Jupiter cups ful,
and in your prayers and orisons infeir
dae caa upo Anchise, my faither dear.
Bring wine again; set in thareof plenty."

And sayin thus, wi a green branch o tree
he did envelop and array his heid,
and Genius, the god o that ilk steid
he did worship, and gan in prayers caa
Erd, the gret mither and first god o aa;
the Nymphis, and the fluidis yit unknaw;
the Nicht syne, wi her signis aa on raw.
And Jupiter Ideus o Ida,
and Sybilla the mither in Phrygia.
He gan alsae beseik, whaurat thay dwell,
aither o his parents baith in Heiven and Hell.

The faither than aamichty wi clear licht
gan thunner thrice doun frae the heiven's hicht;
and shakkin in his haun, whauras he went,
a burnin clud shew frae the firmament,
wi fiery sperkis like tae gowden beams,
or twinklin sprainges[29] wi thair gilten gleams.
And than belive divulgit round about is
the noise and rumour throu the Trojan routis:
the day wis comen, and the place whaur thay
thair ceity promised suld build and array.
For joy thay pingle than for til renew
thair banquets wi aa observances due,
and, for thir tithins,[30] in flagon and in scull[31]
thay skink the wine, and wauchtis cuppis ful.

28	skink: pour out (the wine)
29	sprainges: streaks, stripes
30	tithins: tidins, wittins
31	scull: smaa wuiden bowle

Chaipter IV

Hou Eneas ambassadors did send
tae King Latin wi rewards and commend.

The neist morn, wi his gowden lamp bricht,
as the clear day did air and earth alicht,
thae boundis, coastis, and the chief ceity,
diverse spyis went furth tae search and see,
and fand a stank that floweit frae a well
whilk Numicus wis hait, and eik thay tell
this wis the fluid o Tiber thay haed fund,
and strang Latin people inhabit this grund.

Tharewith Anchises' son, the wyce Enee,
per order chosen o every degree
a hunner gay ambassadors did wale,
tae pass untae the King's steid ryale;
bade beir the prince rewardis for the naince,
and him beseik o peace tae the Trojanes.
Wi fresh garlands and branches aa thay be
arrayit o the olive o Pallas' tree;
and but delay, as he thaim chairgit haed,
wi swift pace thay on thair message gled.
And he intae the meantime fast gan spur,
but wi a smaa sheuch, or a little furr,
tae merk the fundment o his new ceity;
and fast by the ilk coast's side o the sea
his first mansion, in mainer as it haed been
a host o tentis stentit on the green,
wi turrets, fossie,[32] and erd dykes ilk deal,
he gan address tae closen wunner weill.

By this the young men sent furth in message
sae faur haes sped furthwart thair voyage,
that thay the touers and the turrets hie
o King Latin the chief chymmis gan see.
Unner the ceity waa childer and page,
and lusty springalds aa o tender age,
thair horses and thair steedis did assay,
and dauntit cairtis in the dusty way;

---

[32]   fossie: ditch

and some thair big bowis did bend and draw,
some wi airmis lat trimmlin dartis thraw;
baith wi swift course and shuitin sae thay wirk,
ilkane busy his pairty for tae irk.
Than, cairryit on a horse, a messengeir
brocht tithins tae the ancient King's ear,
a gret menyie o sturdy men war come,
cled in a strange habit, aa and some.
The King bade bring thaim in his palace soon,
and set himsel amid his elders' throne.

Thare stuid a gret temple, or salle[33] ryal,
o Laurent ceity saet imperial,
belt wi a hunner stately pillars hie,
o King Picus the chymmis chief tae see,
wi seemly shaws circulit, and lang hauld
in worship and reverence by faithers auld;
whaur wis statute by the consent commoun
the kingis suld receive sceptre and croun,
and o justice ither ensenyies sere,[34]
and thare the banner first raise for the weir.
In this temple held thay court on raw;
that wis the saet eik by thair gentle law
depute for hallowed feast and mangerie;[35]
and here fu aft at buirdis by and by
the herrs war wont thegither sit aa same,
whan brittent wis, efter thair guise, the ram.
And faurer eik per order micht ye knaw,
within the chief deambulatour[36] on raw
o forefaithers gret eimages did staun,
o auld cedar cairvit wi crafty haun:
King Italus, and faither Sabinus
that first the wine tree plantit, stock or buss –
the cruikit heuk unner his weed held he.
The ancient King Saturn thare micht thou see,
and Janus' stature eik wi double face,
wi ither princes porturate in that place,
frae the beginnin o thair first descense,

---

33   salle: muckle chaumer
34   ither ensenyies sere: mony ither emblems
35   mangerie: banquetin
36   deambulatour: daunerin place, walk-wey

whilk, o thair native kintrie for defense,
in martial battle sufferit woundis sair.
Upo the postis alsae mony a pair
o harness hang, and cairtwheels gret plenty,
frae enemies war wunnen in melée:
the bouin aixes; helmis wi hie crests;
o rich ceities' yettis, staples and rests,
gret lockis, slottis,[37] massy bandis square.
Dartis and shieldis hingis here and thare,
and stalwart stevins[38] baith o airn and tree
reft frae thair shippis fechtin on the sea.
The eimage porturate wis o King Picus,
daunter o horse, in chair sat glorious,
cled in a ryal robe augurial,[39]
and in his haun a sceptre wand ryal,
and in his left haun haudin a buckleir;
wham, ravished for his luve, throu venoms sere,
Circe his spous smate wi a gowden wand,
and in a bird him turnit, fuit and hand,
wi spruttelt[40] wings, cleipit a speicht[41] wi us,
whilk in Latin hecht *Picus Marcius*.

Chaipter V

*King Latin speirs the cause o thair comin,
and Ilioneus made guidly answerin.*

In sic a temple o gods Latin King,
amid his faither's saet ryal sitting,
gart fetch the Trojans tae his presence here;
and as thay entert, and before him wer,
wi gled semblant and veisage fu bening[42]
thir wordis first tae thaim carpis the King:

---

[37] slottis: bolts
[38] stevins: ships' stems
[39] augurial: pertainin til augury, ceremonial
[40] spruttelt: speckelt
[41] speicht: wuidpecker
[42] bening: benign

"Say me, Trojans, whit ye desire," quo he,
"for weill we knaw your lineage and ceity;
and it is alsae comen tae our ears
ye set your course owre sea thir mony years.
Shaw for whit cause or whit necessity
your shippis owre sae feil haw streams o sea
been hither tae this coast o Italy
cairryit or drive; or whether your navy
haes errit by thair course and faur gane wull,
or yit by force o storm chased hithertil,
as aft will happen by the frawart tide
tae mariners on fluidis deep and wide.
Gif ye sicwise within our riverbanks
be entert, or remainis wi our thanks
intae our port and havens fast here by,
withdraw you nocht, nor flee nocht that herbry;
nor misknaw nocht the conditions o us
Latin people and folk o Saturnus,
unconstrainit, nocht by law bund tharetil,
but by our inclination and free will,
just and equal, and but offences aye
are rulit efter the auld goddis' wey.
As tuichin eik your descense and affspring,
weill I remember that I hae heard something;
but that is passed, ere nou, sae mony years,
the fame aamaist forget is and effeirs.
Ageit men o the ceity Auruncae,
wi gret avaunt,[43] forsuith, than heard I say,
o this kintrie Sir Dardanus y-bore
throu-out the sea socht faur and faurer more
til Samo, first, in Thrace, the nearest gate
(whilk Samothracia nou tae name is hait);
syne socht he tae the land o Phrygia,
and ceities set in the Wuid o Ida.
The gowden palace nou wi starnis bricht
o heiven in saet ryal withhauds that wicht,
that umquhile socht frae hyne o Tuscany
and Coryth ceity, stauns our coast hard by,
that nou a god is cleipit owre aawhaur,
and tae that nummer eikis his altar."
Thus sayed the King; and Ilioneus, but baid,
untae his wordis this wise answer made:

---

[43]   avaunt: boasting

"Maist ryal prince, comen o hie parage
o God Faunus, naither the sea's rage
by force o daurk tempest haes us drive
untae your realm, and thareat made arrive;
nor yit the leidstarn frae our course bewavit,
nor strange coast o this regioun dissaivit;
but by assent common, and o free will
and set purpose, we socht this ceity til,
as fowks flemit[44] frae thair native kintrie,
umquhile the maist sovereign realm, traist me,
that e'er the sun frae the faur pairt o heiven
wi his beamis owreshane, or man can nevin.[45]
Frae Jupiter did our lineage begin;
and aa the affspring o Sir Dardanus' kin
o Jupiter thair forefaither can rejoice.
O Jove's stock in hiest gree maist choice
our king descend, the strang Trojan Enee,
in message sent us here tae thy ceitie.
Hou gret tempest o battle and debate
our Trojan fieldis wide haes walkit late,
by cruel Greekis' hideous confluence;
whit fatal bargain thare made and defence,
aither pairt knawis o the warldis twa,
that is tae say, Europe and Asia;
and gif thare ony faurer region be,
dividit by the stream and ocean sea
frae the firm land, thareof thay hae heard tell;
and thay alsae, gif ony thare may dwell,
the sun's mid circle remainis under,
hait *Torrida Zona*, dry as ony tinder,
whilk is amid the heivens situate
amang fower ither plages[46] temperate.
Frae that deluge escape and fearfu spate,
cairryit throu feil large haw streams wat,
a little steid or mansion, we beseek,
grant tae our native kindly goddis meek –
the bare sea coast, hurtin nae man's richt,
wi air and watter common tae every wicht.

---

[44]   flemit: exiled

[45]   nevin: declare

[46]   plages: airts

Nae mair lack tae your realm sall we be,
nor nae repruif thareby tae your renowné
by us, nor nane ither, sall ever spreid;
nor yit the thanks o sae freindfu a deed
sall ony time intae oblivion slide;
nor Italy, wi her braid bounds and wide,
sall ne'er repent that she the fowk o Troy
haes receivit, nor thareof think annoy.
By aa Eneas' destinies I sweir,
his traisty faith, or richt haun intae weir
sae valiant at onset and defence,
and by his lang uise and experience
o armis, whilk he haes in battle hauntit;
fu mony people, victorious, undauntit,
desirit us in freindship and ally,
and tae be joinit in thair seignorie.
Nor lichtly nocht forthy our freindly proffer,
whilk o our free will unrequired we offer,
wi wordis o request and o treaty,
the taikens in our haundis borne up hie;
for aft the fates o the goddis sere
haes us compellit by thair strang pouer
untae your landis and thir coastis seek.
Sir Dardanus, born o this kintrie eik,
desires hither tae return again;
and wi commandments strait, fu mony ane,
Apollo chairgit us tae speir bedene
tae Tiber, flowein in the Sea Tyrrhene,
and tae the fountain and the strandis clear
o Numicus the hallowed fresh riveir.
And faurer eik our prince haes tae thee sent
o his auld fortune but a smaa present,
the sober[47] leavins reft frae Troy's fire.
Intae this cup o gowd Anchises, his sire,
at the altar wis wont tae sacrify;
and o the gret King Priam, maist dochtie,
this wis the chief diadem owre the lave,
wi wham he crounit sat and doomis gave;
his sceptre als, and eik his tire hat,[48]
hallowed whaurwi at sacrifice he sat;

---

[47] sober: modest

[48] tire hat: ceremonial headdress

and this wis eik his precious robe ryal,
by Trojan leddies wrocht and brusit[49] all."

Hearin sic words o Ilioneus,
fu still his veisage haudis Latinus;
his sicht unmoved tae the erd did he prent,
wi een rowein, and earis richt attent.
The brusit purpour moves him naething,
nor Priamus' sceptre sae faur steirs the King,
as that he muses thochtfu gretumlie[50]
upo his dochter's spousage and ally,
and in his mind gan compass aft infeir
his faither Faunus' response and answeir;
thinkin this ilk Eneas seemed tae be
the self stranger, wham fatal destiny
signified tae come furth o an uncouth steid
tae be his son-in-law, and for tae lead
equal dignity wi him in that ring;
fu o sovereign virtue, whase affspring
by thair pouer suld joice[51] and occupy
the haill warld unner thair seignorie.
And at the last, efter fu large musing,
wi joyous cheer on this wise sayed the King:

"The goddis your beginnin further and speed,
and thair pronostication manifest indeed.
I grant thine askin, Trojan messengeir,
and your rewards receives in thank; for here
ye be aa hertly walcome, traistis me.
Sae lang as leives King Latin in this kintrie,
the riches o maist plenteous fertile grund
ye sall nocht want, that in this realm is fund,
nor yit nane ither walth, weillfare, and joy
whilks ye war wont tae bruik and hae in Troy.
But, at the least, ye cause your prince Enee –
gif that sae gretly he desires tae be
wi us confederate intil alliance,
or gif he langs, but langir discrepance,
within our palace tae enter before ither,

---

[49] brusit: embroidert
[50] gretumlie: gretly
[51] joice: possess

and be cleipit our companion or brither –
dwell nae langir, but come hither in haste,
nor scare nocht at his frein's face as a ghaist.
For the maist pairt o our convene[52] and band
tae me sall be tae tuich your king's hand.
And nou again ye sall, turnin your went,
beir tae your prince this my chairge and commandment:
I hae a dochter wham responses shaw
furth o my faither's oratory law,
and mony fearfu taikens o the heiven
by diverse weys shawen, and fiery levin,
will nocht suffer that she in wedlock be
given untae a man o our kintrie;
but aa the spaemen declares, by and by
thare suld come tae remain in Italie
frae strange coastis, tae be our son-in-law,
a dochty man, uncouth and unknaw,
whilk, o his lineage and posterity,
our name abuve the starnis sall up-hie.
Gif that my mind can ocht imagine richt,
I ween that he suld be the samen knicht,
and gledly wad, wi aa my hert's desire,
the weirdis tharetae caaed that ryal sire."

This bein sayed, the King Latin, but fail,
gart chuise o aa his steedis furth the wale –
three hunner milk-white horse and fair haed he,
seizit and fed in stalwart stallis hie.
For every Trojan per order thare the King
wi purpour housours[53] bade a courser bring.
Thair brusit trappours and patrells[54] ready boun,
wi gowden brooches hang frae thair breists doun;
thair harnessin o gowd richt dearly dicht,
thay runge the gowden mollets[55] burnished bricht.
Untae Eneas als, thair prince absent,
a ryal chair richly arrayed he sent,
wi twa stern steedis tharein yoke infeir,
comen o the kind o heivenly horses wer,

---

[52] convene: agreement
[53] housors: housins, coverins
[54] trappours and patrells: trappins and breistplates
[55] mollets: bits

at thair neis-thirls[56] the fire fast swarmin out,
o the ilk stock and stud sprungen, but dout,
whilkis Circe, crafty and ingenious,
and mair subtle than e'er wis Daedalus,
by a quent wey frae her ain faither staw,
makkin his steeds beleap meiris unknaw,
that by her slee conceit and wily mind
sic mainer horses engendert o bastard kind.

Chaipter VI

*Juno, perceivin the Trojans bigg a toun,
for grief and dolour like tae swelt[57] in swoon.*

Wi sic giftis Eneas' messengers,
and o King Latin wi joyfu answers,
returnis, muntit hie on horse ilkane,
o peace and concord bodeword brocht again.

But lo, the spous o Jove, cruel Juno,
the self time gan return frae Arge tho[58]
(the whilk kintrie, o noble bruit and fame,
frae Inachus the King haes tak his name)
and haes cairryit throu the air pure,
whilk is her proper region. As she fure,
doun frae the skies on faur gan dae espy
o the hie land Pachynus in Sicilie;
beheld the Trojan navy stand on raw;
and Eneas blythe and gled she saw
o the joyous bodeword untae him brocht,
that busily, wi aa the haste he mocht,
enforces thair herbry and strenth tae beild,
than aa assurit o this land and field,
and thair shippis left desolate and waste.
In ecstasy she stuid, and mad aamaist;
in sudden dolour smitten wunner smert,
gan shak her heid, wi hermis at her hert,
and o her breist thir wordis warps in hy:

---

[56] neis-thirls: nostrils
[57] swelt: faint
[58] tho: than

"Och, kind o people hatefu and unworthie!
For aa the willis and the fates Trojane
been tae our mind and destinies e'er again.
Micht thay nocht aa been slain in Troy fields?
Micht thay nocht aa hae swelt[59] thare unner shields?
Are thay nocht vanquished and owrecome ilkane?
Whit! may nocht thir preisoners again be tane?
Haes nocht Troy aa enfirit yit thaim brint?
Na – aa sic laubour is for nocht and tint.
Hae thay nocht fund, for tae escape away
throu mid fire, and mid hostis, sover way?
Sae traist I nou at last my force and michts
lies dowf and irkit by yon caitiff wichts.
Insatiate o haterent, I rest in peace
that wis sae bauld afore, and ne'er wad cease,
whan thay war chasit aff thair native land,
tae sturt thaim on the stream frae hand tae hand,
and tae pursue thae fleemit wavengeours
throu aa seais, mysel, ilk tide and hours.
Again Trojans consumit are by me
the strenth o aa the heivens and the sea.
Whit profitit me Syrtes, that soukin sand,
or yit Scylla, the swelch is aye routand?
Or whit availit Charybdis' bysm huge?
Are thay nocht stakit[60] at rest, and weill ludge
in the desirit sound o Tiber's bay,
assoverit o[61] the sea, and haes nae fray
o me, nor o my malice and faint thocht?
The stern people Lapithos bring tae nocht
and quite destroy micht Mars for his offence.
Wis it nocht eik grantit in recompense
tae Diane, by the Faither o Goddis each one,
tae wreak her grief in ancient Calydon?
Whit fate made the Lapithos ere trespass,
or Calydon, that sae sair punished was?
Abuve meisure forsuith thay chastised wer.
But I, the spous o the gret Jupiter,
whilk, sae unhappy, aa weys I micht finnd

---

[59]   swelt: dee'd
[60]   stakit: established
[61]   assoverit o: made sauf frae

thaim til annoy conceit left nocht behinnd;
whilk haes mysel in proper person eik
turnit and writhit aa wents I cud seek,
am nou vanquished by ae man, this Enee.
But, gif my pouer nocht sufficient be
or gret eneuch, why suld I dreid or spare
tae purchase help, forsuith, attour aawhere?
Gif I may nocht the heivenly gods incline
tae my purpose, I sall seek faurer syne
tae thaim that faur doun intae Acheron dwell,
and sall commove that deepest pit o Hell.
I put the case, that I may nocht obtein
frae Latin land thaim tae expel aa clean,
but by the Fates' unmovable destiny
Lavinia remains spous tae Enee.
Yit at least thare may faa stop or delay
in sae gret maiters for a year or twae;
and leifu is it eik o aither king
the retinue in battle doun tae ding.
Lat the eild faither and maich[62] knit up freindship
by price o thair people and fellaeship.
Wi gret effusion o the bluid Trojan,
and samen o people Rutulian,
thou sall be seizit, maiden, tae dowrie:
Bellona, Goddess o Battle, sall staun by,
tae be convoyer o the mairriage.
Ne'er Hecuba, o Cisseus' lineage,
whilk, bund wi child, dreamit she did furth bring
a gleid o fire, or het brand licht birnin,
wis deliver o sic flames, but fail,
as thou sall beir, and fires conjugal.
And faurer eik, this Venus' proper birth,
and saicont Paris, Enee, little worth,
sall raise and kennle deidly flame again
o het firebrands amang the waas Trojane."

Frae this wis sayed, wi horrible mind in haste
doun tae the erd she socht, and the laith ghaist
furth o her saet and mirk dungeon o Hell
she did provoke, and callis wi a yell
ane o the sary furious sisters three,

---

[62]   maich: son-in-law

Alecto, whilk causes aa mischief tae be,
and ever mair desires o her kind,
and haes fu green imprentit in her mind
the deidly battles, and the dolorous weir,
strife and deceit, herm and discordis sere.
This fiendlik hellish monster Tartariane
is hatit wi her ither sisters ilkane;
and Pluto eik, the faither o Hell's see,
reputes that bisning[63] belch[64] hatefu tae see,
intae sae mony grisly formis sere
she daes hersel translate, and o sic fear
been her cruel shapes and veisage,
sae foul and laithly aa her personage,
that, for her piles[65] and insteid o her hair,
feil snakes springs owre her body aawhere.
Whilk Fury quent, o kind sae perilous,
Juno tices[66] tae mischief, sayin thus:

"Dae tae me, virgin, dochter o the mirk nicht,
this ae service, thy proper wark by richt;
dae me this laubour, whilk is thine o debt,
that our honours and fame be nocht owreset,
nor yit subdueit intae sic a place
as wi yon Trojans, standis void o grace;
lat ne'er Enee sae proudly tae obtein
the spousage o Latinus' dochter schene;
and, by nae wey, lat ne'er his feiris weild
a fuit braid o Italian grund nor field.
Thou can brether, o ane assent mony years,
agin ither enarm in mortal weirs;
thou may owreturn wi haterent and wi strife
the haill houshauld, the man agin his wife;
thou may scourgins and strakes in ludgins raise,
and thou o freindis may mak mortal faes,
and deidly firebrands kennle in thack and ruifs.
A thousan names thou haes that nae man luves;
a thousan weys fowks tae annoy and shent.
Knock on thy bruidy breist at mine intent;

---

[63]   bisning: monstrous
[64]   belch: ? (DOST treats as *belch* abyss)
[65]   piles: hairs
[66]   tices: entices

brek and cast doun thair concord made o new.
Causes o strife and battle I wad thou sew.
Gar aa the pouer, and everilk stout younkeir,
first in thair minds desire tae move the weir;
syne cry, and ask armis and battle aa,
and rush tharetae forcily gret and smaa."

Chaipter VII

Alecto, throu persuasion o Juno,
Queen Amata aa witless gart she go.

This cruel monster, Alecto, onane,
infect wi fell venom Gorgoniane,
socht first tae Latium, and the chymmis hie
o Laurentine, the King's chief ceity,
and privily begouth a-watch and lour
about his spous Queen Amata's bouer;
whilk, aa inflamed in ire and wifely thochtis,
o this new come o Trojans, aa on flocht is,
the busy cures o Turnus' mairriage
scaudin her breist and mind hauf in a rage.
This wickit goddess taewart her as fast
ane o her slimy serpent hairs did cast,
deep in her bosom lat in-slip wi slicht
amid her hert pipes or precordials[67] licht;
that by this ilk monster's instigatioun
wud wrath she suld perturble aa the toun.
This edder, slidin owre sleeked bodies saft
o thir leddies, amang thair weedis aft
went thrawin, sae that nane felt whaur she glides,
the furious Queen deceivin on aither sides,
and in her mind gan blaw and kennle syne
a felloun grief or courage serpentine.
The grisly serpent seemed some time tae be
about her hause a linked gowden chenyie;[68]
and some time o her curch,[69] lap wi a waif,[70]

---

[67] precordials: pairts o the body in about the hert

[68] chenyie: chyne

[69] curch: heidscarf

[70] waif: wave?

becam the selvage or border o her quaif;[71]
some time her heid lays for tae knit her hair;
fu slide[72] she slips her members owre aawhere.
Suin as the first infection, a little wee
o slimy venom inyett[73] quaintly haed she,
than she begouth her wittis tae assail,
and deep amid her banes for tae skail
and multiply the rage or birnin fury;
for yit nocht aa owre her breist cruelly
the spreit haes felt the flame frenetical;
whaurfore the mair soberly furth withal,
efter the common custom and usage
o auld matrons in thair wild dotage,
wi huge complaint for her dochter and regrait,
and Trojan wedlock contrar her consait,
thus sayed she weepin, and that fu peitiously:

"Faither King Latin, why wilt thou, why?
Whit! sall our child, Lavinia the may,[74]
tae banished men be give tae lead away?
Naither haes thou o thy tender get peity,
nor yit compassion o thysel, nor me
her mither, wham sae suin, fu desolate,
yon fause sea reiver will leave in sturt, God wait,
and cairry the maid owre the deep fluids haw,
as suin as e'er the first north wind daes blaw?
Wis it nocht e'en be sic a feignit gird,[75]
whan Paris furth o Phryge, the Trojan hird,
socht tae the ceity Laces in Sparta,
and thare the dochter o Leda staw awa,
the fair Helen, and tae Troy tursit raith?[76]
Whit sall avail your faith and hallowed aith?
Whit o your ancient purveyance, Sir King,
that ye haed o your freindis and affspring?
Whit o your richt haun, haud sae glorious,
sae feil syse gien tae our kizzen Turnus?

71	quaif: coif, cap
72	slide: slippery
73	inyett: poured in
74	may: maiden
75	gird: straik
76	raith: immediately

Gif that thou seeks an aliener unknaw
tae be thy maich or thy guid son-in-law,
and haes that thing determit in thy heid,
constrained tharetae by the command and rede
o thy faither Faunus; as tae that gate,
hear a little my fantasy and consait.
Aa kintrie unsubjeckit unner our wand,
it may be cleipit an uncouth strange land,
and aa that tharein dwells alieners been –
o sic strangers the goddis spak, I ween.
And gif we list seek furthermair, yit than
tae compt the first beginnin o Turnus' clan,
Inachus and Acrisius, but weir,
twa kingis o Greece, his forefaithers wer;
thus is he Greek, tae compt his grees a piece,
and come o Myce, the middle realm o Greece."

Efter at the Queen wi sic words, aa for nocht,
essayit haed King Latin as she mocht,
and fand that he resistit her intent,
the furious pyson than o the serpent
deep in her breist and entrails swiftly yeid,
and did owre aa pairts o her body spreid;
sae that, forsuith, chasit unhappilie
wi hideous monsters, gan she rin and cry
throu-out the large ceity in wild dotage,
but reason, stricken wi the nymphis' rage;
as some time sclentis the round tap o tree,[77]
hit wi the twinit whip, daes whirl, we see,
wham childer drives busy at thair play
about the close and void hallis aa day.
She smitten wi the tawis[78] daes rebound,
and rins about, about, in circle round.
The witless sort o foresaid babbies ying
studies a-wunnert o sae nice a thing;
this turnit tree sae aa that bairdless rout
ferlies tae see sae slip and whirl about,
and aa thair mind sets it tae chase and drive –
nae slawer went Amata, the King's wife,
throu-out the mid ceities o Latin land,

---

[77]   tap o tree: wuiden spinnin top

[78]   tawis: tawse

and throu the fierce people, frae hand tae hand.
And further eik untae the wuidis green
wi swift faird chases furth this Queen,
feignin the rage o Bacchus and gret micht.
A mair mischief for tae contrive and slicht,
and gretter fury, swith she gan begin:
her dochter hid thir wuidy hills within;
thareby the Trojan spousage tae delay,
stop and prolong thair feast and bridal day.
She shoutis, "Hey, hou! Bacchus, God o Wine,
thou only art worthy tae hae our virgine,"
and this wi loud voice cries and shoutis she.
"Tae thee, Bacchus, she raisit eik on hie
gret lang spears, as thay standards wer,
wi vine tree branches wipped[79] on thair mainer;
tae thee she led ring sangs in carolling,
tae thee her hair addressit lat doun hing."
The fame hereof wide owre aa did spreid,
while at the last the samen fury gan spreid
in aa the matrons' breistis o the land.
Chasit wi force thay flock frae hand tae hand,
thair houses thay forhou[80] and leaves waste,
and tae the wuidis socht as thay war chased,
and lat thair necks and hair blaw wi the wind.
Some ithers went yellin unner the lind,[81]
while aa the skyis o thair screik fordins;
and some war cled in pilches[82] o fawn skins,
intae thair haundis raisit upo hie
the lang stouris,[83] wind wi the sweet vine tree.
Amid thaim aa the Queen Amata gaes,
and fiercely did a birnin fir tree raise,
and o her dochter eik and o Turnus ying
the waddin sangs and ballads did she sing;
wi bluidy een rowein fu thrawenlie,
aft and richt shrewedly wad she cleip and cry,
"Out, harroo! Matrons, whaursae-e'er ye be,
aa Latin wifes harkens nou tae me:

---

[79] wipped: wrappit

[80] forhou: forsake

[81] under the lind: in the wuids (literally unner the linden)

[82] pilches: claes o hairy hide

[83] stouris: staffs

gif ony favours or freindship yit remains
in your devote breistis, amangs thir plains,
o the unhappy mither Amata,
gif ony thocht remords[84] your minds alsae
o the effectuous peity maternal,
lowse heid bandis, shake doun your hairis all,
walk in this wuid here carollin wi me,
sing Bacchus' sangs, sen nae better may be."

Chaipter VIII

*Hou Alecto persuadit haes Turnus
tae move battle incontrar Latinus.*

Alecto thus, amang the wuidis dern,
mony wild beastis' den and deep cavern,
intae sic rage this ilk Queen Amatae
wi Bacchus' fury chases tae and frae.
And efter that this wickit fause goddess
thocht she haed sherpit weill eneuch, I guess,
the first fury o sae dolorous rage,
for til distruble the foresaid mairriage,
and quite pervert or turnit tap-owre-tail
Latinus' houshauld, purpose, and counsail;
but mair delay, wi wallowed[85] wingis she
wiskis frae thyne ontae the wallis hie
o the courageous Rutulian Turnus;
whilk ceity the dochter o Acrisius,
fair Danae, fundit for her men and her,
driven tae that coast wi the south wind's birr;
whilk steid wis somewhile cleipit Ardea,
frae *ardea*,[86] a foule (yit namit sae),
and, tae this day, the foresaid ryal hame
by fortune bruiks o Ardea the name.
Within thae hichty boundis Turnus richt
lay still at rest amiddis the daurk nicht.

---

[84] remords: afflicks

[85] wallowed: literally withert (translating Latin *fuscis* dark)

[86] ardea: the heron

Alecto her thrawn veisage did away,
aa furious members laid apairt and array,
and her in shape transformit o a trat,[87]
her forrat scored wi wrunkles and mony rut;
and wi a veil, owrespreid her lyart hair,
a branch o olive tharetae knittis yare.[88]
O Juno's temple seemis she tae be
the nun and tratess,[89] cleipit Calybe.
Before the veisage o this stout young knicht
present hersel, wi thir wordis on hicht:

"Turnus, whit! Wilt thou suffer this, undocht,
thy lang travail and labour be for nocht,
and thy sceptre and croun delivert be
tae yon banished new-come Trojan menyie?
The King Latin the spousage o Lavine,
and thy dowry, bocht wi thy bluid and pyne,
denyis for tae grant thee, or else ocht;
and tae succeed in his realm haes besocht
an aliener, born o an uncouth land.
Pass nou thy wey, and set thee tae gainstand
thir perillis, but aa thanks or gainyeild;
sen thou art mockit, gae, dounbet in field
the hostis o Etruria, and syne
defend in peace and rest the folk Latine.
Aamichty Saturn's dochter alluterly,
as thou by nicht thus doth at quiet lie,
bade me shaw plainly aa thir things tae thee.
Hae duin therefore, assemble this kintrie,
address thy fencible men in thair array,
enarmit gledly move and haud your way
taewart the ports or havens o the sea,
and set upo yon same Trojan menyie;
drive thair chieftainis aff this land, but hune;[90]
thair pentit carvels birn. Sae tae be duin
the gret pouer o heivenly gods divine
commandit haes, decreed, and determine.
Lat King Latinus feel, tae his ain harms,

---

[87]   trat: auld wumman
[88]   yare: eagerly
[89]   tratess: auld wumman
[90]   but hune: wi'out delay

and hae experience o thee, Turnus, in arms,
but he thee grant tae wife his child Lavine,
and keep tae thee his promise and convine."[91]

The young man mockin at the prophetess,
hearin sic speech, answers wi mouth express:
"It staundis nocht sae as thou weens, but weirs.[92]
The messenger is nocht gane by mine ears,
fu lang ere nou, hou that a strange navie
arrivit in this Tiber's stream fast by.
Feignyie nae causes me for til affray;
ween nocht me list my purpose leave nae way,
nor ryal Juno, Queen o realmis aa,
list our quarrel forget, nor thole we faa.
But, auld dame, thy vile unwieldy age,
owreset wi hasart[93] hair and faint dotage,
whilk void is o aa truith and verity,
in sic cures in vain occupies thee,
and thee deceives, as prophet, by fause dreid,
that gies thy mind thareon thou haes nae heed,
as for tae treat o battles betwix kings –
thine occupation stauns on ither things,
whilk suld hae cure o nocht alanerlie
but goddis' temples and eimages tae espy.
Thole men o peace and weir carp and rehearse,
wham tae pertains the battles tae exerce."

At sic wordis Alecto, het as fire,
brint in her fury rage and felloun ire,
sae that, the young man speakin, suddenly
the trimmlin hint[94] aa members o his body;
his een stuid abashed in his heid.
This hellish monster, fu o wrath and feid,
hissit and whustelt wi sae feil edder sounds,
and her feigure sae grisly gret abounds,
wi glowein een birnin o flames black.

---

[91] convine: agreement
[92] but weirs: wi'out dout
[93] hasart: gray
[94] hint: seized

Turnus a-wunnerin stints and draws aback;
and, as he purposed meikle mair tae say,
insteid o hairs she raised up serpents twae,
and o her scourge the sound she made him hear,
wi ragin mouth syne sayed and felloun beir:[95]

"Behaudis this my 'vile unwieldy age,
owerset wi hasart hair and faint dotage,
wham eild, void o aa truith and verity,
by fause dreid deceives sae'!" quo she,
"As for tae treat o battles betwix kings:
behaud gif it sae be, conseider thir sings:[96]
lo me present, ane o the sisters three,
infernal Furies o fearfu Hell's sea;
see, I beir in my hauns and pouer
the deed o battles and the mortal weir."

And sayin thus, at this ilk fierce young knicht
a het firebrand kest she birnin bricht,
and in his breist this furious leamin schyde[97]
wi deidly smoke fixed deep gan hide.
The huge dreid wi this dissolvit his sleep.
Owre aa his body bristin furth did creep
the warm sweit throu every lith[98] and bane;
and aa enraged gan efter harness frane;[99]
armour, aa witless, in his bed seeks he;
armour, ower aa the ludgin, law and hie.
The gret courage o airn wappons gan waid,[100]
cruel and wild, and aa his wit invade,
in wickit wudness battle tae desire,
whauron he birnis het in felloun ire;
like as whan that the ingle o stickis dry
wi bleezin sound is laid tae, by and by,
about the sides o the pat playin,
the liquor sparkis for the het bullin;[101]

---

[95] beir: outcry

[96] sings: signs

[97] schyde: kennler

[98] lith: jynt

[99] frane: ask

[100] waid: run wud

[101] bullin: bylin

within, the fervent buller violent
o watter makkin reeky froth upsprent;
sae swellis up the scum and bells[102] bedene;
the vessel may nae mair the broth contein,
but furth it popples in the fire here and thare,
while up fleeis the black stew[103] in the air.
And for-as-meikle as Turnus thus wis stad,
the grettest o his chieftains gae he bade
tae King Latin and him declare, but weir,
the peace wis broken, and he wad move the weir.
Tae graith thair armour fast commandis he,
tae defend Italy, and o thair ain kintrie
thair enemies expel and drive. As yit
he wis eneuch for baith, he lat thaim wit,
baith tae recounter[104] the Latins and Trojanes.

Whan this wis sayed, and, on sic wise as gains,
the goddis caaed tae be in thair helping,
than busily Rutulians, owre aathing,
gan aither ither fast exhort and pray
on thair best weys for weirfare tae purvey.
Some the maist seemly-farrant personage[105]
tists[106] tae the field, tae preive his green courage;
some on his youthheid, and his thewis[107] guid;
and some is movit throu his ryal bluid,
for his progenitors noble kings wer;
and some war eik inducit tae the weir
for hie prowess knawn in ilk lands,
and deedis wrocht maist knichtly wi his hands.

---

[102] bells: bubbles
[103] stew: reek
[104] recounter: meet in weir
[105] i.e. Turnus
[106] tists: entices
[107] thewis: character

Chaipter IX

Ascanius huntin haes a tame hart hurt,
whilk wis the first movin o strife and sturt.

While Turnus on this wise, about aa pairts,
in the Rutulians raises hardy hearts,
Alecto taewart the Trojans, but mair tarry,
wi her infernal wings furth gan carry.
By a new slicht a place spyit haes she,
whaur, for the time, by the coast o the sea,
the young seemly Ascanius at solace
did hunt the wild deer, follaein the chase.
Thare suddenly this hellish wench infest
a hasty fury on his hundis kest;
thair neis-thirls wi a sover scent
she fillis sae, that busily thay went
efter the fuit o a tame hart; whilk thing
wis the first cause o weirfare and fechting,
and first steirit the wild foresters fell
tae move debate, or mak thaim for battel.

This hart o body wis baith gret and square,
wi large heid and tines furnished fair;
wham childer o ane Tyrrhus thaim amang,
reft frae his mither's pap, haed nursit lang.
Tyrrhus thair faither wis fee maister, and guide
o studdis, flockis, bous;[108] and hirdis wide,
as storer[109] tae the King, did kep and yim;[110]
o the large plain aa traist wis gien tae him.
Fu dauntit and fu tame at thair command
wis sae become this beast, that, but demand,
Sylvia, thair sister, wi aa diligence
arrayit him o flouers sweet as cense;
aft plait she garlands for his tines hie;
the deer alsae fu aft-time kaim wad she,
and feil syse wesh intil a fountain clear.
Fu weill suffert her haundis the tame deer,
and wis accustomed sae whan he list eat,

---

[108] bous: hirds of kye
[109] storer: keeper o livestock
[110] yim: tend

at his ain maister's buird tae seek his meat.
Owre aa the wuidis wad he raik[111] ilk day,
and at even tide return hame the straucht way
til his ludgin weill bekennit, fuit-hait,
aa by himsel, war the nicht ne'er sae late.

This hart errin faur frae his reset,[112]
Ascanius' wud hundis umbeset,
as that, per case, for the het sun's gleam,
he held doun swimmin the clear river stream,
tae cuil his heat unner a gressy brae.
Ascanius the child himsel alsae,
birnin in desire o some notable renoun,
wi nockit[113] bow y-bent aa ready boun,
weenin him wild, lat suin an arrow glide.
The Goddess wis aa ready fast beside,
that gan his haun address, but waverin;
the flane flaw fast wi a spang frae the string,
throu-out the wame and entrails aa, but stint,
the sherp-heidit shaft dushit wi the dint.
The deer, sae deidly woundit and to-lame,[114]
untae his kind reset gan fleein hame,
and enters in his stall, and that anon,
aa bluid besprent, wi mony grank[115] and groan,
and like a man besocht help and supplie;
wi his plainin aa the hous fillis he.
Sylvia, the eldest sister, wi a shout,
her hauns clappin fast her shouthers about,
cries efter help, and gan thegither caa
the landwart fowks and dour foresters aa.
Thay than assembelt tae the fray in hy,
and flockis furth richt fast unwarnistlie;[116]
for the ilk Fury pestilential that hour
fu privily in the dern wuid did lour,
tae cast on thaim sleely her fearfu rage,

---

[111] raik: gang
[112] reset: stall, shelter
[113] nockit: drawn
[114] to-lame: completely lamit
[115] grank: hairse groan
[116] unwarnistly: unexpectitly

that furth upstertis baith man, wife, and page –
he wi a burdoun[117] o a lang stiff tree,
the pynt sherpit and brint a little wee;
he wi a knotty club and knorry[118] heid.
Whit ilk man fand first ready in that steid –
seekin a swourd, new rinnin frae the pleuch –
thair grief made that thing wappon guid eneuch.
Tyrrhus, the maister storer, in a rout
the churls aa assembelt him about,
whauras, per case, busy wi wedges he
stuid schydin[119] a fower-square aiken tree,
wi mony pant, and felloun hochs and quakes,
as aft the aix reboundit o the strakes.
This cruel goddess, fearfu Alecto,
for til annoy her time espyit tho,
and speilis up fu suin, as she war wuid,
upo a heich stable whaur-that beasts stuid.
Richt busteously upo the ruif on hie
the hirdis' ensenyie[120] loud up trumps she,
and in a bouin[121] horn, at her ain will,
a fiendlike hellish voice she liltis shill;
at whase sound aa trimmelt the forest,
the dern wuidis resoundit east and west.
The blast wis heard thence miles mony ane,
at the deep loch o Trivia or Diane;
the din wis heard eik ellis-whaur fu far,
at the sulphurous white river caaed Nar,
and at the lake or fountain o Veline.
Baith tae and frae owre aa the kintrie syne
wemen and mithers affrayed o this case,
thair young children fast tae thair breists did brace.
Than speedily, wi haste and busy fare,
the laubourers undauntit here and thare
hint wappons, and assembelt on every side
taewart the sound, whaur-as the trump that tide
wi deidly voice blew this fearfu sing.
The Trojan pouer alsae gan furth thring

---

117   burdoun: cudgel
118   knorry: knobbly
119   schydin: splittin
120   ensenyie: rallyin cry
121   bouin: curvit

wi haill routis, Ascanius tae rescue.
The battles war adjoinit nou o new;
nocht in mainer o landwart fowks' bargain –
wi hard blocks rushin aa owre-ane,[122]
nor blunt stings o the birselt[123] tree –
but wi sherp shearin wappons made melée.
The grund blaikent[124] and fearfu waux alsae
o drawn swourds sclentin tae and frae;
the bricht metal, and ither armouris sere,
whauron the sun's blenkis beats clear,
glitters and schane, and unner beamis bricht
casts a new twinklin or a leamin licht.
This stour[125] sae busteous begouth tae rise, and grew,
like as the sea changes first his hue,
in white lipperis by the windis blast;
syne, piece and piece, the fluid boldens sae fast,
while finally the waws uprises mair,
that frae the grund it warps up in the air.

At the first contray[126] intae this bargain,
Almon, Tyrrhus's eldest son, wis slain,
a fair young springald, whilk caucht deid's wound
throu dint o arrow shot wi felloun sound,
that smate him richt e'en in at the hause bane;
the loppert bluid stoppit his aynd[127] onane,
and closit in o life the tender spreit.
About him fell doun deid, and lost the sweit,[128]
mony o the hird men, amangs wham wis ane,
the elder Galaesus, as that he alane
offert himsel amid the hostis twae,
tae treat concord o peace and o the fray;
whilk wis the justest o aa rural man,
and michtiest in his time leivin than –
owre aa the boundis o Ausonia

---

[122] owre-ane: thegither
[123] birselt: fire-hardent
[124] blaikent: bleckent
[125] stour: fecht
[126] contray: encounter
[127] aynd: braith
[128] lost the sweit: lost the life bluid (literally sweat)

his five flockis pasturit tae and frae;
five bous o kye untae his hame repairit,
and wi a hunner plews the land he earit.[129]

Chaipter X

Frae the first slauchter made upo this wise,
Turnus and the people for battle cries.

And as this bargain on this mainer yeid
in plain field and evenly battle steid,
this hellish goddess, joicing at her will
her promise whilk she hecht for tae fulfil,
as suin as wis this gret melée begun,
the erd littit[130] wi bluid and aa owrerun,
and the first slauchter wis commit and duin
in deidly weir; than Italy as suin
she leaves, and wi swift faird daes flee
throu-out the skyis tae the heivens hie,
haein her purpose sayed wi voice fu proud,
untae Juno thus spak she throu a cloud:

"Lo! Nou, discord perfurnished, as thou wald,
wi shrewit battle and cares monyfauld.
In tender freindship lat thaim *nou* convene,
knit up *alliance* and *fellaeship* bedene,
sen that I hae the Trojans aa besprent
wi bluid o the Italians, ere I went.
And, gif thy mind be firm tharetae wi me,
I sall thus meikle eik tae my wark," quo she,
"for til induce the ceities adjacent
untae the bargain. Ere that I hyne went,
wi shrewed rumours I gan amang thaim skail,
thair mindis sae I sall inflame aahaill
by wud undauntit fierce desire o Mart,
thay sall forgaither tae help frae every airt,
while battle, armours, swourdis, spears and shields,
I sall dae saw and strow owre aa the fields."
Than answert Juno: "At abundance thare is

---

[129]   earit: ploo'd
[130]   littit: dyed

o thy deceitfu slicht and fraud, iwis,
and eik o fearfu terror and deray.
Weill are perfurnished causes o this weir perfay.
Thay fecht thegither middelt on the land,
baith face for face, wi drawen glaves in hand,
and new-shed bluid littis thair armour clear,
whilk thay by fortune caucht hae first in weir.
Yon worthy squire o Venus' bluid and kin,
and King Latinus, *nou* lat thaim begin
sic wedlock tae contrack and spousal feast.
But the gret Faither o Heiven, at my requeist,
will suffer thee at large nae langir here
tae walk, nor tarry abuve the skyis clear.
Withdraw thee o this place, forthy, weill suin;
gif ony chance restis mair tae be duin,
I sall mysel that maiter rule and gy."[131]
Thir words spak Juno. And she tharewi in hy
her double wings wi edder sound did beat,
leavin the heivens, socht tae her hellish seat.

Amiddis Italy, unner hillis law,
thare staundis a famous steid weill beknaw,
that for his bruit is named in mony land,
the vale Amsanctus hait, on aither hand
wham the sides o a thick wuid o tree
closes fu dern wi scuggy bewis hie;
a routin burn amidwart thareof rins,
rummlin and soundin on the craggy whins.
And eik, forgain the broken broo o the mont,
a horrible cave wi braid and large front
thare may be seen, a thirl[132] or ayndin[133] steid
o terrible Pluto, Faither o Hell and Deid;
a rift or swelch sae grisly for tae see,
til Acheron riven doun, that hellish sea,
gapin wi his pestiferous gowl[134] fu wide;
at whase bysm the Fury gan doun slide,

---

[131] gy: guide
[132] thirl: vent
[133] ayndin: breathin
[134] gowl: thrapple

this hutit[135] goddess, and by that descence
deleivert heiven and erd o her presence.

And naetheless, durin the mean season,
the Queen hersel, Saturnus' get, anon
set tae her haun, and undid the battle.
O hirdmen aa the routis wi a yell
rushed frae the field tae the ceity, but tarry;
the slain bodies awa wi thaim did carry,
Almon the child, and deid Galaesus als,
wi bluid-besparkit veisage, heid, and hals.
Thay thig vengeance at the goddis, and syne
thay rame[136] and cry fast on the King Latine.
Turnus wis by, and amid this deray,
this het fury o slauchter and fell affray,
the terror doubles he and fearfu dreid,
that sic forloppen[137] Trojans, at this need,
suld thankfully be reset[138] in that ring,
or Phrygian bluid confederate wi the King,
and he furth o thae bounds tae be expellit.

The self time eik, for the matrons that yellit,
and roundis sang sae in thair wild dotage,
in the dern wuids, smitten wi Bacchus' rage,
gret routis did assemble thither in hy,
and roupit efter battle richt earnestlie.
Thare the detestable weirs, ever in ane,[139]
agin the Fates aa, thay cry and rane;[140]
contrar answers and dispositions aa
o goddis, for the weir thay cleip and caa,
led by the pouer and frawart godheid
o cruel Juno wi auld remembert feid.
Fu fast thay thring about the King's palace.
But this ilk Latin, knawin thair malice,
resists unmovit as a rock o the sea,
wham, wi gret bruit o watter smite, we see

135	hutit: detestit
136	rame: cry out
137	forloppen: renegade
138	reset: gien shelter
139	in ane: continuously
140	rane: rail, complain

himsel sustains by his huge wecht
frae wawis feil, in aa thair birr and swecht,[141]
jaupin about his skirts wi mony a bray.
Skellies[142] and faemy craggis thay essay,
routin and rarin, and may nocht impair,
but gif thay shed frae his sides the ware.
Sae, efter that the King micht nocht resist
thair blinnd purpose, for, as e'er Juno list
the maiter went, aa set tae cruelty.
Fu mony goddis and the heivens hie
tae witness drew he, aa wis by his will;
but aa for nocht, nae tent wis tane tharetil.
"Alas!" he sayed, "We are to-broke[143] and rive
by the Fates, by storm chasit and drive.
Oh! Oh! Ye wretchit people!" gan he cry,
"wi cruel pain fu dear ye sall aby[144]
this wilfu rage, and wi your bluid express
the wrangis o sic sacrilege redress.
Oh, Turnus, Turnus, fu hard and hivvy wraik
and sorrafu vengeance yit sall thee owretake,
whan, aa too late, in thy helpin thou sall
wi prayers on the goddis cleip and call.
For I haed fund my rest and ease," quo he.
"Nou at the duir Deid ready bydes me,
whaur nou o happy pompous funeral
I spulyiet am, and sic triumph ryal."

Nae mair sayin, wi that ilk word, fuit-het,
fu close within his palace he him shet;
o aa sic things gave owre the cure and charge,
sen nae better micht be, tae gae at large.

---

[141] swecht: impetus

[142] skellies: skerries

[143] to-broke: completely broken

[144] aby: pey for

Chaipter XI

The ports o weir tae tuich the prince refuses,
whilkis Juno breks, syne aa for battle muses.

The mainer than wis, and the auld custom
within the land o ancient Latium,
whilk blissit usance efter mony a day
the ceities and faithers o Alba keepit aye;
nou the gret maister sovereign ceity ding[145]
o Rome keepis and hauntis the self thing;
that is tae knaw, whan first thay move or steir
the martial ensenyies for the weir –
whether sae thay list tae set wi hostis plain
on the Getis, people Tartarian;
wi dolorous and fu lamentable weir
in Hyrcany or Araby tae steer,
or for til ettle intae Inde furth eik,
taewart the dawn and sunrisin tae seek;
or yit til ask and reduce hame again
thair staundarts frae the dour people Persian –
twa portis been o Battle and Debate
(sae thay war cleipit tae thair name, and hait,
hauden in religion o haly reverence
o Mart's cruel dreid and his offence),
a hunner brazen hesps thaim claspit queme,[146]
and strenthy airn slottis that did seem
tae be eternal and inconsumptive;[147]
nor Janus, keeper o this entry o strife,
wis nae while furth o this ilk hallowed hauld;
but whan the firm sentence o faithers auld
wis ony time determit tae move weir,
than he that wis chief duke or consuleir,
in robe ryal vestit, that hait Quirine,
and rich purpour, efter the guise Gabine,
gird in a garment seemly and fuit-side,[148]

---

145 ding: dignified
146 queme: ticht, close-fittit
147 inconsumptive: indestructible
148 fuit-side: fuit-lang, hingin tae the feet

thir yettis suld up open and warp wide;
within that jirgin hirst[149] alsae suld he
pronounce the new weir, battle, and melée,
wham aa the fencible men suld follae fast,
wi plain assent and brazen trumpis' blast.
The King Latin furthwith command thay than
on this mainer, as prince and grettest man,
tae proclaim weir and decreet the melée
agin Trojans thither come wi Enee,
and warp thae sorrafu yetts up on breid.
The prince refused tae dae sae vile a deed,
nor list nocht aince thaim tuich, nor brek his hest;
sair grievit, plainly gainstuid thair request,
and in his secret closet him withdrew.
Than frae the heiven doun whirlin wi a whew
cam Queen Juno, and wi her ain hands
dang up the yetts, brak but delay the bands.
This cruel dochter o the auld Saturn
the marble hirst gan welter and owreturn,
and strang yett cheeks[150] o weirfare and battel
strake doun, and rent the gret airn postis fell.

Unsteirit lang time and unmoved, Ital
nou birnis intae fury bellical.[151]
Some graithis thaim on fuit tae gae in field,
some hie muntit on horseback unner shield
the dusty pouder up driven wi a stour,
and every man socht wappons and armour.
Thair shinin shieldis some did burnish weill,
and some polished sherp spearheidis o steel,
tae mak thaim bricht wi fat creesh or saim[152],
and on whetstanes thair aixes sherps at hame.
Tae beir pinsels[153] it gleds thaim up and doun,
and are rejoiced tae hear the trumpet's soun.
Five the grettest and maist chief ceities,
thair wappons tae renew in aa degrees,
set up forges and steel stiddies[154] fine.

---

149   jirgin hirst: creakin threshold
150   yett cheeks: duir-posts
151   bellical: bellicose
152   saim: fat
153   pinsels: pennons

Rich Atina, and the proud Tiburine,
Ardea the ceity, and Crustumerie,
and eik Antemne wi strang touers hie,
and weirly wallis battellit about,
the siccar helmis peens[155] and forges out.
Thair tairgets[156] bou thay o the licht sauch tree,
and boss bucklers covered wi cuirbulyie;[157]
some steel hauberkis forges furth o plate,
burnished flankarts[158] and leg harness, fuit-hait,
wi latit[159] souple siller weill annealled.
Aa instruments o pleuch graith, airned or steeled –
as coulters, sockis, and the soumis[160] greit –
wi scythes, and aa heuks that shearis wheat,
war thither brocht and tholes temper new.
The lust o aa sic wark-luims wis adieu;
thay did thaim forge in swourds o metal bricht,
for tae defend thair kintrie and thair richt.

By this, thair armour graithit and thair gear,
the draucht trumpet blawis the brag o weir;
the slughorn ensenyie,[161] or the watch cry,
went for the battle aa suld be readie.
He pullis doun his sallet[162] whaur it hang,
somedeal affrayit o the noise and thrang;
he drives furth the stampin horse on raw
untae the yoke, the chariots tae draw;
he cleeds him wi his shield, and seemis bauld;
he clasps his gilt habergeon and thrinfauld;[163]

---

154   stiddies: anvils
155   peens: haimmers
156   tairgets: targes, shields
157   cuirbulyie: leather byled hard
158   flankarts: armour-pieces for the thee
159   latit: surface-platit
160   soumis: draw-chynes
161   slughorn ensenyie: rallyin cry
162   sallet: helmet
163   gilt habergeon and thrinfauld: a three-layered gilt habergeon (coat o mail or leather)

he in his breistplate strang and his birny,[164]
a sover swourd belts law doun by his thee.

Chaipter XII

The poet maks tae goddis his prayeir
duly tae compt the fowks' graiths for this weir.

Ye Muses nou, sweet goddesses each one,
open and unshet your Munt Helicone;
reveal the secrets lyin in your micht,
address my style, and steer my pen gae richt.
Entune my sang, and til indite me lear
whit kingis did remove furth tae this weir,
whit routis follaed every prince in field,
wi hostis braid that did the plain owreheild;
wi whit mainer o valiant men sic ways
the happy grund Ital flurished thae days,
wi whit-kin armis it inflamit shane;
furth shaw thir ancient secrets every ane.
Ye blissit wichts forsuith remembers weill
aa sic things, and, whaur thou list, may reveal,
tho scarcely, for the process o lang years,
by smaa rumour thareof come til our ears.

First, frae the land and coastis hait Tyrrhene,
untae the battle bounis stern and keen
Mezentius the King, that in his day
contempner cleipit wis o the gods aye.
The guider o his airmy and his rout
wis his son Lausus, valiant and stout;
abuve aa ither the maist seemly wicht,
excep the person o Turnus the gentle knicht,
whilk wis the flouer o aa the Laurenties.
This Lausus wis weill taucht at aa degrees
tae daunt gret horse, and as him list arreist,
hunt and dounbet the deer and ilk wild beast;
a thousan men he led o his convine
frae Coryth the ceity Agylline.
Worthy he wis tae rule a gret empire,

---

[164]   birny: hauberk

and tae be comen o some mair happy sire
than o Mezentius, banished and inding,[165]
but tae hae been some emperor's son or king.

The lusty Aventinus neist in press
him follaes, the son o worthy Hercules.
Throu gressy plains his chair wi palm ryal
wis roweit furth by horse victorial,
whilk, in his musters, shew he in the field,
his faither's taikens merkit in his shield:
a hunner edders and ither snakes inset
linkit about o Lern the serpent gret;
wham the nun Rhea, a wumman divine
in the dern wuid o the Munt Aventine
bare and brocht furth untae this warld's licht,
fu privily, unknaw o ony wicht.
The wumman middelt[166] wi the god went bound,
efter this ilk Hercules haed brocht tae ground
and vanquished Geryon wi proud bodies three,
syne in the field beside Laurent ceitie
wis entert as him list tae tak his rest;
his Spanyie[167] oxen, wham him likit best,
did bathen and refresh, tae mak thaim clean,
in Ital strandis at the coast Tyrrhene.
This Aventinus follaes in thir weirs,
bare in thair hauns lance staves and burell[168] spears,
and dangerous falchions[169] intae staves o tree;
wi round stock swourdis[170] focht thay in melée,
wi pointals,[171] or wi stockis Sabelline.
Thair capitain, this ilk strang Aventine,
walkis on fuit, his body wimpled in
a felloun busteous and gret lion skin,
terrible and roch, wi tatty lokkerin[172] hairis;

---

165   inding: disgraced
166   middelt: united
167   Spanyie: Spanish
168   burell: roch
169   falchions: bill-heuks
170   round stock swourdis: stabbin swourds (Latin *tereti mucrone*)
171   pointals: pyntit wappons
172   taty lokkerin: shaggy curlin

the white tuskis, the heid, and clawis thare is;
and on sic wise, grim and awfu tae see,
within the King's gret palace enters he,
owre his shouthers hingin, as sayed is plain,
his faither's tabard coat Herculean.

Twa brethren tae this battle bounis syne,
furth o the wallit ceity Tiburtine,
leadin thae people namit, ane and ither,
frae Tiburtus that wis thair elder brither.
And thay war cleipit, the tane Catillus,
the tither Coras, strang and courageous,
stout young men, Greeks born o Arge baith twain,
before the foremaist hostis in the plain.
Amid a buss[173] o spearis in rade thay;
generit o the clud like tae Centaurs twae,
whan, frae the muntain tap o Homolane,
or snawy Othrym hill, doun tae the plain
wi felloun faird and swift course, he and he,
gan dae descend, leavin the holtis hie;
the large wuid makkis places tae thair went,
bussis withdraws, and branches aa to-rent
gan rattlin and resound o thair deray,
tae redd thair rink, and roomis[174] thaim the way.

Nor Caeculus wis nocht absent, traist me,
the founder o the ceity Praenestie,
wham aa eildis reputes and shawis us
engenert wis by the God Vulcanus,
and by the fireside fund, a young fundling,
owre landwart beastis syne waux lord and king.
A haill legion in a rout follaes him
o wild wud men, whilk doth thair cattle yim,[175]
aa thae people on breid, baith he and he,
that inhabits the heich toun Praenestie,
and thay that occupied the fields also
o Gabine, whilks are dedicate tae Juno;
and thae that dwellis langs the chill riveir
o Anien, and thay alsae infeir

---

[173]   buss: clump (literally bush)

[174]   roomis: clears

[175]   yim: tend

amang the dewy strands and crags remains
o Hernica, in the Sabine muntains;
and thae alsae that bred and fostert be
in bounds o rich Anagnia ceity;
and eik thae people dwellin fair and bein
in Campany, on the fluid Amasene.
Amangs aa thir people nae bricht arming
micht thou hear sound, nor shield owre shouther hing,
or cairtis clatter; but o thaim the maist pairt
tae shuit or kest war perfit in the airt,
wi leid pellocks[176] frae engines or staff sling
by dintis' blaw thair faemen doun tae ding.
Some double dartis castin in hauns bure,
and for defence, tae keep thair heidis shuir,
a yalla hat wore o a wolf's skin.
For thay wad be licht bodin[177] aye tae rin;
thair left fuit and aa that leg wis bare;
a roch rilling[178] o rawhide and o hair
the tither fuit coverit weill and knit.

Neptunus' son list than nae langir sit,
hait Messapus, but bounis furth tae gang.
Daunter he wis o steedis wild and strang,
wham nae man wi steel wappon forgit bricht,
nor birnin fire, untae his deid micht dicht.
Nou hastily in armis callis he
the routis o his people and menyie,
whilks lang tofore disuisit haed the weir
wi courage dowf, that idle lay thair gear;
thair swourdis nou and burnished glaves gray
he made thaim furth bedraw and aft assay.
Wi him thae fowk in fellaeship led he
that inhabits Fescennium the ceity,
and the just people, cleipit Faliscy,
and thaim that dwells in Soracte fast by,
a strang ceity, and hie situate,
untae the God Apollo dedicate;
and thae that in Flavinia fieldis dwell,
or that winnis beside the lake or well

---

[176] pellocks: pellets

[177] bodin: armit

[178] rilling: shae

o Ciminus unner the muntain brae,
or yit amang the shaws o Capenae.
In guidly order went thay and array,
and o thair king sang ballads by the way;
sicwise as some time in the skyis hie
throu the moist air daes snaw-white swannis flee,
whan thay frae pasture or feedin daes resort
tae seek thair solace, and on thair guise tae sport;
weill-soundin wribbles throu thair throatis lang
swouchin maks in mainer o a sang,
that o thair bruit resoundis the riveir,
and aa the lake[179] o Asia faur and near –
sae, in sic wise, on faur wis nane micht ken
that rout haed been a host o armit men,
but o the swouchin swannis suld he ween
a sop fleein in the air thay haed been,
whilk chasit, or affrayit, jollily
socht croupin[180] tae the coast's side fast by.

Chaipter XIII

Yit compts the poet the chieftains aa and some,
agin the Trojans sall in weirfare come.

Lo, Clausus eik, that dochty wis and guid,
descend o the ancient Sabines' bluid,
a meikle rout furth leadis tae the weir,
as gret man worthy sic a host tae steer;
frae wham the clan and people Claudian
is comen owre aa the bounds Italian,
efter that Rome wis given and made free
tae the Sabines, as thair proper ceity.
Thegither gan assemble a huge rout,
that frae the ceity Amitern flocks out;
the ancient Sabines, hait Quirites then,
and o Eretum aa the fencible men,
o Mutusca, whilk nou hecht Trebulie,
whaur growes o olive trees gret plenty;
aa thae that dwalls in ceity Nomentine,

| 179 | lake: i.e. marshland (Latin *palus*) |
| 180 | croupin: craikin |

or rosy fields beside the Lake Veline;
or on the sherp craggy rocks hie,
whilk for harskness are cleipit Tetricie,
wi hingin hews[181] and mony a scoulin[182] brae.
Thither held the ceity o Casperiae,
thae that inhabits Forulos that toun,
or on the fluid Himella up and doun,
aa thae that drinks o Tiber the riveir,
or Fabaris that rinnis fresh and clear,
and thae that wones[183] in Nursia sae cauld,
and o Hortine the navy gret and bauld;
the Latin people alsae, and aa thae
whaur the unhappy fluid o Alliae
flowes throu the boundis and bedyes thair land.
As thick thay gaither, and flocks frae hand tae hand,
as e'er the faemy bullerin wawis hie
is seen welter on the large Libyan Sea,
whan the stormy Orion his heid shrouds
in winter unner the black wattry clouds;
or hou feil ickers o corn thick groweing,
wi the new sun's heat birsellit, daes hing
on Hermus' fieldis in the simmer tide,
or in the yalla corn flattis o Lyde –
as mony shieldis clatters and tairgets,
that for dinnin o thair feet aa the gates,
for stampin steedis, and for trumpet blast,
the grund waux aa affrayit and aghast.

The enemy tae Trojan name anon,
the bastart son o King Agamemnon,
hait Halaesus, gan wi fierce muid ackwart
adjoin his horses for tae draw his cart,
and, in the aid o Turnus and supplie,
a thousan fierce fowkis assembelt he:
thae whilks wi rakes owreturnis every brae
fertile o wines in the Munt Massicae;
and thaim alsae dwellin in hillis hie,
sent frae the auld faithers o Aurunca ceity;
and thae that dwellis hard on the sea brae

---

[181]   hews: heuchs
[182]   scoulin: shelterin
[183]   wones: bides

beside the ceity o Sidicinae,
or come frae Cales intae Campany;
wi aa thae peoples intae company
inhabitin the shauld fluid Volturnus;
and frawart fowkis, hait Saticulus,
thegither eik wi the haill multitude
o Oscores, that people stern and rude.
Thir bare in field, o wappons in the steids,
round kestin darts or maces wi piked heids,
whilk, in thair leid, is cleipit an *aclyde*;
and, sae it micht the mair shuirly abide,
untae thair airms is knit wi a teuch string,
whaurwith thay dae it at thair faeis sling.
A baleen pavis[184] covers thair left sides,
made o hart skinnis and thick oxen hides;
and cruikit swourdis, bouin as a scythe,
thay bare at haun ready tae draw furth swith.

Nor thou, Oebalus, unreckont sall nocht wend
by our metre but luving and commend,
wham King Telon engenerit, as thay say,
on Sebethide the lusty nymph or may,
that time whan he reignit as lord and king
owre Capreas Isles, and in governing
led the people hait Teleboes bauld.
Ere than, faur step in age wis he, and auld:
but his son, this Oebalus, in his intent
o his faither's boundis stuid nocht content,
that lang afore tae his obeisance he
subdueit haed the people Sarraste,
and aa the large fields, bank and buss,
whilk are bedyed wi the River Sarnus;
thae that occupyit Rufra and Batulane,
in Campany rich and strang touns twain;
the plainis eik and sulye[185] o Celene,
whilk dedicate are untae Juno Queen;
and thay behauds the weirly waaed ceity
o Abella, wi his stalwart touers hie,
whaur gret plenty o aipples orange[186] growes;

---

[184] baleen pavis: whalebane shield

[185] sulye: soil

[186] aipples orange: oranges

whilk people in thair weirfare haed nae bows,
but war accustomed for tae thraw aft syse
the castin spearis on the Dutchmen's guise;
whase heidgear war o fu sober extent,
made o the cork or bark frae treeis rent;
bucklers thay bare, wi boss or plate o steel,
and shinin swoords o metal burnished weill.

Thae people eik that cleipit been Nersanes,
whilks in the strait and hie muntains remainis,
sent tae the field a chieftain o defence,
o worthy fame, the renownit Ufens –
happy in arms and redoutit wis he,
busteous abuve aa ithers his menyie.
The fowkis cleipit o Aequiculae,
that hard furrows haed tillit mony a day,
and aa enarmit laubour thay thair land –
thay haunt fu aft huntin in wuids at hand;
ever likes thaim tae chase and drive away
the recent spreath,[187] and fresh and caller prey,
and on spulyie tae leive and on rapine.

Untae this battle bouns the priest divine,
Umbro tae name, the strenthiest ae man
o aa the people in Marruvia clan,
sent frae the King Archippus wi his feirs,
as thair chieftain and ruler in the weirs;
his helm arrayit wi a garland schene
plait o the happy olive branches green.
Aa kind o edder and hissin serpent fell
wi incantation he cud gar rive and swell,
or cast upo thaim sleepin wi his sang,
and, wi his charmis and his herbis strang,
thair wrath and venom cud he daunt and mease,
and heal thair stangin, and sic hurtis ease.
But he cud find nae cures nor remeid
tae sauve him frae the Trojan spear's heid –
his sleepy charmis haed nae force nor micht,
nor herbis gaithert on Mars' mont's hicht,
tae help thae hurts he caucht in the melée.
Oh sovereign priest, whit ruth wis it o thee!
For thee the wuidis weepit o Angitus,

---

[187] spreath: plunder

the crystal strandis murnit o Fucinus;
thee bewailit clear lakes and spring wells,
nymphs, virgins, matronis, and damisels.

Furth tae the battle eik held Virbius,
the son maist seemly o Hippolytus.
His chief maternal ceity, fu o micht,
Aricia, furth sent this worthy knicht.
In shawis schene, endlang the watter brae
o fluid Hymettus, by Egeriae
that nymph he fostered wis fu tenderly,
whaur-as o mansuete[188] Diane fast thareby
the altar, eith for til applease,[189] upstands,
aft fu o sacrifice and fat offerands;
for mony hauds opeinion, sayin thus
by common voice and fame: Hippolytus,
efter that he slain wis, and tae deid dicht
by fause deceit o his stepmither's slicht,
and haed eik suffered by his bluid and braith
the cruel painis o his faither's wraith,
as tae be harled[190] wi horse that caucht affray
and skeichit at a merswine[191] by the way;
yit ne'ertheless, for the luve o Diane,
he wis restored tae this ilk life again,
and come tae dwell unner our heiven and air,
that here abuve contains thir starnis fair;
whilk cure wis duin by Aesculapius slee,
throu the michtis o the rose peony.
Than Jupiter, aamichty Faither hie,
haein disdain ony mortal suld be
raisit tae life, or ower warld's licht,
frae the daurkness o nether Hell's nicht,
the finder o this crafty medicine,
whilk wis beget by the God Appolline,
that is tae knaw, this Aesculapius,
wi thunner's dint baith fell and dangerous
unner the erd smate doun, for tae remain
in Hell's grund and watter Stygian.

---

[188] mansuete: gentle

[189] applease: propitiate

[190] harled: dragged

[191] merswine: porpoise

But than the thrinfauld Diane, fu o bliss,
in secret place Hippolytus wi this
hid, and betaucht Egeria the may,
tae be keepit in the ilk forest gay;
whaur, him alane, in wuids o Italie
his life he led unknawn o ony wy,[192]
and whaur he first wis hait Hippolytus,
changit his name y-cleipit Virbius;
and, by this self reason yit also,
frae the temple o Diane evermo
thir horny-hoofit horses been debarred,
for asmeikle as thay at the sea monsters skarred,[193]
and brak the cairt throu thair undauntit micht,
and furth swacked Hippolytus, gentle knicht.
Yit ne'ertheless, his son, this Virbius,
the ardent steedis fierce and chivalrous
throu-out the plain field drives aa infeir,
and furth hurlis his chariot tae the weir.

Chaipter XIV

Hou Turnus tae this battle bouns tae gae,
and als the weirlike wumman Camillae.

Turnus himsel, o weir the chief captain,
amid princes and gret chieftains ilkane
enarmit walkis, turnin tae and frae,
wi cors o stature elegant, that sae,
whaur-as he went throu-out the routs on hie,
abuve thaim aa his heid men micht weill see,
whauron his helm set fu richly shane
wi crestis three, like til a lokkered[194] mane;
thareon as tymbral[195] staunin Chimaerae,
that wondrous monster, wi wide chaftis blae
furth blawin fire and flame sulphurious,
like burnin Etna, that munt perilous,
the mair wud-wrath and furious waux she,

---

[192] wy: person

[193] skarred: shied

[194] lokkered: curly

[195] tymbral: crest

wi sorrafu fire bleezes spoutin hie,
ever as the battle worths[196] mair cruel
by effusion o bluid and dintis fell.
His shinin shield wis aa o fine gowd bet,
whaurin thare wis, insteid o armis, set
Io the wench, some time but hornis, nou
wi hair owregrowe, transformit in a coo
(whilk wis gret argument and probation
that he wis o his bluid a Gregion).
The keeper eik o this ilk maid, Argus,
wis porturit thare, and faither Inachus,
furth o a pentit pig[197], whaur-as he stuid,
a gret river defundin[198] or a fluid.

A host o fuitmen, thick as the hail shouer,
follaes this Turnus, drivin up the stour;
wi shields shroudit[199] mony huge rout
thick forgaithers the large fieldis about.
Thae younkers whilk o Greekis war descend
the pouer o Aurunca thither send;
the garrisons alsae o Rutulians,
and the ancient people hait Sicans,
o Sacranie the airmy bauld in fields,
the Labicans eik wi thair pentit shields,
whilk tillis on thy bankis, Tiber fluid;
or yit endlang thy gressy braeis guid,
oh Numicus, thou hallowed fresh riveir;
and thae that wi sherp coulter till and shear
o Rutuly the hilly knollis hie,
or kaimy edge,[200] and holtis fair tae see,
that Circaeus tae surname cleipit are,
whaur Anxurus, the bairdless Jupiter,
for patron is hallowit owre the plains,
and Juno eik fu joyously remains
in Feronia, her sweet shaw aye green,
near by the black lake cleipit Saturene,
whaur-as the chill river hait Ufens

---

[196] worths: becomes
[197] pig: vessel
[198] defundin: pourin doun
[199] shroudit: protectit
[200] kaimy edge: kaim-like (only here) ridge

seekis wi nerra passage and descense
amid howe valleys his rink[201] and ischie,[202]
and hides himsel within the Tyrrhene Sea.

Abuve aa thir the stout wench Camilla,
o the faimil and kinrent o Volsca,
come leadin armit hostis and stern fields,[203]
in burnished plate arrayed and shinin shields.
Forsuith, a worthy warrior wis she;
her wummanly hauns naither rock[204] o tree
nor spindle uised, nor brooches[205] o Minerve,
whilk in the craft o claith-makkin daes serve;
but yit this maid wis weill accustomate
tae suffer bargain dour and hard debate,
and throu the speed o fuit in her rinnin
the swift windis prevert and backwart ding;
or than alsae sae speedily cud she flee
owre the cornis, owretread thair crappis hie,
that wi her course nae reed nor tender strae
wis hermit ocht, nor hurt by ony way;
and, throu the boldnin[206] fluids amid the sea
borne soverly, furth haud her wey micht she,
the swift soles o her tender feet
nocht tuichin aince the watter her to weit.
Aa young fowkis, on her for tae ferlie,
furth o fieldis and houses flocks in hy.
Little children and matrons a-wunnerin
on faur behauds her stout pace in a ling[207] –
sae manfully and bauldly walkis she –
wi spreit abashed thay gove her for tae see,
whit-wise her sleekit shouthers war array
wi kingly purpour, honourable and gay;
and hou the hair wis o this damisel
knit wi a button in a gowden kell;[208]

---

[201]   rink: course
[202]   ischie: issue, outlat
[203]   fields: airmies in the field
[204]   rock: distaff
[205]   brooches: pirns
[206]   boldnin: swellin
[207]   ling: line
[208]   kell: hairnet

and hou a quiver close she bare alsae,
wi grunden dartis wrocht in Lycia;
and a haill sapling o a gret myr[209] tree,
whilk hirdis micht owreheild, wi bewis hie,
in mainer o a spear in haun she bare,
heidit wi forgit steel fu sherp and square.

[209] myr: myrtle

The Prologue o the Aucht Buik

O dreflin[1] and dreams, what dow it tae indite?
For, as I leanit[2] in a ley in Lent this last nicht,
I slid on a swevinin, slumberin a lyte,
and suin a selcouth[3] sedge[4] I saw tae my sicht,
swoonin as he swelt[5] was, soupit in syte.[6]
Was never wrocht in this warld mair waefu a wicht,
ramin,[7] "Reason and richt is rent by fause rite;
freindship flemit is in France, and faith haes the flicht;
lees, lurdanry,[8] and lust are our laidstern;[9]
     peace is put out o play;
     walth and weillfare away;
     lufe and lawtie, baith twa,
          lurkis fu dern."

"Langour lent is in land; aa lichtness is lost;
Sturten[10] study[11] haes the steer, destroyin our sport;
musin mars our mirth hauf mangelt aamost;
sae thochts threits in thraw[12] our breistis owre-thwort;[13]
bailfu business baith bliss and blytheness gan boast.
There is nae sedge for nae shame that shrinks at short;
may he come to his cast by cloakin, but cost,
he recks naither the richt nor reckless report.
Aa is weill dune, God wat, wield he his will.

1	dreflin: drifflin, delayin?
2	leanit: reclined
3	selcouth: byordnar
4	sedge: fellae
5	swelt: owrecome
6	syte: sorra
7	ramin: railin
8	lurdanry: villainy
9	laidstern: lode starn
10	sturten: withdrawn
11	study: musin
12	threits in thraw: presses in haste
13	owre-thwort: athort

Douglas' translation o Virgil's Eneados modrenised

> That bern is best can nocht blin[14]
> wrangous guids tae win.
> Why sud he spare, for ony sin,
> > his lust tae fulfill?"

"Aa leids[15] langs in land tae latch what thaim leif is:
luvers langs only tae lock in thair lace[16]
thair leddies lovely, and louk[17] but lat or reliefs;
wha sports thaim on the spray spares for nae space;
the galliart grum[18] grunshes at grams[19] him grieves;
the fillock[20] her deformit fax[21] wad hae a fair face
tae mak her maikless o her man at mister[22] mischief is;
the guidwife grullin[23] before God greets efter grace;
the laird langs efter land tae leave tae his heir;
> the preist for a parsonage;
> the servant efter his wage;
> the thrall tae be off thirlage
> > langis fu sair."

"The millar mythes[24] the multure wi a meat scant
for drouth haed drunken up his dam in the dry year;
the cadger caas furth his capill[25] wi crackis weill cant,[26]
caain the collier a knave and culroun fu queer;
some shepherd slays the lord's sheep, and says he is a sanct;
some greens while the gress growe for his gray meir;
some spares naither spiritual, spousit wife, nor aunt;
some sells folks' sustenance, as God sends the fiar;[27]

14	blin: stop
15	leids: fellaes
16	lace: noose
17	louk: cleek
18	grum: chiel
19	grams: causes o sorra
20	fillock: flisky lass
21	fax: countenance (literally hair o the heid)
22	mister: craft
23	grullin: grovellin
24	mythes: notes
25	capill: horse
26	cant: lively

some glasters[28] an thay gang at aa for gait wool;
  some spends on the auld use;
  some maks a tume ruse;
  some greens efter a guse
    tae farce his wame full."

"The wretch wails and wrings for this warld's wrack;
the muckerar[29] murns in his mind the meal gave nae price;
the pirate presses tae peel the pedlar his pack;
the hasarders hauds thaim herryit, haunt thay nocht the dice;
the burgess bings[30] in his buith, the broun and the black,
buyin busily, and bane, budge,[31] beaver and bice;[32]
some leids langs on the land, for luve or for lack,
tae semble[33] wi thair shafts,[34] and set upo syse;[35]
the shipman shrinks the shouer and sets tae shore;
  the hine crines[36] the corn;
  the browster the bere[37] shorn,
  a fest the fiddler tomorn
    covats fu yore."

"The railer reckons nae words, but rattles furth ranes
fu rude, and riot reasons baith roundels and rhyme;
swingeours and scurrivaigs, swanks and swains
gies nae cure to cun craft, nor compts for nae crime
wi bairds as beggars, tho big be thair banes;
nae labour list thay leuk til, thair luves are bird lime.
Get a bismeir[38] a bairn, than aa her bliss gane is:
she will nocht wirk tho she want, but wastes her time

27		fiar: fixit price
28		glasters: brags
29		muckerar: misart
30		bings: heaps up
31		budge: lambskin
32		bice: bluish (fur?)
33		semble: assemble
34		shafts: staffs
35		syse: occasions?
36		crines: fears
37		bere: barley
38		bismeir: trollop

in thiggin, as it thrift war, and ither vain thews,
        and sleeps whan she sud spin,
        wi nae will the warld tae win.
        This kintrie is fu o Cain's kin
            and sic shire[39] shrews."

"What wickitness, what wanthrift nou in warld walks!
Bail haes banished blytheness; boast gret brag blaws;
prats are repute policy and perilous pawks;
dignity is laid doun; dearth tae the duir draws;
o trattles and tragedies the text o aa talk is;
lords are left landless be unleal laws;
burgess brings hame the boith[40] tae breed in thair baulks;[41]
knichts are cowhubies,[42] and commons plucked craws;
clerks for uncunningness misknaws ilk wicht;
        wifes wad hae aa thair will;
        eneuch is nocht hauf fill;
        is naither reason nor skill
            in erd haudin richt."

"Some laitit[43] latoun,[44] but lay,[45] leaps in laud lyte;
some pens furth a pan boddom tae prent fause placks;
some gowks while the glass pig growe fu o gowd yit;
throu cury[46] o the quintessence, tho clay mugs cracks;
some warnour[47] for this warld's wrack wends by his wit;
some treachour crines[48] the cunye,[49] and keeps cornstacks;
some prig penny; some pick-thank wi privy promit;
some gars wi a gadstaff tae jag throw black jacks.[50]

---

[39]   shire: out-an-out

[40]   boith: boot, spoils?

[41]   baulks: rafters? scales?

[42]   cowhubies: gomerals

[43]   laitit: lowsit

[44]   latoun: bress

[45]   lay: alloy

[46]   cury: cookin

[47]   warnour: wretch

[48]   crines: reduces

[49]   cunye: coinage

[50]   jack: jerkin

What feignit fare, what flattery, and what fause tales!
>> What misery is nou in land!
>> Hou mony crackit cunnand!
>> For naithir aiths nor band
>>>> nor seals avails."

"Priests, sud be patterers and for the people pray,
to be papes o patrimony and prelates pretends.
Ten teinds are a trump, but gif he tak ma,
a kinrick o parish kirks coupelt wi commends,
wha are wirkers o this weir, wha waukeners o wae
but incompetable clergy that Christendom offends?
Wha reives, wha are riotous, wha reckless, but thay?
Wha quells the puir commons but kirkmen, weill kent is?
There is nae state o thair style that stauns content:
>> knicht, clerk, nor commoun,
>> burgess, nor baroun.
>> Aa wad hae up that is doun,
>>>> weltrit the went."[51]

And as this leid at the last liggin me sees,
wi a leuk unluvesome he lent me sic words:
"What bern be thou in bed wi heid fu o bees,
graithit like some knapper[52] and as thy grees[53] gurds[54]
lurkin like a lounger?" Quod I, "Loun, thou lees."
"Ha! Wad thou fecht?" quod the freke.[55] "We hae but few swourds.
There is sic haste in thy heid, I hope thou wad neis,[56]
that brawls thus wi thy host whan berns wi thee bourds."
Quod I, "Churl, gae chat thee,[57] and chide wi anither."
>> "Move thee nocht," sayed he than,
>> "Gif thou be gentleman,
>> or ony courtesy can,
>>>> mine ain leif brither."

---

[51] went: state o affairs
[52] knapper: stane-brekker?
[53] grees: degree
[54] gurds: ?
[55] freke: fechtin man
[56] neis: sneeze
[57] gae chat thee: get lost

"I speak tae thee untae sport. Spell me this thing:
what likes leids in land? What maist langs thou?"
Quod I, "Smaik, lat me sleep. Sim Skinnar thee hing.
I ween thou bids nae better but I brek thy broo.
Tae me is mirk mirror ilk man's meaning.
Some wad be court man, some clerk, and some a catchcow,
some knicht, some captain, some kaiser, and some king;
some wad hae walth at thair will and some thair wame fu;
some langs, for the liver ill, tae lick o a quart.
      Some for thair bounty or boon;
      some tae see the new muin.
      I lang to hae our buik duin,
           I tell thee my part."

"Thy buik is but bribry,"[58] sayed the bern than,
"but I sall lear thee a lessoun tae less aa thy pain."
Wi that he raucht me a roll. Tae read I began
the riotest a ragment, wi mony rat-rane,[59]
o aa the mows in this muild sen God merkit man:
the movin o the mappamond and hou the muin shane;
the pleuch, and the poles, the planets began;
the sun, the seiven starns, and the Charle Wain,[60]
the Elwand,[61] the elements, and Arthur's Hufe,[62]
      the Horn[63] and the Handstaff,
      Prater John and Port Jaff;
      why the corn haes the caff
           and coo weirs clufe.

"Thir romance are but riddles," quod I tae that ray.[64]
"Leid, learn me anither lesson; this I nocht like."
"I perceive, sir parson, thy purpose, perfay,"
quod he, and drew me doun dern in douf by a dyke;
haed me hard by the haun whaur a huird[65] lay,

---

[58]   bribry: whigmaleeries

[59]   rat-rane: rigmarole

[60]   the Charle Wain: the Plough

[61]   the Elwand: Orion's Belt

[62]   Arthur's Hufe: Arcturus

[63]   the Horn: Ursa Minor

[64]   ray: literally king

[65]   huird: hoard

than prively the pence begouth up tae pick.
But whan I waukened, aa that walth was wiskit away.
I fand nocht in aa that field, in faith, a bee byke;
for as I grunchit at this grum and glisent[66] about,
      I grappit graithly the gill,[67]
      every mowdiewart hill,
      but I micht pick there my fill
          ere penny come out.

Than waux I tene[68] at I tuke tae sic truffs tent,
for swevins are for swingeours that slumbers nocht weill.
Mony marvellous maiter, never markit nor meant,
will sedges see in thair sleep, and sentence but sele.[69]
War aa sic saws suithfast, wi shame we war shent.
This was but faint fantasy, in faith, that I feel,
never word in verity, but aa in waste went
throu royitness[70] and ravin that made mine een reel.
Thus listent I, as lossinger[71] sic lewdness tae leuk,
      but whan I saw nane ither buit,
      I sprent speedily on fuit,
      and under a tree ruit
          begouth this aucht buik.

66	glisent: keekit
67	gill: guile
68	tene: angert
69	sele: prosperity
70	royitness: wildness
71	lossinger: flatterer

The Aucht Buik

Chaipter I

How Tiberinus, god o the riveir,
Til Eneas in vision gan appear.

As swith as Turnus, owre the maister touer
o Laurentum, his banner white as flour
in sign o battle did on braid display,
the trumpis' blast and hornis made deray,
and stern steeds stampen for the din;
the armour clatters, fast ilk man gan rin,
incontinent thegither, wi minds a-moved.
Aa Latium assembelt suin contruved
a conjuratioun or hasty convine,
as in fearfu affray thair land tae tyne,
and wud-wrath waux thir younkers, he and he,
wi burnin hertis fierce tae the melée.
The first chieftains for assay or defence –
the gret Messapus, and the strang Ufens,
wi Mezentius, o goddis contempnar –
the routis for supply, baith near and far
compellis tae assemble wi thair pouers,
and large fieldis laid waste o laubourers.
Ane Venulus alsae wis sent, a Greek,
tae gret Diomede's ceity, tae beseek
supply and help, and tae shaw aa and some
hou Trojans war descend in Latium,
Enee wi navy arrived up at hand,
and brocht his vanquished goddis in thair land,
sayin that, by the Fates and destiny,
he thither callit wis as king tae be;
and that he suld eik tae Diomedes shaw,
that mony people war adjoint and draw
untae this ilk foresaid stranger knicht,
for he wis comen o Dardanus the wicht,
and widewhaur owre aa pairts o Italie
his name begouth tae spreid and multiply.
And sen he haed begun sic thing on haun,
whit syne he ettelt micht be unnerstaun:

that is tae knaw, gif fortune war sae heind
by adventure o weir tae be his freind,
mair evidently he covet tae proceed
agin his ancient enemy, Diomede,
than tae owreset the young knichtly Turnus,
or yit owrecome the auld King Latinus.
As this convine and ordinance wis made
o Latium throu-out the boundis braid,
whilk every pynt this Trojan lord anon,
comen o the hous o King Laomedon,
in hivvy cures flowein aa on flocht,
advises weill, hou aa this thing wis wrocht;
and hastily in mind on every sides
nou for this purpose, nou for that, provides;
nou here, nou thare, revised in sindry pairts,
and searches, turnin tae and frae aa airts;
like as the radious sun's beamis bricht,
or than the glimmerin muin's shaddas licht,
reflectit frae the brazen vessel, we see,
fillit wi watter tae the circle on hie,
owre aa the hous reboundis and daes spreid
shinin, and searches every steid on breid,
while in the air upgaes the twinklin licht,
glitterin on every spar and ruif on hicht.

The nicht come, and aathing leivin ceased;
weary o wark baith bird and brutal beast
owre aa the landis war at rest ilkane,
the profound swouch o sleep haed thaim owretaen;
whan this ilk prince, Eneas, aa on flocht,
wi mind soupit in cure and hivvy thocht,
and for this sorrafu battle richt unglaid,
upo the riverbank himsel doun laid
unner the cauld firmament for the naince,
and gave short rest untae his weary banes.
Wham-tae the god o that steid did appear,
Tiberinus, furth o the still riveir,
amid the branches o the popple trees,
as ageit man seemin, himsel upheize;
a lenyie[1] wattery garment did him veil,
o colour fauch, shape like a hempen sail,

---

[1] lenyie: fine, thin

and russly[2] reedis deckis weill his hairs.
Tae mease Eneas' thochtis and his sairs,
thus he begouth tae speak, and sayed, but din:

"Gentle get, comen o the goddis' kin,
whilk frae thy faes tae us wi meikle joy
haes hither brocht the gret ceity o Troy,
and Pergama, the Trojan wallis wicht,
eternally conserves throu thy micht;
desirit maist o lang time, nou welcome
untae the grund and soil o Laurentum,
and aa the fieldis eik o Latin land.
Here is thy siccar dwellin place at hand,
a sover firm habitation for aye.
Withdraw thee nocht frae hyne. Pass nocht away,
nor dreid naething the boast[3] o this battell.
The rancour aa o goddis, I thee tell,
and boldenin[4] wrath appeasit are aamaist.
And sae thou ween nocht at my word be waste,
nor feignit dreamis dae tae thee appear,
unner sauch treeis, by thir bankis near,
anon thou sall dae finnd a meikle swine,
wi therty heid ferryit[5] o grices syne,
o colour white, thair ludgin on the grund,
her white brodmal[6] about her pappis wund –
that is the place tae set up thy ceity,
whilk o your labour sover rest sall be;
whaur that, as therty years by-run and gane is,
Ascanius sall dae build o lime and stanes
the ceity hait fair Alba o delight,
beirin his name frae the fair colour white.
Thus I declare thee nane uncertain thing,
but very suithfast taikens and warning.
Nou harkis but a little, I thee pray,
I sall thee lairn in whit wordis, whit way
thou may come speed, and hae the haill owrehand
tuichin this instant maiter nou at hand.

2	russly: rustlin (only here)
3	boast: i.e. menace
4	boldenin: swallin
5	ferryit: farrowed
6	brodmal: brood

Thare been people o Arcad frae the ring
comen in this land, descend o Pallas King,
whilk, wi Evander King in companie,
follaein the signis shaw, haes fast here by
chosen a steid, and buildit a ceitie
amang the knoweis round or mottes hie,
efter thair forefaither o noble fame,
Pallas, cleipit Pallanteum tae name.
Continually thir fowkis every year,
agin the Latin people leadis weir.
Adjoin tae thir thine host in fellaeship.
Dae mak wi thaim a league, and binnd freindship.
I sall mysel convoy thee the richt way
betwix thir braeis up the fluidis gray,
sae that agin the stream, throu help o me,
by airis' rowth[7] thither cairried sall thou be.
Hae duin, get up, thou son o the Goddess,
first as the starns declines, thee address –
I mean intae the dawin richt earlie,
duly tae Juno see thou sacrify,
her wrath and aa her menace tae owreset
wi devote supplications made o debt;
and, whan thou haes obtainit victorie,
tae me thou sall dae worship by and by.
I am God Tiber, wattery-hueit and haw,
whilk, as thou sees, wi mony jaup and jaw
beatis thir braes, shawin the bankis doun,
and wi fu fluid flowein frae toun tae toun,
throu fertile fieldis shearin thare and here,
unner the lift the maist gentle riveir.
Here is mine habitation huge and gret,
o michty ceities' chief and sovereign saet."

This bein sayed, this ilk God o the Fluid
unner the deep gan douk doun whaur he stuid,
and socht untae the watter grund anon,
sae dernly hid nane wist whaur he wis gone.

---

[7] airis' rowth: the rowin o oars

Chaipter II

The sou wi grices, as Tiberinus sayed,
Eneas fand, and sacrifice haes made.

The nicht fled, and the sleep left Enee;
on fuit he sterts, and anon gan he see
furth o the orient in the bricht morning
the sun's heivenly beamis newly spring,
and in the howe[8] luifs o his haun, whaur he stuid,
duly the watter hint he frae the fluid,
syne tae the heiven thiswise his prayers made:

"Oh nymphis aa o fluidis blythe and glaid,
and ye, haly nymphs o Laurentum land,
whamfrae the fresh rivers, and every strand
that floweis rinnin as we see sae clear,
haes thair beginnin furth o sources sere;
and thou, haly faither Tiberine,
wi Tiber eik, thy blissit fluid divine,
receive Eneas, tae ye unbekenned,
and nou at last frae aa perils defend.
And, gif thou takkis ruth o our gret skaiths,
here I avow and promises wi aiths,
whaure'er thy loch or fountain may be fund,
whaureversae thy spring is, in whit grund,
fluid maist pleasant, thee sall I owre aawhere
hallow wi honourable offerins evermair.
Hornit river, reignin as lord and king
owre aa the fluidis intae Ital ring,
be in our help, nou at last, I requeir:
efter sae feil dangers and perils sere,
confirm thy promise and oracle in hy."
Whan this wis sayed, furth o aa his navie
twa galleys did he chuise the ilk tide,
wi double raw o airs on aither side,
and for the rowin weill graithed thaim haes he,
syne for the weir instruckit his menyie.

But lo, in haste afore his een he saw
a mervellous and wondrous thing tae knaw.

---

[8]   howe: hollow

A milk-white sou within the wuidis lay
upo the green watter's bank in his way,
wi her litter new ferryit in that steid,
aa o ae colour, grices therty heid;
wham the devote Eneas on this guise
untae thee, grettest Juno, in sacrifice
brittens, and, wi her flock and followers,
haes set and offered up on thy altars.
Tiber his swellin fluidis aa that nicht,
hou lang that e'er it wis while day's licht,
stables[9] and caulms at his ain will;
the stream backwarts upflawis saft and still,
on sic wise measin his watter, that he
a staunin stank seemed for tae be,
or than a smuith puil, or dub loun and fair,
sae that the airs micht finnden nae contrair.
Tharefore Eneas gan his time espy,
and hastes on his voyage busilie.
Wi prosper course, and sober whispering,
the pykit barges o fir fast gan thring,
and slides throu the shauldis still and clear.
The watter ferlies o thair faird and beir.[10]
The forest, nocht accustomate tae see
sic things, wunners whit aa this micht be,
as tae behaud shinin shieldis on far
on men's shouthers aye comin nar and nar,[11]
the pentit carvels fleetin throu the fluid.
Baith nicht and day ilk man, as thay war wuid,
gan spend in rowth wi irksome laubourin;
the lang streamis and wawis round sworlin,
owreslidin fast upwardis the riveir,
hid and owreheildit wi mony trees sere;
endlang the still fluids, caulm and bien,
thay seek and shear throu-out the wuidis green.

---

[9]   stables: maks stable
[10]   faird and beir: impetus an noise
[11]   nar and nar: nearer an nearer

Chaipter III

Hou Eneas wi King Evander met,
and bands o kindness haes betwix thaim knit.

The fiery sun by this ascendit even
the middle ward and region o the heiven;
that is tae knaw, by than it wis midday,
whan that on faur the ceity waas see thay,
the touers and the hous-heidis on raw
scattered disperse, and but a few tae knaw –
whilk nou the michty pouer o Rome toun
haes untae heiven made equal o renoun.

The King Evander, o mobles[12] nocht michty,
held for that time but sober seignory.
In haste thither thair stevins[13] gan tae steer
Eneas' sort,[14] and tae the toun drew near.

This King Evander, born wis o Arcade,
per case the self day a gret honour made,
solemnit fest, and fu hie sacrifice,
untae the gret Hercules on thair guise
that foster son wis tae Amphitryone,
and tae the ither goddis every one,
afore the ceity in a hallowed shaw.
Pallas, his son, wis thither alsae draw,
thegither wi the principals o younkers.
The sober senators, and puir officiars,
aa samen kest incense; and wi a stew[15]
aside the altar bluid shed and skailed new,
bein lew-warm,[16] thare fu fast did reek.
But yit, as swith as thay perceivit eik
the gret barges slidin thus on raw,
and throu the dern wuidis fast thither draw,
sae stilly[17] bendin up thair airs ilk wicht;

12	mobles: possessions
13	stevins: ship stems
14	sort: troop
15	stew: reek
16	lew-warm: lukewarm

thay worth[18] affrayit o the sudden sicht,
and every man thay left the buirds on hy,
on fuit gan stertin frae the mangerie;
wham hardy Pallas did forbid and defend
thair sacrifice tae brek, while it war end.
He hint a wappon. Wi a few menyie
thaim tae reconter anon furth haudis he;
and yit weill faur frae a hill or a knowe
tae tham he caas, "Staun, young men, how!
Whit cause haes movit you upo sic way
thir strange wentis unknawen tae essay?
Whither ettle ye, or whit kinrent[19] ye be?
Shaw whence ye come, and whilk is your kintrie.
Whether dae ye bring intae our bounds here
bodword[20] o peace, or comes in feir o weir?"[21]

Eneas than, the faither o worship,
made answer frae the pulpit o the ship,
and in his haun straucht furth, as he micht see,
in taiken o peace a branch o olive tree.
"My frein," quo he, "thou sees people o Troy,
tae Latin people enemies, man and boy;
whilk, fleemit frae our realm, newly again
thae ilk Latins haes socht wi proud bargain.
Untae the King Evander aa seek we,
him tae requeir o succour and supplie.
Beir him this message, and declare him plain,
that chosen men descend frae King Dardane
been hither comen, beseekin his freindship
tae knit up band in arms and fellaeship."

Pallas, astonished o sae hie a name
as Dardanus, abashit worth for shame.
"Come furth," quo he, "whit-e'er thou be, bern[22] bauld,
and say afore my faither whit thou wald,

17	stilly:	quately
18	worth:	becam
19	kinrent:	kindred
20	bodword:	message
21	feir o weir:	posture o war
22	bern:	warrior

and enter in our ludgins thee tae rest,
whaur thou sall be receivit walcome guest.
And furth anon he hint him by the hand,
a weill lang while his richt airm embrasand.
Syne furth thegither raikit thay on raw,
the fluid thay leave and enters in the shaw.

Eneas than, wi freindly communing,
spak courteously, thus sayin tae the King:
"O thou maist courteous prince, and best in need
that ever wis beget o Greekis' seed,
wham-tae fortune wad I suld comen here,
thee lawly tae beseeken and requeir;
and wad alsae I suld furth rax tae thee,
wippit wi bands the branch o olive tree,
in taiken that o thy supply I need;
forsuith, I caucht nae mainer fear nor dreid,
tho thou a captain o the Greekis be,
y-born alsae o Arcad the kintrie,
o bluid conjoint tae the Atrides twae –
I mean untae Agamemnon and Menelay –
but mine ain virtue, and haly oracles
o the goddis by divine miracles,
and our forebearis aa o ae kindred,
thy fame divulgate intae every stead
haes me fermly adjoinit untae thee.
The Fates eik tharetae induces me,
that willfully I obey thair command.
Sir Dardanus, the king first in our land
that built the ceity Troy or Ilion,
our chief faither, as Greekis grants ilkone,
born o Electra, Atlas' dochter ying,
cairried by ship come first tae Troy's ring;
and this Electra gret Atlas begat,
that on his shouther beirs the heivens plat.
Mercure is faither o your clan alsae,
wham the schene maiden, the fair fresh Maia,
upo the frosty hill's tap aa bare,
whilk Cyllenus is hait, in Arcad bare;
and this ilk Maia suithly – gif that we
ony credence tae it we hear or see
may gie – Atlas begat, that same Atlas
that rowes the heivenly starrit sphere compass.
Sae baith our kinrents, shortly tae conclude,

dividit are furth o ae stock and bluid.
Whaurfore, haein confidence in thir things,
naither by ambassat, message, nor writings,
nor ither craft, thy freindship first socht I
but mine ainsel in person come in hy,
that untae thee submittit haes my heid,
and thee tae pray socht lawly tae this steid.
For the ilk people unner Daunus King,
that the Rutulians haes in governing,
whilk leadis weir againis thy kintrie,
wi cruel battle nou pursueis me;
and gif thay micht expel us o this land,
thay ween thareby that nocht may thaim gainstand,
but that thay sall unner thair seignory
subdue aahaill in thraldom Italy,
and occupy thae boundis orientale
whaur-as the Owre Sea flowes aahaill,
and eik thae wester pairtis, traistis me,
whilks are bedyit wi the Nether Sea.
Receive, and knit up faith and firm cunand.[23]
Tak our promise, and gie us truth and band.
Strang bodies tae abide bargain hae we,
wi hardy minds in battle or melée,
exerced in weir, and expert in sic needs,
in lusty youth likely tae dae our deeds."

Thus sayed Eneas, and Evander than,
frae time that he first for tae speak began,
his een, his mouth, and aa his body richt,
gan tae behaud, espyin wi his sicht.
Syne shortly made his answer thus again:
"Oh hou gledly thee, maist forcy Trojane,
I dae receive as tender frein and feir!
Hou blythely nou I knaw and weill may hear
the voice, the wordis, and the speech, but les,
o thy faither, the grettest Anchises!
And fu perfitly nou I draw tae mind
the veisage o that worthy knicht maist kind.
For weill I dae remember, lang time gone,
hou Priamus, son o Laomedon,
tae vizzy his sister's land, Hesiona,

---

[23]   cunand: covenant, agreement

socht tae the ceity hait Salamina
and at the samen race[24] his voyage made
throu the cauld frosty boundis o Arcade.
My green youth that time wi piles[25] ying
first cled my chin, ere baird begouth tae spring.
I joiced tae see the Trojan dukes ilkone,
and on the son o King Laomedon,
that is tae say, this ilk young Priamus,
for tae behaud wis mervel glorious.
But thy faither Anchises, whaur he went,
wis hie-er faur than aa the remanent.
My mind brint, o youthheid throu desire,
tae speak and commune wi that lordly sire;
tae be acquentit, and join hand in hand,
cunnand tae knit, and binnd fordwart[26] or band.
Tae him I went desirous o freindship,
and sped that samen sae in fellaeship,
within the waas o Pheneus I him led.
And whan he did depairt or thence him sped,
a courtly quiver fu curiously wrocht,
wi arrows made in Lycia, wantin nocht,
a garment he me gave or knichtly weed,
pirnit and woven fu o fine gowd threid,
twa gowden bridles eik, as he did pass,
whilk nou my son occupies, young Pallas.
Whaurfore our alliance, faith, and richt hand,
as ye desire, are else adjoined in band.
We been o auld confederates, perfay.
Whaurfore the morn, as suin as the bricht day
begins alicht the landis and the sky,
wi succours and suppouel,[27] blythely I
sall you frae hyne hame tae your airmy send,
and wi my guides and my mobles amend.
And in the meantime, sen, my freindis dear,
untae our sacrifice be comen here,
whilk yearly uisin we as anniversary,
that been unleifu tae defer or tarry;
whaurfore wi us dae hallow our hie feast,

24	race: journey
25	piles: hairs
26	fordwart: treaty
27	suppouel: assistance

and wi gled semblin blythely, maist and least
accustom you frae thence, and nou instant
our tables as your freindly buirdis haunt."

Whan this wis sayed, messes and cups ilkane,
whilk war awa tak, bade he bring again,
and he himsel the Trojan men fuit-het
on sonks o gressy scheralds[28] haes dounset.
Thair principal capitan syne, Enee,
beside himsel on dais receives he.
The bink, y-buildit o the green holline
wi lokkered lion skin owrespreid wis syne.
Than young men walit busy here and thare,
and eik priestis o Hercules' altair,
the roastit bullis' flesh set by and by;
the baken breid o baskets teems in hy,
and wines birlis intae gret plenty.
Eneas, samen wi his Trojan menyie,
did o perpetual oxen fillets eat,
and purgit entrails, cleipit cleansin meat.[29]

Chaipter IV

Evander tellis til Enee, but baid,
the very cause why this sacrifice wis made.

Efter that staunchit wis the hungir's rage,
and appetite o meat begouth assuage,
sayed King Evander, "Nae superstition vain,
nor misknawledge o goddis anciane,
this hie feast and gret solemnity,
nor this banquet and messes, as ye see,
haes institute tae us, and this alteir
o sae excellent majesty staunin here,
but, my dear frein and noble guest Trojane,
we, preserved frae cruel perilous pain,
hauntis this service upo sic manneir,
as proper debt and observance ilk year.

---

[28]   scheralds: fails, turfs

[29]   purgit entrails, cleipit cleansin meat: i.e. sacrificial offerins o offal (Latin *lustralibus extis*)

First, dae behaud yon schorin[30] heuch's brou,
whaur aa yon craggy rockis hingis nou,
hou the huge wechty braeis been doun cast,
the howkit fosse in the munt-side left waste,
whaur-as the craggy whinnis, doun decline,
haes drawen o the hill a huge ruine.
Yon wis a cavern or cave in auld days,
wi gousty entry faur furth o aa ways,
a grisly den and a forworthen[31] gap
o Cacus, that nae mair haed but the shape
o man's form, for scant hauf man wis he,
throu cruel deedis o iniquity,
that in yon fiendlike hole dwelt him alane;
a Hell's byke, whaur sun's beam never shane,
whaur the vile fluir ever lew warm wis spread
wi recent slauchter o bluid newly shed.
Before that tyrant's yett o men that deid is
affixit stuid mony dolorous heidis,
wi veisage blaikent, bluid by-run, and blae,
the laithly odour o filth stinkin tharefrae.
Untae this hutit[32] monster, this Cacus,
the God o Fire wis faither, Vulcanus;
and at his mouth, a wunner thing tae see,
his faither's reeky flame furth yiskit[33] he.
As tae his body, whaur-sae-e'er he passit,
o busteous stature like nane ither was it.

Process o time at last haes us inspirit,
and sent us help, as we fu lang desirit,
by comin o the michtfu god's presence;
for the daunter o monsters, our defence,
the maist redoutit Hercules, come at hand
by aunter[34] untae this ilk land,
new frae the slauchter intae stern melée
o Geryon, the whilk haed bodies three.
Wi proud spulyie arrivin triumphal,
this conqueror made thither drive and call

---

[30] schorin: threatenin
[31] forworthen: deformit
[32] hutit: despised
[33] yiskit: boakit
[34] by aunter: per adventure

his bullis, and his oxen huge and greit,
and eik his kye, tae pasture and tae eat
endlang yon vale, that is large and wide,
and teuk thair ludgin on this riverside.
But the undauntit fury mind o this thief,
shrewit Cacus, aawey fu o mischief,
by his frawart ingyne and slee consait,
sae that nae mainer o wickitness nor dissait
micht be, that he no durst nocht tak on haun,
nor unassayit leave, out frae thair staun
fower seemly oxen o body gret and square,
as mony tender queys[35] exceedin fair,
o aa thae cattle awa wi him drave.
And, that thair tread suld nae wey be persaive,
untae his cave aye backwarts by the tails
tae turn thair fuitsteps he thaim harls and trails.
And thus his spreath he haed untae his inn,
and wi a queme[36] stane closit haes the gin.[37]
Sic wey he wrocht that, wha thair tread list gove,
nae taikens suld convoy thaim tae his cove.

In the meanwhile, as aa the beastis war
repaterit[38] weill efter thair nicht's lair,
at morrow early first as thay removit
(for Hercules depairt frae thence behuvit)
the cattle gan tae routen, cry, and rair.
The wuidis rang o thair sound owre aawhere,
and wi thair noise dindellit[39] hills and knowes;
while in the cave as that a queyock[40] lowes,
wi loud voice squeelin in that gousty hauld,
aa Cacus' traist[41] revealit she and tauld.

But than in grief this worthy Hercules,
(Alceus' nevoy,[42] the dochty *Alcides*

---

[35] queys: heifers

[36] queme: ticht-fittin

[37] gin: fastenin

[38] repaterit: fed

[39] dindellit: resoundit

[40] queyock: heifer

[41] traist: literally trust, confidence (Latin *spes*)

that sae aft syse wis cleipit commonly)
within his skin begouth tae birn and fry,
in brim fury o his bitter gall;
his wappons and his armour hint withal,
his wechty burdoun[43] or his knorry mace,
and tae the hill's hicht held in a race.
Than wis the first time that ony in this erd
o our people perceived Cacus affeared,
within his heid trubbelt his een twae.
Swift as the wind he fled and gat away,
and tae his cave him sped wi eerie spreit;
the dreid adjoinit wingis tae his feet.
And, frae he haed himsel seizit[44] tharein,
a stane o huge wecht for tae close the gin
he lat doun faa, and wi sic haste dounthrang,
the chynes brak whaurwi it festent hang,
that forgit war by his faither's ingyne;
wi gret airn slottis shut the entry syne.
But lo, in haste Hercules cam at hand
wi furious mind cairryin owre the land,
passage and entry seekin busilie,
nou here his een, nou thare, rowein in hy,
graislin[45] his teeth, and birnin fu o ire.
O Aventinus Hill thrice aa the swire[46]
he searches owre, and thrice assayis he
tae brek and rent that craggy stane entry;
but aa for nocht, tho he wis ne'er sae wicht.
Sae, thrice irkit, doun frae the hill's hicht
tae rest him is he tae the valley gane.
Thare stuid a pinnacle o whin or flint stane,
upo the backside o this cavern cauld,
that rase on end richt hie for tae behauld,
for wild foulis o reif[47] a gainand steid,
that rent raw flesh o beastis banes deid.
The craggis aa about this rock war worn,
wi wather's blast to-howkit and to-torn;

42	nevoy: grandson
43	burdoun: club
44	seizit: sattlet
45	graislin: gnashin
46	swire: flat land atween twa hills
47	foulis o reif: birds o prey

and as it stuid unshuir sweyin that tide,
dounwith the bank taewart the watter side,
Hercules it smites wi a michty touk[48]
upo the richt hauf, for tae mak it jouk,
enforcin[49] him tae welt it owre the brae;
and sae rudely it brangils tae and frae,
that frae the ruitis he it lowsed and rent,
and tummelt doun frae thyne, ere he wad stent.
The large air did rerden[50] wi the rush,
the braeis dindelt, and aa doun gan dush;
the river waux effrayit wi the wrack,
and, dammit wi the rockis, ran aback.

Than this gret cave o Cacus' salle[51] ryal,
wis discovert; his inwart caverns aa,
wont tae be daurk, worth patent nou and knaw;
nane itherwise than whan the erd outhraw
by force o thunner, or erdquake wi a clap,
rives up a terrible sheuch or grisly gap,
openin the hellish mansion infernale,
and uncloses that daurk regioun pale
whilk o the goddis aa abuve is hate;
or tho the hellish bysm in sic estate
war opent, that his boddom see men micht,
and damnit sauls effrayit o new licht.
Whaurfore this worthy stalwart Hercules –
that on this wise haed Cacus set in press,
and fund unwarnist[52] by this licht suddane,
whaur he wis closit in a cave o stane,
fast rummisin[53] upo a strange manneir –
this champion wi dartis fell o weir
gan doun tae beat, and in his wud furie
efter aa kind o wappons gan dae cry,
wi branches rent o trees, and quarrell[54] stanes

---

[48]	touk: dunt
[49]	enforcin him: exertin hissel
[50]	rerden: resound (wi Chaucerian Inglis endin)
[51]	salle: muckle chaumer
[52]	unwarnist: unwarned
[53]	rummisin: rairin
[54]	quarrell: quarry

o huge wecht doun wappin aa at aince.
But this ilk Cacus, whan that he did see
frae this danger thare wis nae wey tae flee,
furth o his throat, a wunner thing tae tell,
a laithly smuik he yiskis black as Hell,
and aa the hous involvit wi daurk mist,
that suin the sicht vanished, ere ony wist,
and reeky nicht within a little thraw
gan thicken owre aa the cavern and owreblaw,
and wi the mirkness middelt sperks o fire.

The hie courage o Hercules, lordly sire,
micht this nae langir suffer, but in the gap
wi hasty stert amid the fire he lap,
and thare as maist aboundit smuikis dirk,
wi huge sop o reik and flames mirk,
sae that the cave did glevin[55] o the heat.
Thare haes he hint Cacus, that wickit spreit,
that aa in vain his het kennlin furth gaspit;
for as a baa he him in airmis claspit,
and sae strainis his throat, furth chirt[56] his een;
his hause worth dry o bluid. Than micht be seen
this mirk dungeon and unseemly hauld.
The entry opent Hercules the bauld,
beat doun the closers, and syne brocht tae licht
his oxen frae him reft by subtle slicht;
and by the feet furth harlit wis anon
o Cacus the deformit carrion.
The hertis than and minds o our menyie
micht nocht be satisfied on him tae leuk and see,
as tae behaud his ugly een twain,
his terrible veisage, and his grisly gane,[57]
the roch birses on the breist and crest
o that monstrous hauf-deal wild beast,
and in his gorge stickin the slockent fire.

E'er sen that time, tae Hercules the gret sire
we hae this honour made and sacrifice,
aa our affspring and young men on this wise

---

[55] glevin: glowe (only here, possibly erroneous for gloven i.e. glowen)
[56] chirt: squirt
[57] gane: ugly face

this day keepis solemnit, as ye see;
Potitius first maister here wi me,
and the faimil o Pinaria the bauld,
the chief keepers o Hercules' hallowed hauld,
yon altar in this cuthill[58] did upbeild,
that untae us in every time o eild[59]
is cleipit maist solemnit and hie altair,
and sall be repute grettest evermair.
Tharefore hae duin, young gallants. Nou in hy,
in worship o this feast and mangerie,
o green branches plait for your heid garlands.
Dae waucht and drink. Bring cuppis fu in hands.
Caa on our patron, common god divine is,
and wi guidwill dae skink and birl the wines."
Thus sayin, the parti popple grane[60]
heildit his heid wi scug[61] Herculean,
the leafis frae the plaitis doun hingand,
a haly cup fillit in his richt hand.
Than ilk man smertly tastes the wine at table,
prayin thair gods for tae be agreeable.

Chaipter V

In luvin o the dochty Hercules
the people sings his werkis mair and less.

In the mean season Hesperus drew near,
throu the declinin o the heivenly sphere;
tharewith the priestis o the sacrifice,
girdit in skinnis, efter thair auld guise,
gan tracen furth thegither in a rout,
and foremaist went Potitius the stout.
Aa dae thay beir the birnin het firebrands;
and, tae renew the banquet, wi thair hands
fu delicate denties for the saicont meat
thay dress anon, and furth o plates greit
wi paisit[62] flesh plenished the altars large,

---

[58] cuthill: shaw, smaa wuid
[59] o eild: frae antiquity
[60] parti popple grane: parti-colourt poplar branch
[61] scug: shade

thareon bestowin in heapis mony a charge.
Syne the minstrelis, singers, and danceirs,
tae sing and play wi soundis, as effeirs,
about the kennelt altars, while thay brint,
assembelt are fu swith, and wad nocht stint,
wi popple-tree hats buckelt on thair heid.
The younkers yonner in anither steid
led roundis, dances, and fresh carolling.
Ither aged persons thaim addressed tae sing
in hymnis, ballads, and lays, throu the press,
the luvable gestis[63] o michty Hercules:
hou the first monsters o his stepmither slee,
liggin a bab in credle, strangelt he;
that is tae knaw, twa gret serpents perfay,
the whilk he wirryit wi his haundis twae;
and hou this ilk Hercules o renoun
the ryal ceities assieges and beat doun
o Troy, and eik the strang Oechalia;
a thousan hard journeys sufferin alsa,
unner the king cleipit Eurystheus,
by Juno's frawart will maist envious.
And thus thay sang: "Invincible warriour,
that bare o strenth and hardiment the flouer,
the stern centauris thou slew and dounbet,
double o form, and on the clud beget.
Thou brittens eik and wi thy haun haes slain
Pholus and Hylaeus, stalwart giants twain.
O Crete the monsters dauntis thou at ful,
the savage beastis, as wild bear and bul.
Unner a rock, Nemeae forest within,
thou slew and rent the hideous lion skin.
The Lake o Styx trummelt for dreid o thee;
the grisly porter o the hellish sea,
ludgin in cave on deid banes hauf gnaw,
did quake for fear, whan he thy veisage saw.
Nae kind o bisning[64] feigure did thee grise;[65]
nor big Typhoeus, that agin Jove aft syse
movit battle, wi wappons fell in haun

---

62   paisit: laden
63   gestis: heroic tales
64   bisning: monstrous
65   grise: frichten

micht thee affray, nor thy gret strenth gainstaun;
nor the Serpent o Lern, thou put tae deid,
fand thee want naither wisdom nor manheid,
tho she, o heidis wi her meikle rout,
thee did assail and umbeset about.
Hail, very child o Jove; hail, honour hie
adjoinit tae the gods in majesty!
Baith us and eik thy sacrifice infeir
we pray thee vizzy, that thou may come here
wi prosper presence and fu happy fuit,
in our helpin for tae be our buit.[66]

In sic sangis thair feast thay sanctify,
and Hercules' hie luvin sing and cry;
but principally, and last o the lave,
thay made mention o Cacus slain in cave,
and hou that he the flames furth did blaw.
The wuid resoundis shill, and every shaw
shoutis again o thair clamour and din.
The hillis rerds, while dindles rock and whin.

Syne, whan divine service wis at end,
tae the ceity boundis ilk man to-wend.
Furth held the King unwieldy in auld years,
fast by him haudin, as his freins and feirs,
the Prince Eneas and his young son Pallas;
and, while thay thus taewart the ceity pass,
wi sindry sermons shortis he the way.
Eneas a-wunners o that he did say,
and kest his een about deliverlie,
thae steidis aa tae searchen and espy;
sae fair places tae see and vizzy tyte.
This strange knicht caucht pleasance and delight,
and gledly gan inquiren everything,
and heard the answer o the ageit King,
whilk teachin him per order tae him tauld
memorials o sere forefaithers auld.

---

[66]   buit: saviour

Chaipter VI

*Hou King Evander rehearsed til Enee
in elders' days the rule o that kintrie.*

This King Evandrus than, the first foundair
o Rome's broch or palace, gan declare
and did rehearse untae his guest Enee:
"Thir wuidis and thir shawis aa," quo he,
"some time inhabit war and occupied
wi nymphs and faunis upo every side,
whilk fairfowks, or than elves, cleipen we,
that war engenerit in this samen kintrie,
and wi a kind o men y-born, but lees,
furth o auld stockis and hard runts o trees;
whilks naither mainers haed nor policy,
nor couth thay aer[67] the grund, nor occupy
the ploois, nor the oxen yoke infeir,
nor yit haed craft tae conques nor win gear,
nor kep thair mobles whan it gaithert was;
but, as thir beastis, or the doilit[68] ass,
thair fuid o treeis did in wuidis fet;[69]
or o the wild venison shape[70] tae get.
First frae the heivens intae this land
Saturnus come, fleein gret Jove's brand;
his realmis reft and banished eik wis he;
but thae untaucht people o this kintrie,
that scattert dwellit in hie hillis green,
he made forgaither thegither and convene,
gave thaim lawis and statutes thaim tae lead,
and wad alsae this region every steid
war caaed Latium, and cleipit tae his name,
for that he shuirly lurkit in the same.[71]
And as thay tell, and reads in mony rhyme,
o gowd the warld wis in that king's time;
sae likandly, in peace and leiberty,

---

[67]   aer: ploo
[68]   doilit: stipit, dull
[69]   fet: fetch
[70]   shape: contrive
[71]   The name *Latium* is unnerstuid tae be frae Latin *latere*, tae be concealed.

at ease his common people governed he;
while,[72] piece and piece, the eild[73] syne waur and waur
begouth tae waux, that colour fadin faur,
as, in the steid o peace, the rage o weir
begouth succeed, and covatice o gear.
Syne the puissance cam o Ausonia,
and the people Sicanae hecht alsa,
by wham the land o Saturn, waur[74] and wyce,
haes left and changit his auld name aft syse.
Syne kingis cam, amangs wham for the naince
stern Thybris reignit, a man big o banes,
frae wham, aye syne, aa the Italian bluid
thair gret river haes cleipit Tiber fluid;
thus Albula his auld true name haes lost.
And me alsae tae dwell within this coast,
banished and fleemit o my native land,
strang destiny, whilk may nocht be gainstand,
and fortune eik, cleipit omnipotent,
throu aa extremes o sea haes thither sent.
The reverend als and dreidfu monishings
o Carmentis, my mither, in mony things
expert as nymph and prophetess divine,
and the authority o God Apolline,
haes me constrainit tae dwell in this hauld."

Scarce haes Evandrus aa thir wordis tauld
whan, walkin thence furth but a little space,
he gan dae shaw the altar and the place,
whilk in the langage Roman yit, sans fail,
is tae this day cleipit Port Carmentale;
whaurby remembert is in the ilk toun
this auld Carmentis' worship and renoun,
whilk wis baith nymph and fatal prophetess,
that first declarit, in her saws express,
the gret princes for tae come o Enee,
and o Pallenteum the nobility.
The King syne shew him tae the haly shaw,
whilk strang Romulus did reduce and draw
in mainer o franchise[75] or o sanctuary.

72	while: until
73	eild: age, epoch
74	waur: vigilant

He shew him eik, but ony langir tarry,
unner the frosty brae, the cave, wis call
fu mony years in thair leid Lupercal,
efter thair guise o Arcad and estate,
tae Pan the God o Lycae consecrate.
He shew alsae the wuid hait Argilete,
that tae the man o Arge, thare lost the sweit,[76]
wis dedicate, and drew tae witness that steid
that he wis ne'er culpable o his deid,
and gan tae him declare the maiter plain,
whitwise his guest, this man o Arge, wis slain.
Frae thyne, tae Munt Tarpeia he him kenned,
and beckont tae that steid, frae end tae end,
whaur nou staundis the gowden Capitol,
umquhile o wild bussis roch scroggy knoll.
Tho, the ilk time, yit o that dreidfu place
a fearfu reverent releigion, per case,
the eerie[77] rural people did affray,
sae that this crag and scroggis worshipped thay.
"In yon shaw, on this wuidy hill's tap,
that scuggit is wi mony bussis' crap,"
quo Evander, "thareon a god daes dwell,
but whit god at he be, can nae man tell.
My people that been comen frae Arcade
weens thay saw yonder, as thay me sayed,
gret Jove himsel, as he fu aft at large
did shak his tabard, or his bleckent[78] targe,
and wi his richt haun did assemble and steer
the wattry cluds, that makkis thunners beir."[79]
And faurer eik he sayed untae Enee,
"Yon twa toun steidis thou behauds," quo he,
"wi barmekin dounbet and every wall,
o forefaithers thay been memorial.
This ceity buildit our auld faither Janus,
and yonder ceity fundit Saturnus:
Janiculum this hecht, mine ain leif brither,
and Saturnia cleipit wis that ither."

---

[75] franchise: i.e. a legal freedom

[76] lost the sweit: dee'd

[77] eerie: supersteitious

[78] bleckent: bleckent (Latin *nigrantem*)

[79] beir: rair

Amangis thaim wi sic carpin and talk,
taewart Evandrus' puir ludgin thay stalk.
The cattle eik behaud thay raik on raw,
and in that steid thare pasturin thay saw,
whaur nou in Rome is the chief mercat places,
baith squeal and lowe in thae ilk plenteous gates
whilk some time hecht Carine, fair and large,
whaur the houses war like a turnit[80] barge.
And whan thay comen tae the palace wer,
quo Evander, "At thir ilk yettis here
the conqueror entert, dochty Hercules,
this sober manse receivit him, but lees.
My gentle guest, enforce thee and address
tae lairn tae daur contemn walth and richesse,
and dae thysel compone, and shaw indeed
in goddis' steid worthy tae succeed,
wi thaim equal received in sic herbry.
Amang smaa gear nou enters bousomely."
And sayin this, the michty gret Enee
within his narra chymmis leadis he,
and made him sitten doun upo a bed,
that stuffit wis wi leafis, and owrespread
wi the roch skin o a busteous wild bear
in Afric bred before mony a year.

Chaipter VII

Untae Eneas Venus armour requires
frae Vulcanus, whilk grantis her desires.

The nicht approaches wi her wingis gray,
owrespreid the erd, and put aa licht away;
whan Venus mither til Enee affeared,
and nocht but cause, seein the felloun rerd,
the dreidfu host and assembly at aince
agin her son o people Laurentians.
Tae Vulcanus, her husband and guidman,
within his gowden chaumer she began
thus for tae speak, and wi her words the fire

---

80   turnit: whammelt, owerturnit

o divine luve gan taewarts him inspire.
Quo she: "While that the kings o Greece and Arge
dounbet the Trojan wallis wide and large,
that destinate war, baith touer, toun, and waa,
o enemies by flames tae doun faa,
nae help untae thae wretchit fowks I socht,
nor armour askit, nor thy craft besocht,
nor thee, my dearest spous, exerce bade I
thy craft, nor wirk in vain wad occupy,
albeit that tae the children o Priam King
I wis bedebtit intae meikle thing,
and the intolerable laubour o Enee
bewailit aft weepin fu sair," quo she,
"whilk nou by Jove's pouer stad remains
within the boundis o Rutulians.
Whaurfore this time I, thy ilk spous and wife,
thy blissit godheid, dearest tae me on life,
comes lawly tae beseek and requeir
for wappons, harness, armour, and sic gear
for my dear son. I, mither, prayis thee:
sen Nereus' dochter, Thetis, micht," quo she,
"induce thee til enarm her son Achill,
and eik Tithonus' spous, at her ain will,
Aurora, wi her tearis sae thee brak
for til enarm her son, Memnon the Black.
Behaud whit people, lo, assembelt been,
whit wallit touns wi yettis closed in tene
grindis thair wappons agin me and mine,
tae bring us tae destruction and ruine."

Thus sayed the Goddess, and in her milk-white arms
fu tenderly belappis him and waarms,
while that he muses sae, that het fire slee
o luve bekent anon receivit he.
The naitural heat intae the merch[81] did glide,
piercin the banes made saft on every side;
nane itherwise than as some time, we see
the shinin broken thunner's lichtnin flee
wi subtle fiery streamis throu a rift,
piercin the wattry cluddis in the lift.
Venus his spous, confidin in her beauty,
fu gled perceives that him caucht haed she.

---

[81] merch: marra

The faither than Vulcanus, God abuve,
lockit in the eternal chyne o luve,
answert and sayed: "Whaurfore, mine ain hert dear,
sae faur about thou glosses thy maiteir?
Why axes thou nocht plainly thy desire?
Whither is become o me, thy lord and sire,
the firm confidence thou suld hae, goddess?
Whit needit mair but shaw thine mind express?
Gif siclike cures and desire haed been
intae thy mind that samen time, I mean
durin the subversion o Troy's ring,
tae us it haed been but a leisome thing
Trojans til hae enarmed at thy request.
Naither the Faither aamichty at the lest,
nor yit the Fates contrary did gainstaun;
but Troy's ceity micht hae langir staun,
sae that King Priamus' reign, by our pouer,
micht hae remained fully ither ten year.
And nou, gif thou thee graithis for tae fecht,
and tharetae be thy mind set, I thee hecht
aa mainer thing, wi solist[82] diligence,
that may be wrocht in my craft or science,
or yit may be forgit in airn or steel
or molten metal grave and burnished weill,
sae faur as fire, and wind, and hie ingyne,
intae our airt may compass or divine.
Tharefore desist o thy strenth tae hae dreid,
or me tae pray in ocht that thou haes need;
for in sic case thare needis nae request:
am I nocht ready tae fulfil thy behest?"

Thir wordis bein sayed, this het fire
gan her embracin aa at his desire,
and, lappit til his spous's breist in arms,
the pleasin naitural sleep, tae beit[83] his harms,
and ease his weary members, gan he tak.
Syne as he haed slummerit but a snack,[84]
whan the first silence o the quiet nicht

---

[82]   solist: solicitous

[83]   beit: mend

[84]   snack: snatch o time

his middle course and circle run haed richt,
provokin fowk o the first sleep awake;
like as the puir wife whilk at e'en haed rake
her ingle, rises for til bete her fire –
as she that haes nae ither rent nor hire
but wi her rock[85] and spinnin for tae thrive,
and tharewithal sustain her enty[86] life –
her day wark tae increase, ere she may see,
tharetil a pairt o the nicht eikis she,
and at the caunle licht her haundis twae,
and eik her puir damisels', as she may,
naetly exerces for tae wirk the line,[87]
tae snuve the spindle, and lang threidis twine,
whaurby she micht sustain her poverty,
keep chaste her spous's bed in honesty,
and tharewith eik foster her childer lyte.[88]
The michty God o Fire this time as tyte,
and nae slawer, but on the samen manneir,
furth o his bed stertis, and hint his gear,
and tae his smiddy craft and forge him speeds.

Thare stauns an isle, wi reeky stanes as gleids,
upstreikin hie betwix the coast Sicile
and Liparen, God Eolus' windis' isle;
unner the whilk big island in the sea
a cave thare is, and hirnis[89] feil thare be,
like til Etna howked in the munt,
by the Cyclopes' furnace worn or brunt,
that maks rummlin, as wha did thunner hear,
the busteous dintis on the studdies[90] sere,
a huge din and noise the strake daes mak.
The airn lumpis in thae caves black
gan biss and whustle, and the het fire
daes fuff and blaw in bleezes birnin schire;
whilk forges been Vulcanus' dwellin caa,
and efter Vulcan that kintrie namit aa.

85	rock: distaff
86	enty: ? (only here)
87	line: linen
88	lite: wee, little
89	hirnis: hidden neuks
90	studdies: anvils

The michty God o Fire doun frae the heiven
intae this foresaid isle descendit even,
whaur-as, intil his large and gousty cave,
the hideous Cyclops forgit furth and drave –
Brontes, Steropes, and nakit Pyragmon –
the glowein airn tae weld and pein[91] anon.
The fireflaucht, yit no formed perfitlie,
whilk the Faither o Gods aft throu the sky
frae every airt doun in the erd daes cast,
thay haed intae thair haundis workin fast,
that ane pairt polished, burnished weill and dicht,
thair ither pairty nocht perfitit richt.
Three raws weld thay o the frozen hail shouer,
three o the wattry clud, tae eik the stour,
three bleezes o the birnin fires bricht,
wi three blastis o the south windis licht.
Syne tae thair wark, in mainer o gunpouder,
thay middelt and thay mixed this fearfu souder,
a grisly sound, gret dreid, and goddis' ire,
wham follaes aye the fell flames o fire.
Anither sort fu busily tae Mart
the rinnin wheelis forges, and weir-cart,
whaurwi the men tae battle daes he steir,
and moves ceities tae raise mortal weir.
Thay dicht and polish eagerly alsa,
the horrible tairget,[92] busteous Aegida,
whilk is the grievit Pallas' grisly shield,
wi serpent scales poudert in gowden field,
thegither linkin lowpit edders twae;
and in the breist o the goddess grave thay
Gorgon's heid, that monster o gret wonder,
wi een wawlin,[93] and neckbane hack in-sunder.

"Awa wi this, ye Etna Cyclopes,
quod Vulcanus, "and aa sic warkis cease,
and at I say imprentis in your thocht.
Untae a forcy man are tae be wrocht
harness and armour. Nou needis it," quo he,
"your strenth excerce and pithis shaw. Lat see

---

[91] well and pein: melt and hemmer

[92] tairget: targe, shield

[93] wawlin: lollin

wha nimblest can come and turn thair hauns.
Nou on aa maister pynt o craft it stauns.
Dae put awa in haste aa mainer delay."
Nae mair he sayed; but wunner frakly[94] thay
untae thair laubour gan thaim aa address,
assignin every man his pairt express.
The airn and metal throu thair cundies flowes,
the molten gowd and weirlike steel het glowes,
and furth o gousty furnace fundit ran.
Maist craftily tae forgen thay began
a huge gret seemly tairget, or a shield,
whilk only micht resisten intae field
agin the dint o Latin wappons aa.
In every place seiven-ply thay welt and caa.
Some gan receive the glowein heat, some wind
wi blawin bellus bet the fire behinnd;
some o the troch upo the sperklin gleids
the bissin watter sprenkles and owrespreids.
The huge cave and aa the munt within,
for strake o studdies, gan resound and din.
Amangs thaimsel thae grisly smithis greit
wi meikle force did forge, pein, and beat,
and gan thair airmis heizen up and doun
in nummer and in due proportioun,
and wi the grippin turkas[95] aft alsae
the glowein lump thay turnit tae and frae.

Chaipter VIII

Evander tellin Eneas things sere,
Vulcanus' armour did in the sky appear.

While that the Faither o Lemnos, Vulcanus,
within the bounds o windy Eolus
tae work this gear hastes on every side,
the blissfu licht early at morra tide,
and mirthfu sangis o the birdis bay,[96]
the swallow, singis on the ruif her lay,

---

94   frakly: smertly
95   turkas: pincers
96   bay: broun

awaukent King Evander, and made rise
within his sober chymmis whaur he lies.
Upstert the auld, and cled him in his coat.
Upo his feet his meet[97] shoes hot[98]
war buckelt on the guise o Tuscany.
Syne owre his shouthers, doun his middle by,
hingis buckelt his traisty swourd Arcade.
Frae his left airm, about the richt side laid,
y-wimpelt wis the spottit panther's skin.
His twa keeperis[99] gan furth by him rin
frae the hie palace, busteous hundis twae,
that haudis thair lord's pace whaure'er he gae.
Furth hauds this herr the secret privy way
taewart the steid whaur-as Eneas lay,
his Trojan guest, rememberin aa at richt
his help and promise grantit yester nicht.
On the samen wise, at morra fu earlie,
Eneas hastes up, and micht nocht lie.
The King only but wi his son Pallas,
Achates wi Eneas accompanyit wis.
Thay joinit haundis suin as thay war met,
and syne amid the chaumer doun thaim set,
whaur, finally, thay fell in communing
o secret maiters and authentic[100] thing.
The King begouth, and sayed first til Enee:

"Maist sovereign leader o Trojan company,
wha bein on life ne'er grant I sall
Troy is destroyed, nor cassen doun the wall,
nor yit the Trojan pouer put at unner;[101]
we hae but sober puissance, and nae wunner,
tae help in battle, and tae mak supply
untae sae hie excellin majestie.
On this hauf closit wi the Tuscan fluid;
on yonder side are the Rutulians rude,
nidders[102] our boundis, as fu aft befaas,

---

[97] meet: weill-fittin
[98] hot: hastily
[99] keeperis: i.e. watch-dugs (Latin *custodes ... canes*)
[100] authentic: truistworthy
[101] put at unner: put in subjection
[102] nidders: restricks

wi thair harness clatterin about our waas.
But I purpose adjoin tae thee anon
a huge people, and landis mony one,
hostis o fertile realmis near fast by.
Oh fortune, ere we wist, sae happilie
thou shawest thee in our help and supply!
And oh! maist dochty champion Enee,
desirit o the destiny and Fates,
here ye be weill arrivit mony gates!
Fundit o auld stanes, no faur hyne,
inhabit staun the ceity Agylline;
whaur that the worthy people Lydiane,
valiant in battle dwells, and daes remain
upo the edge o the Etruscan hills.
Thir fowkis aa in liking at thair wills
this land inhabit, vale, munt and swire; [103]
while finally, fu proud in his empire,
Mezentius begouth thare tae be king,
and in gret force o armis thareon ring.
Suld I rehearse the untellable mischief,
the cruel deedis, slauchter, and huge grief
o that tyrant, whilk yit the goddis' ding
upo his heid reserves and affspring?
For he, beside his ither wickit deed,
the quick bodies, speldit furth on breid,
adjoinit tae the corpse and carrion deid,
laid haun tae haun, baith face tae face and heid,
while quick mouthis did deid mouths kiss –
oh, whit mainer o turment caa ye this! –
drappin in worsum[104] and filth laithly tae see,
sae miserable embracing, thuswise he
by lang process o deid gan thaim slay;
while, at the last, o this annoy and wae
his ceitizens irkit, syne in a rout
enarmit umbeset his manse about.
Him, aa enragit on his wild manneir,
besieged thay, and o his complices sere
haes slain anon, and aa in pieces hackit,
and fire bleezes on his hie biggins swackit.
Amid the slauchter, on case, escapit he,
and tae the fields Rutulian gan flee,

---

[103] swire: pass (atween hills)

[104] worsum: putrifyin maiter

whaur intil arms, by Turnus and his host,
he him begouth defend upo that coast.
Whaurfore Etruria aa, fu justlie
aggrievit, rase in armis by and by,
untae punition and aa turments sere
thair king tae ask, and seek in feir o weir.[105]
Tae thir mony thousan people," quo he,
"sovereign leader I sall thee join, Enee."
For nou thair shippis fu thick ready stands,
brayin[106] endlang the coastis o thir lands.
Thay bid display thair banners out o faulds,
but an ancient diviner thaim withhaulds,
shawin the fatal[107] godly destiny:
'Oh ye maist valiant young gallants,' quo he,
'and people comen frae Maeonia,
ye that been flouer o chivalry alsa,
the virtue and the strenth o vassalage[108]
o ancestry and men o your lineage,
wham just dolour steirs on this wise,
bauldly agin your enemies tae rise;
altho Mezentius tae his mischief,
haes weill deservit agin him your grief
thus in commotion for tae raise and steir;
yit ne'ertheless believes, out o weir,
sae gret a people, as unner Turnus King
and Latinus lendis,[109] for tae dounthring
unleisome is til ony Italian –
you behuves tae seek a strange chieftain.'
O Etruria the hostis unner shield
wi that word stoppit in the samen field,
o the goddis' admonishin aa affrayit.
Tarchon himsel, thair duke, list nocht delay it,
but tae me sent ambassadors aa boun,
offerin tae me the sceptre and the croun
o aa thair realm, and thair ensenyies brocht,
requirin me that I refusit nocht
tae come and be chieftain o thair airmie,

---

[105] in feir o weir: in war formation
[106] brayin: makin a noise (Latin *fremunt*)
[107] fatal: fatit
[108] vassalage: knichtly courage
[109] lendis: bides, dwells

the realm Tyrrhene eik tae receive in hy.
But my feeble and slaw unwieldy age,
the dazit bluid gane faur bye the het rage,
or than the outworn date o mony years,
wi force failit tae haunt the strang weirs,
envies[110] that I suld joice or bruik empire.
My son Pallas, this young lusty sire,
exhort I wad tae tak the steer on hand,
no war that o the bluid o this ilk land
admixit staundis he, takkin some strynd,
upo his mither's side, o Sabine kind.
But thou, wham baith thy yearis and thy bluid
the Fates favours, and is sae conclude
by the goddis abuve as, out o weir,
tae be callit and shape for this maiteir,
gae tae the battle, champion maist forcie,
the Trojans baith and Italians tae gy.[111]
And faurer eik this samen young Pallas,
our son, our hope, our comfort, and solace,
I sall adjoin in fellaeship," quo he,
"as his maister, tae exerce unner thee,
and lairn the fate o knichtly chivalry,
hard martial deedis hauntin by and by,
tae be accustomed, and behaud thy feirs,
for wunner follaein thy works in young years.
Twa hunner walit horsmen wicht and stern,
o Arcad, sall I gie untae that bern,[112]
and o his ain behalf, in thy supplie,
as mony Pallas sall promise tae thee,
whilks in the haill may weill fower hunner been."

Scant this wis sayed, whan castin doun his een,
traist Achates, and Anchises' son Enee,
sat starin on the grund, baith he and he,
and in thair hertis did fu aft compass
fu mony hard adversity and case,
wi dreary cheer and mindis sad baith twa:
nocht war Venus, Leddy Cytherea,
doun frae the heiven o comfort tae thaim sent

---

[110] envies: i.e. begrudges

[111] gy: guide

[112] bern: warrior

an open taiken, clear and evident,
for suddenly thay see, ere thay be waur,
the fireflaucht beatin frae the lift on faur,
come wi the thunner's hideous rummlin blast,
seemin the heiven suld faa and aa doun cast;
the air anon gan dinnen up and doun
wi brag o weir and Tyrrhene trumpis' soun.
Thay listenin tae perceive and hear the din,
aye mair and mair again it did begin
tae rerd and rattle upo a fearfu wise;
while at the last thay see and aa espies
throu the clear sky and region o the heiven,
amang the cluddis, bricht as fiery levin,
the glitterin armour burnished leamin schene,
and, as thay sheuk, thare rase thunner bedene.[113]
Abashit in thair mindis worth the lave;
but this lord Trojan knew and did persaive
fu weill the sound, and aa the case express
by promise o his mither the Goddess;
syne gan rehearse it plain, and thusgates sayed:
"Forsuith, forsuith, my gentle host, be glaid,
thee needis nocht tae ask, nor yit tae speir
whit signifies thir wunners did appear;
for I am callit tae the heiven," quo he.
"the haly mither, my genitrice, shew me
that sic a taiken suld be sent, she sayed,
gif ony wad wi battle us invade.
And, in my helpin, hecht doun throu the air
tae send Vulcanus' armour, guid and fair.
Alas, hou fell slauchter nou appears
tae wretchit Latins in thir mortal weirs!
By me, Turnus, whit painis sall thou dree!
Oh Tiber fair that rinnis in the sea,
hou mony shieldis, helms, and stern bodie,
unner thy fluidis warpit law sall lie!
Lat tham array thair hostis *nou*, lat see,
and bauldly brek thair freindship made wi me."

---

[113]   bedene: richt awa

Chaipter IX

*Evander sends his son the young Pallas,
wi his airmy in help o Eneas.*

Frae this wis sayed, frae his hie saet he start,
and first the slockent fires haes he gart,
the rakit hearths and ingle yester nicht,
on Hercules' altar bet and kennle bricht,
and gledly went tae worship and tae call
sober Penates, gods domestical;
and walit twinters, efter the auld guise,
he slew and brittent untae sacrifice;
wi him Evander eik, and aa his feirs
o Trojan menyie, lusty fresh younkeirs.
Syne doun in haste he went untae his ships,
his fowks he vizzyit and his fellaeships,
o whase nummer haes he waled out
ane certain, the maist likely, bauld, and stout,
whilk suld him follae intae every place.
The remanent teuk busily thair race
doun by the watter, on the flowein fluid
descendin slawly, tae beir message guid
suin efter this, untae Ascanius ying,
tuichin his faither and o everything.
The horses syne war given and furth brocht
tae the Trojans that untae Tuscan socht;
and til Eneas led anon thay gave
a gentle steed exceedin aa the lave,
on wham at aa pairts wis owrespreid and fold
a dun lion's skin wi nails o gold.
Than throu the little ceity aa on raw
the fame anon divulgate swiftly flaw,
hou that the horsemen speedis thaim bedene
tae gae untae the land and coast Tyrrhene.
The wusses and avowis than, for fear,
by wemen and the matrons doubelt wer.
Mair grew the dreid the nearer drew danger,
nou Mart's eimage seems wauxen mair.

The faither than Evander, as thay depairt,
by the richt haun thaim grippit wi sair hairt,
his son embracin, and fu tenderly
upo him hingis, weepin untellably;

and thus he sayed, "Oh send omnipotent
hie Jupiter my ying yearis bywent
wad me restore, in sic strenthis and eild,
sae as I wis whan first in battlefield
the armis o the hostis doun I dang
o Praeneste unner the wallis strang,
and victor o mine enemies, as proud sire,
haill heapis o thair shieldis brint in fire;
whaur, wi this samen richt haun quelled and slain,
unner the hellish grund Tartariane
King Erulus wis sent tae dwell for aye;
wham-til his mither Feronia the gey,
intae the time o his nativity,
grisly tae say, haed given saulis three,
and that he suld beir armis thrice in ficht,
and thrice behuvit tae the deid be dicht;
frae wham that time this richt haun, nocht-the-less,
thae saulis aa bereft, and thare express
o as mony enarmours[114] spulyiet clean.
Gif sae war nou wi me as than haes been,
no suld I ne'er depairt, mine ain child dear,
frae thine maist sweet embracin, for nae weir;
nor our neibour Mezentius in his feid
suld naewise, mockin at this hasart[115] heid,
by swourd hae killt sae feil corpse as slain is,
nor this burgh o sae mony ceitizainis
left desolate and denudit," quo he.
"But ye goddis abuve, and Jove maist hie,
the Governor o heivenly wichtis aa,
on you I cry, on you I cleip and caa –
begin tae hae compatience and peity
o your ain waefu King o Arcady.
Open and incline your divine godly ears,
tae hear and receive the faither's meek prayeirs.
Gif it be sae your godheid and gret michts
by prescience provide haes, and foresichts,
Pallas my son in saufty haill and fere,[116]
gif the Fates preserves him o dangeir,
sae aince in my life I may him see,

---

[114] enarmours: armours, suits o armour (only here)
[115] hasart: gray
[116] haill and fere: sauf and soun

again thegither assembelt I and he;
I you beseek my feeble life tae respite,
that I micht leive, and endure yit a lyte
aa pain and laubour that you list me send.
But, oh faint Fortune, gif thou daes pretend
and menaces ony mischievous case,
nou, nou furthwith, intae this samen place
suffer me swelt, and end this cruel life,
while doutsome is yit aa sic sturt and strife,
while hope uncertain is o thing tae come,
and while I thus, my dear child, aa and some
my lust's pleasance, and my last weillfare,
thee in mine airms embraces, but despair;
sae that, efter, nae sorrafu messengeir
wi smert annoy hurt ne'er mine ageit ear."

The faither Evander wi fu sary hairt,
at latter pynt whan thay war tae depairt,
thir wordis spak, syne fell in swoon richt thare.
His men him hint, and tae his chaumer bare.

By this, the rout o horsemen strang in ficht
war issued at the portis every wicht.
Amangis the foremaist the Duke Eneas,
and eik the traist Achates, furth gan pass,
syne ither nobles o the Trojans stout;
the ying Pallas ridin amid the rout,
sae farrand[117] and sae lusty personage,
cled in a mantle in his tender age,
whilk did owreheild his burnished armour bricht.
On him tae leuk wis a mair guidly sicht
than on the day starn, whilk at morn earlie
bathed in the ocean rises in the sky,
whase fiery beamis Venus in special
chuises abuve aa starnis gret and small,
heich in the heiven liftin his veisage schene,
tae chase awa the mirkness wi his een.
The waefu mithers, quakin for cauld dreid,
stuid on the waa, behaudin whaur thay yeid,
and did convoy or follae wi thair sicht
the dusty sop,[118] whaur-sae the raik[119] went richt,

---

117   farrand: weill-faured
118   sop: clud

govin upo thair bricht armour that shane,
sae faur as that thair leuk micht thaim attain.
The company aa samen held array
throu scroggy busses furth the nearest way,
enarmit ridin thither as thay wald.
The bruit and din frae thaim upsprang thickfauld,
the horny-hoofit horses wi fower feet
stampin and trottin on the dusty street.

Chaipter X

*Hou that Venus untae Eneas brocht
the guidly armour by Vulcanus wrocht.*

Thare growes a gret shaw, near the chill riveir
whilk that flowes wi his frosty streamis clear
doun by the ceity o Agyllina,
that itherwise is cleipit Caerita,
whilk is in worship hauden and in dreid
by faithers auld, the large boundis on breid,
as sanctuar; and wi deep clewis wide
this shaw is closit upo every side.
A thick aik wuid and scuggy firris stout
bylappis aa the sayed cuthill[120] about.
The fame is that the Greekis anciane,
whilk cleipit been tae surname Pelasgane,
that whilom lang time in the foremaist eilds[121]
the Latin boundis occupied and fields,
tae Silvanus first dedicate this shaw,
the god o beastis and o fieldis faw,[122]
and constitute tae him solemnit feast.
Duke Tarchon, and the Tuscans maist and least,
no faur frae thence intil a strenthy place
thair palyouns[123] aa haed plantit, upo case
that frae the tap o the hill's hicht

---

[119]   raik: route
[120]   cuthill: shaw, smaa wuid
[121]   eilds: ages, epochs
[122]   faw: variegatit
[123]   palyouns: pavilions, tents

the airmy aa thay micht see at ae sicht,
wi tentis stentit[124] streekin tae the plain.
Thither held Eneas, the sovereign Trojane,
and aa the barons o his ryal rout,
chosen for the battle, lusty, stern, and stout;
and, weary o thair travail, thocht thay best
thairsel and horses tae refresh and rest.

But than Venus, the fresh Goddess, bedene
amang the heivenly skyis bricht and schene,
beirin wi her the divine armour clear,
tae mak thareof a present, gan draw near;
and as on faur her son she did behauld,
secret alane by the chill river cauld,
amid a howe cleuch, or a dern valley,
o her free will til him appearis she,
and wi sic wordis tae him spak, sayin:
"Lo, my reward here, and my promisin
fulfillit justly by my husband's wark;
sae that, my son, nou art thou sover and stark,
that thee nocht needis tae hae ony fear
for til resist the proud Latins in weir,
nor yit the strang Turnus tae assail,
him tae provoke, or challenge for battail."
Thus sayed the schene Cytherea fair o face,
and, wi that word, gan her dear child embrace;
and thare the shinin armour forgainst his sicht
unner a bouin aik laid doun fu richt.
Seein sic giftis o this traist goddess,
this gentle knicht rejoicit waux, I guess,
gled that sae gret honour receivit he,
that scarcely couth he satisfyit be
for tae behaud thir armour bricht and schene;
on every piece tae vizzy kest his een,
thareon wunnerin; betwix his haundis twae
and big airmis thaim turnis tae and frae.
The grisly crestit helm he gan behauld,
on fearfu wise spoutin the fir thickfauld;
the fatal swourd, deidly tae mony ane;
the stiff hauberk o steel y-burnished schane,
o huge wecht and bluidy sanguine hue,
that sic a glance[125] and varyin colour shew

---

124 stentit: pitched

as whan the birnin sun's beamis bricht,
the wattery clud piercin wi his licht,
shinin on faur, forgainst the skyis howe[126]
shapes the feigure o the quent rainbow.
The licht leg harness on that ither side,
wi gowd and burnished latten[127] purified,
graithit and polished weill he did espy;
the spear, and eik the shield sae subtilie
forged, that it wis an untellable thing.
For Vulcanus, o fire the lord and king,
knawin fu weill the airt o prophecie,
and sindry things tae come eik by and by,
the valiant deedis o Italians,
the gret triumphis als o the Romans,
and o Ascanius' stock aa noble knichts,
thair battles aa per order, weir, and fichts,
haed tharein porturate properly and grave.
Amang aa ithers in Mart's gressy cave
the soukin wolf furth streekin breist and udder;
about her pappis, but fear, as thair mither,
the twa twins, smaa men children ying,
sportin fu tyte,[128] gan tae wrabill[129] and hing;
and she her lang round neckbane bouin raith[130]
tae gie thaim souk, and gan thaim culyie[131] baith,
seemin she suld thair bodies by and by
lick wi her tung, and cleanse fu tenderlie.
No faur frae thence Rome ceity eikit he;
whaur, by a new invention wunner slee,
sittin intae a howe valley or slak,[132]
within the listis[133] for the triumph mak,
war Sabine virgins ravished by Romanes,
as that thay war assembelt for the naince

---

[125]   glance: flash o licht

[126]   howe: hollow

[127]   latten: a type o copper alloy

[128]   tyte: willinly

[129]   wrabill: wriggle

[130]   raith: promptly

[131]   culyie: cuddle, cherish

[132]   slak: howe, depression (atween hills)

[133]   listis: i.e. joustin lists

the gret gemmis, *circenses*, for tae see,
whilk joustin or than tournament cleip we.
Wi haisty steerage thare mot[134] thou behauld
the weiris raisit agin Romans bauld,
by ageit Tatius and fell Curitans.
Syne the ilk princes and the said Romans,
the weiris ceasit, samen aa infeir
enarmit stad before Jove's alteir,
wi cuppis fu in haun for sacrifice.
Thare micht thou see thaim, efter the auld guise,
the swine sticked, brittent suin and slain,
confirm thair truce and mak peace again.

Chaipter XI

> *Hou that Vulcanus thare, amang the lave,*
> *stories tae come did in the armour grave.*

Frae thyne nocht faur, the chariot thou micht knaw
Mettus Fufetius in sere pieces draw;
albeit thou thocht this cruel, King Albane,
why wad thou nocht at thy promise remain?
Why list thou nocht thy faith observe, and saw?[135]
This faithless wicht's entrails war outdraw,
by command o Tullus Hostilius,
and throu the wuidis harlit, every buss,
while that the thairmis and the bowels rent,
scroggis and breiris aa wi bluid besprent.
Thare micht thou see Tarquinus in exile
furth cast o Rome, and syne, within short while,
by King Porsenna intae battle plain
commandit for tae be received again;
wi that a felloun siege aa Rome about
did umbeset, and closit wi his rout.
The Romans than descendit frae Enee
rush untae wappons for thair liberty.
Thou micht behauden eik this ilk Porsen,
like as he haed dispite, and boastin men,
for that the hardy Cocles, darf[136] and bauld,

---

134   mot: micht (text haes *most*)
135   saw: whit wis sayed
136   darf: brave

durst brek the brig at he purposed tae hauld;
and eik the virgin Cloelia whaur she stuid,
her bandis brast, and swam owre Tiber fluid.
Manlius the knicht abuve intae the shield,
in the defense for Jove's temple beild,
keepin the strenth and castle Tarpeia,
and haudin the heich Capitol alsa,
stuid porturate, near the chymmis calendar,[137]
whase ruifis lately fu roch theekit war
wi strae or gloy[138] by Romulus the wicht.
Thare wis alsae engravit aa at richt
the siller gander, flichterin wi loud skry,
warnin aa ready the gilt entry by,
hou the Frenchmen did the yett assail.
Thare micht thou see the French airmy aahaill
haste throu the busses tae the Capitol,
some unnerminin the grund wi a hole,
sae that aamaist thay wan the forteress.
Gret help thaim made the close nicht's mirkness;
thair hairis shane as daes the bricht gowd wire,
and aa o gowd wrocht wis thair rich attire;
thair purpour robes begaryit[139] shinin bricht,
and in thair haun withhaudin,[140] every knicht,
twa javelin spearis, or than gissarn[141] staves,
forged in the muntains aa sic mainer glaves,[142]
thair bodies aa wi lang targes owreheild.
Syne yonder mair wis shapen in the field
the dancin priestis, cleipit Salii,
hoppin and singin wunner merrily;
and Pan's priests, nakit Lupercanes;
the tappit hats whaur the wool threid remains,
and bouit bucklers faain frae the sky.
Thare micht be seen, forgit maist craftilie,
the chaste matronis throu the ceity all
in saft chairis thair gemmis festival

137	calendar: pertainin tae the proclamation o the calends (only here)
138	gloy: strae
139	begaryit: decoratit in a variety o colours
140	withhaudin: keepin in possession
141	gissarn: pike
142	glaves: swords

leadin, and playin wi mirthis and solace.
A faur wey thence fu weill engravit was
the ugly hellish saet Tartariane,
the deep dungeon whaur Pluto daes remain,
and o the wickit people aa the pyne.
Thare wis thou merkit, cursit Catiline,
hingin out-owre a schorin[143] heuch or brae,
and trimmlin for the fearfu dreid and wae,
tae see the furious grisly sisters' faces,
that wi thair scourges wickit people chases.
The richtwise fowks that leivit devotely,
frae thaim war pairtit in a place faur bye,
and the wyce man, censorious Cato,
giein thair just rewardis til aa tho.
Midwey betwix the ither stories sere,
the swellin seais feigure o gowd clear
went flowein, but the lipperin wawis white
war poudert fu o faemy froth milk-white;
the dolphin fishes, wrocht o siller schene,
in circle sweepin fast throu fluidis green,
souchin[144] swiftly saut streamis whaur thay fare;
upstraik thair tailis the stour here and thare.

Chaipter XII

*Eneas mervels o the stories sere
wrocht by Vulcanus in his armour clear.*

Amid the seas micht be perceivit weill
the weirly shippis wi thair snouts o steel,
the Actian battles, seemin as wha did see
the Munt Leucata staunin by the sea,
for hosts arrayit glowein as the gleid.
O glitterin gowd shane aa the fluid on breid.
On that ae partie,[145] thare micht thou behauld
Caesar August Octavian the bauld,
movin tae battle the Italians;
wi him senators and worthy people Romans,

---

143   schorin: threitenin
144   souchin: plooin, furrowin
145   partie: pairt

and gods domestic, whilk Penates hait,
wi aa the gret goddis o mair estate.
Heich in the forestem staun he micht be seen,
frae his blythe brouis brent and aither een
the fire twinklin, and his faither's star
shew frae his helm's tap shinin on far.
The big and stout Agrippa, his frein dear,
his navy led at haun weill by near,
as he that in his help and succours finnds
the prosper favours baith o gods and winds;
whase foreheid shane o a proud sign o weirs,
a croun wi stemmis sic as shippis beirs.
Marcus Antonius comes thaim agains
wi haill suppouel[146] o barbarians,
as noble victor and chief conquerour,
cairryin wi him o Orient the flouer –
diverse airmies and peoples for melée,
frae Pers, Egypt and coasts o the Red Sea;
the pouer aa assembelt in his flote,
a huge rout and multitude, God wot;
the yondermaist people, cleiped Bactrians,
whilk near the east pairt o the warld remains.
Him follaes tae the field, a shame tae say,
his spous Egyptian, Queen Cleopatrae.
Thay seemit samen rushin aa thegither,
while aa the sea upstouris wi a whidder;[147]
owreweltit[148] wi the bensel o the airs,[149]
fast frae the forestems the fluid swouchs and rairs,
as thay thegither matchit on the deep.
Thou suld hae weenit, wha tharetae teuk keep,
the gret islands, Cyclades, haill uprent,
upo the sea fleetin whaur thay went;
or huge hie hills, concurrin aa at aince,
thegither rush and meet wi ither muntains –
on aither haun wi sae gret force and wecht
the men assails in ship o touer tae fecht.
Thay warp at ither bricht bleezes o fire,
the kennelt lint, and hardis[150] birnin schire;

---

[146] suppouel: assistance
[147] whidder: rush
[148] owreweltit: thrawn owre
[149] bensel o the airs: strainin o the oars

the kestin darts frae haun tae haun did flee;
slang gads[151] o airn, and stane kest gret plenty.
Neptunus' fields, aa the large fluid,
for new slauchter waux blandit reid o bluid.
Amid the hostis Cleopatra Queen
the routis did assemble tae fecht bedene,
wi tympan sound in guise o her kintrie,
provokin thaim tae move in the melée;
nor yit behaud she nocht the edders twain
behinnd her back, that efter haes her slain.
The monstrous goddis' feigures, o aa kind
that honourit are in Egyp or in Inde,
and eik the barkin statue, Anubis,
agin Neptune, agin Venus, iwis,
and als agin Minerva, porturate stauns
in that bargain, wi wappons in thair hauns.
Amid the field stuid Mars, that felloun sire,
in plate and mail, wuid-brim and fu o ire;
the sorrafu Furies frae the firmament
by the goddis tae tak vengeance war sent;
in went Discord, joyous o that journee,
wi mantle rent and shorn men micht her see;
wham follaeit Bellona o battell
wi her – kind kizzen – the sherp scourges fell.
Actius Apollo, seein in the sky
o this melée the doutsome victorie,
his bow abuve thair heidis haes he bent,
like for tae shuit his dartis and doun sent;
for dreid o wham aa the Egyptians,
aa thae o Inde, and the Arabians,
and thae o Sabae, turnit back tae flee.
Cleopatra the Queen thare micht thou see
wind sail about, and gang before the wind,
aye mair and mair dreidin pursuit behinnd,
skailin sheets, and haudin room at large,
wi purpour sail abuve her pentit barge.
The michty God o Fire her wrocht and made
fu pale o hue, sorrafu and nocht glaid,
in sign tae come o her smert hasty deid,
amangs deid corpses new o slauchter reid;
and, wi the wast wind and the wawis haw,

---

[150] hardis: tow

[151] gads: rods

frawart the fluid o Nile owre streamis blaw;
whilk Nilus river murnin for thair decease,
his large skirt on breid spreid thaim tae please,
wi aa his habit opent thaim tae caa,
as tho him list receive the vanquished aa
within his wattry bosom, large and rude,
and hide in secret conduit o his fluid.

Within the wallis syne o Rome's ceitie,
Caesar, received wi triumphs three,
thou micht behaud, thare offerin on his guise
til Ital gods immortal sacrifice.
Owre aa the ceity, in maist singular joy,
the blissfu feast thay makken, man and boy;
sae that three hunner ryal temples ding
o riot, rippet,[152] and o revelling
ringis, and o the mirthfu sportis sere
the streetis sounden on solacious[153] manneir.
At every sanctuary and altar upstent,
in carollin the lusty leddies went.
Before the altars eik, in circle round,
the brittent beastis strewit aa the ground.
Caesar himsel, seizit[154] in saet ryal,
within the snaw-white stately marble wall
o God Phoebus' temple, thare as he sat
vizzyin the people's giftis, this and that,
and on the proud pillars, in taikenin
o his triumph, made thare be up hing.
The people by him vanquished micht thou knaw
before him passin per order, aa on raw,
in langsome tryne;[155] and hou feil kindis sere
o tungis and o langage men micht hear,
as mony diverse habits wore thay strange;
as feil sortis o armours did thay change.
Vulcanus here the beltless Numidians,
and thae fowkis that in Afric remains,
haed graven weill; and yonder porturate wis
the Lelegans, and the people Caras,

---

[152] rippet: houlie
[153] solacious: giein solace
[154] seizit: placed in possession
[155] tryne: procession

and Gelones, thae people o Scythia,
in archery the whilk are wunner thra.[156]
The meikle fluid Euphrates fast by,
wi stream nou seemit flowe mair soberly;
the Morin people eik, fast by the sea,
o men repute the last extremity;
the forkit fluid o Rhine eik pentit was,
and the undauntit Danes thare did pass;
the fluid Arax o Armenie alsae,
haein disdain a brig owre it suld gae.

Eneas, o his mither's gift wunnering,
owre aa Vulcanus' shield sae mony a sing
wrocht on sic wise, nocht knawin the maiteir,
tae see the feigures o thir stories sere
rejoicit waux, and syne deliverlie
upo his shouther hintis up in hy
the famous honour, and hie renowné,
or glorious gests o his posterity.

---

[156] thra: thrawn

The Prologue o the Nynt Buik

Thir lusty warks o hie nobility,
Agilyte did write o worthy clerks,
and therein merks wisdom, utility,
nae vilitie,[1] nor sic unthrifty sparks.
Scurrility is but for dogs at barks;
wha theretae harks faas in fragility.

Honesty is the wey tae worthiness;
virtue doutless the perfit gate tae bliss.
Thou dae nae miss, and eschew idleness;
pursue prowess; haud naething at is his;
be nocht reckless tae say sune yea, iwis,
and syne o this the contrar wark express.

Dae til ilk wicht as thou duin tae wad be;
be never slee and double, nor yit owre licht;
uise nocht thy micht abuve thine ain degree;
clim ne'er owre hie, nor yit too law thou licht;
wirk nae maugré, tho thou be ne'er sae wicht;
haud wi the richt, and press thee ne'er tae lee.

Eneuch o this, we needis preach nae more,
but accordin the purpose sayed tofore.
The ryal style, cleipit heroical,
fu o worship and nobleness owre all,
sud be compiled but tenches[2] or void word,
keepin honest wise sportis whaur thay bourd,
aa louse langage and lichtness lattin be,
observin beauty, sentence and gravity.
The sayer eik sud weill conseider this
his maiter, and wham-tae it entitlit is
efter mine author's words: "We ocht tak tent
that baith accord, and been convenient:
the man, the sentence, and the knichtlike style,
sen we maun carp o vassalage a while.
Gif we descrive the wuids, the trees," quod he,

---

[1] vilitie: vileness

[2] tenches: contentious words? (only here)

"sud conform tae that man's dignity,
wham-tae our wark we direct and indyte.
What helpis it? Fu little it wad delight
tae write o scrogs, bruim, heather or rammail.[3]
The laurer, cedar, or the palm triumphale,
are mair gainand for nobles o estate.
The muse sud wi the person agree algate.
Stray for to speak o gait tae gentle wicht –
a hund, a steed, mair langis for a knicht,
wham-tae effeiris haunt nae ribald dale;
there sud nae knicht reid but a knichtly tale.
What forces[4] him the buzzard on the breir,
set[5] weill him seems the falcon heroner?
He compts nae mair the gled than the fewlume,[6]
tho weill him likes the goshawk gled o plume.
The cur, or mastis,[7] he hauds at smaa avail,
and culyies spaniels tae chase pertrick or quail."
No byde I nocht intae my style, forthy,
tae speak o truffis,[8] nor nane harlotrie,
sen that mine author wi sic eloquence
his buik illuminit haes and hie sentence,
sae fresh indyte, and sang poetical,
that it is cleiped the wark imperial,
indyte untae the gret Octavian,
the Emperor excellent and maist sovereign,
by wham – the gospel makkis mentioun –
the haill warld put was tae descriptioun,
tae nummer aa the people therein sud be;
sae, but rebellion, aawhaur obeyit was he.
But, sen that Virgil staundis but compare,
tho in our leid his sayings tae declare
I hae in rhyme thus faur furth tane the cure,
nou war me laith my lang laubour misfure.
Altho my terms be nocht polished alway,
his sentence sall I haud as that I may.

---

[3] rammail: twigs
[4] forces: maiters
[5] set: tho
[6] fewlume: ? (only here)
[7] mastis: mastiff
[8] truffis: trick

Gif ocht be weill, thank Virgil and nocht me.
Whaur ocht is bad, gaes miss, or out o gree,
my lewitness,[9] I grant, haes aa the wyte,
couth nocht ensue[10] his ornate fresh indyte,
but, wi fulehardy courage malapert,
shupe tae interpret, and did per chance pervert
this maist renownit prince o poetrie.
Whaur I sae did, *mea culpa*, I cry.
Yit, by mysel, I find this proverb perfite:
the black craw thinks his ain birds white.
Sae fares wi me, beau sirris, will ye hark,
can nocht perceive a faut in aa my wark,
affectioun sae faur my reason blinnds.
Whaur I misknaw mine error, wha it finnds,
for charity amends it, gentle wicht,
syne pardon me, sat sae faur in my licht,
and I sall help to smuir your faut, leif brither.
Thus *vailye que vailye*, ilk guid deed helpis ither.
And for I hae my work addressed and dicht,
I daur say, baith tae gentle baron and knicht,
whase name abuve I hae duin notify,
and nou o prowess and hie chevalrie
behuves me tae write and carp a while,
the mair gledly I sall enforce my style
and for his sake dae sherp my pen aa new,
my maist renownit author tae ensue,
that there sall be, will God, little offence,
sauvin our busteous vulgar difference.

Nae mair as nou in preamble me list expone.
The nynt buik thus begouth Eneadon.

---

9   lewitness: rochness
10   ensue: follae

The Nynt Buik

Chaipter I

> *Juno tae Turnus in message Iris sent,*
> *tae siege the Trojans, Eneas than absent.*

While on this wise, as I hae sayed ere this,
sic maiters and ordinances wirkin is
in diverse places, set fu faur itwin,[1]
Saturnus' get, Juno, that list nocht blin[2]
o her auld malice and iniquity,
her maiden Iris frae heiven sendis she
tae the bauld Turnus, malapert[3] and stout;
whilk for the time wis wi aa his rout
amid a valley wunner lown and law,
sittin at ease within the hallowed shaw
o God Pilumnus, his progenitor.
Thaumantis' dochter kneelis him before –
I mean Iris, this ilk forenamit maid –
and wi her rosy lippis thus him sayed:

"Turnus, behaud on case revolved[4] the day,
and o his[5] free will sendis thee, perfay,
sic advantage and opportunity,
that set[6] thou wad hae askit it," quo she,
"thare wis ne'er ane o aa the goddis ding[7]
whilk durst hae thee promisit sic a thing.
Eneas, desolate leavin his ceity,
his navy eik, his feirs, and haill menyie,
is til Evander socht, and Palatine,

---

1   itwin: apairt
2   blin: desist
3   malapert: overweening, audacious
4   on case revolved: by chance conseidert
5   his: *sic*
6   set: altho
7   ding: dignified

that burgh. But nocht eneuch – for faurer syne
tae the extreme ceities o Tuscanie
in Munt Corythus haudis he in hy,
and daes assemble the wild lauboureirs,
that whilom cam frae Lyd, til arms in weirs.
Whit dreidis thou? Nou time is tae prick horse.
Nou time for til assay your cairts and force.
Hae duin, mak nae mair tarry nor delay,
set on thair strenthis suin, gie thaim affray,"
quo she; and tharewith, in his presence even,
wi equal wingis flaw up in the heiven,
unner the cluddis shapin, whaur she went,
a gret rainbow o diverse hueis ment.[8]

The young man knew her weill, and hastilie
up baith his haundis heaves tae the sky,
wi sic wordis follaein, as she did flee:
"Iris, thou beauty o the heivens hie,
throu aa the cluddis and thir skyis broun,
wha haes thee sent tae me in erd a-doun?
Hou is becomen on this wise," quo he,
"sae bricht wather and clear serenity?
I see the heivens openit and divide,
and movin starnis in the lift's side.
Sae gret taikens and revelations shaw
I sall pursue, and follae whit befaa.
Whit-e'er thou be that callis tae the weirs,
thy command sall I obey, as effeirs."
And thare withal, wi wordis augural,
efter thair spaein ceremonies divinal,
untae the fluid anon furth steppis he,
and o the stream's crap a little wee
the watter liftis up intil his hauns,
fu gretumly the goddis, whaur he stauns,
beseekin til attend tae his prayeir,
the heivens chairgin wi feil avows sere.

Wi this the hostis aa in the plain field
held furth arrayit, shinin unner shield.
Men micht behaud fu mony ryal steeds,
fu mony pentit targe and weirlike weeds.

---

[8]   ment: mingelt

O gilten gear did glitter bank and buss.
The formaist battle leadis Messapus.
The hindmast hostis haed in governing
o Tyrrhius the sons or childer ying.
Turnus thair duke rules the middle host;
wi glave in haun made awfu fear and boast;
thaim til array rade turnin tae and frae,
and by the heid aahaill, whaur he did gae,
heicher than aa the rout men micht him see.
In sic order furth haudis his menyie;
like as some time Ganges, the fluid Indian,
seiven swellin rivers efter spate o rain
receivit in his large bosom in hy,
in his deep troch nou floweis easilie;
or as umquhile the fertile fluid, Nilus,
owrefleetin aa the fieldis, bank and buss,
syne, efter the gret fluidis wattry rage,
returnis suagit tae his auld passage.

Chaipter II

Turnus sieges the Trojans in gret ire,
and aa thair ships and navy set in fire.

By this the Trojans in thair new ceity
a dusty sop[9] uprising gan dae see,
fu thick o stour up-thringin in the air,
and aa the fieldis mirkent mair and mair.
Caicus first cries, as he war wuid,
doun frae the hie garret whaur he stuid,
"Oh ceitizens, hou gret a host," quo he,
"is lappit in yon dusty stew I see!
Swith hint your armour! Tak your wappons aa!
Bring hither dartis! Speil upon the waa!
Our enemies comes at haun, but doubt."
"Hey, hey, gae tae!" than cry thay wi a shout,
and wi a huge bruit Trojanis at short
thair waas stuffit, and closit every port.
For sae Eneas, maist expert in arms,
at his depairtin, dreidin for thir harms,
gave thaim command, gif thay assailit wer,

---

9   sop: clud

ere his returning, by hard fortune o weir,
that thay nocht suld in battle thaim array,
nor in the plain thair enemies assay,
but bade thay suld allanerly withhaud
thair strenth within thair fosses, as he wad,
and keep thair wallis forcily and weill,
wi fosse, ditches, and wappons stiff o steel.
Tharefore – altho baith shame and felloun ire
thair breistis haed inflamit het as fire,
in the plain field on thair faemen tae set –
yit ne'ertheless thair portis hae thay shet,
for til obey the command o Enee.
On boss turrettis and on touers hie
enarmit stuid, thair faeis til abide.

Turnus, the chieftain on the tither side,
cam tae the ceity ere that ony wist,
furth fleein swipperly, as that him best list,
before the host whilk went but easy pace.
Wi him a twenty chosen men he haes.
Upo a steirin[10] steed o Thrace he sat,
o colour dapple gray and weill fat;
fu hie risin abuve his knichtly heid
his gowden helm, wi tymbral[11] aa bluid reid.
"Gae tae, ying gallants, wha that list," quo he,
"thair enemies assailyie first wi me."
And, wi that word, threw a dart in the air,
as he tae give battle aa ready war,
syne in plain field, wi browden[12] banners gay,
bargain tae byde drew him til array.
His feiris aa received the clamour hie,
and follaein thair chieftain, he and he,
the bruit raisit wi grisly sound at aince,
and gan tae mervel the dowf-hertit Trojanes,
that durst nocht, as thaim seemit, in plain field
thaimsel adventure, nor yit wi spear and shield
match wi thair faemen in patent bargain,
but haud thaim in thair strenthis every ane.
And aa commovit, brim, and fu o ire,

---

10 steerin: speiritit

11 tymbral: crest

12 browden: embroidert

baith here and thare Turnus, the grievit sire,
went on horseback, searchin about the waa
every dern wey and secret passages aa,
gif ony entry or to-come espy
he micht, for till assail the ceity by;
like as we see, watchin the fu sheepfauld,
the wild wolf owreset wi shouers cauld
o wind and rain, at middis o the nicht,
about the bucht, plait aa o wandis ticht,
bays and girnis. Tharein bleatin the lambs
fu soverly liggis unner thair dams;
he, brim and felloun, his rage and furour[13]
agin the absents,[14] ready tae devour,
raises in ire, for the wud hungir's list;[15]
his wizzent throat, haein o bluid sic thrist,
genders o lang fast sic an appetite
that he constrainit is in extreme syte.[16]
Nane itherwise, the fearfu fervent ire
in Turnus' breist upkennles het as fire,
seein thir waas and fortresses at aince.
The huge annoy birnis him throu the banes,
imaginin by whit reason or way
his enemies he micht win til assay,
and on whit wise the Trojans frae thair strenth
he micht expel, and in plain field on lenth
mak thaim tae ische[17] in patent battle place.
And as he musin wis hereon, per case,
the navy o thair ships he did invade,
that fast by joinit tae the waa wis laid,
wi ditches and wi fosses dern about,
in the fluid watter, as near out o dout;
wham frae he haed espyit, but abaid,
at his feirs, whilkis wilfu war and glaid,
efter the fire and kennlin did he cry,
and in his ain hauns hintis up in hy
a bleezin firebrand o the firren tree.
Than busily Rutulians, he and he –

---

13   furour: fury
14   agin the absents: literally agin the absentees (Latin *in absentia*)
15   list: appetite
16   syte: distress
17   ische: issue furth

sae the presence o Turnus did thaim steir
that every man the reekin schydes infeir
rent frae the fires, and on the shippis flang.
The seamis cracks; the watter bissed and sang;
the tallownt[18] buirdis kest a pikky[19] lowe;
up bleezes owrelaft, hatches, wraings,[20] and howe;[21]
while mixed wi reek the fell sperkis o fire
heich in the air upglides birnin schire.

Chaipter III

Hou the fire wis expelled frae the navy,
the ships translate in nymphs or goddess o the sea.

Say me, oh Muses, rehearse and declare,
whilk o the gods sae cruel flames sair
held frae Trojans? Wha sae vehement fire
drave frae thair shippis, thuswise birnin schire?
The deed is auld for tae believe or wry,[22]
but the memore remains perpetuallie.

The first time whan the Trojan Eneas
by sea tae tak his voyage shupe tae pass,
and gan tae build his shippis up ilkane
in Ida forest, that munt Phrygiane,
the Mither o Gods, Berecyntia,[23]
spak tae her son gret Jupiter, thay say,
wi sic kin wordis, sayin, "My child dear,
grant this ane askin whilk I thee requeir.
Grant thy beluvit mither but ae thing,
thou at art maister o the heivenly ring.
Upo the tap o Gargarus," quo she,
"thare grew a fir wuid, the whilk intae dainté

---

[18]   tallownt: creashed wi tallow

[19]   pikky: pitchy

[20]   wraings: timmers

[21]   howe: hull

[22]   wry: comprehend

[23]   Berecyntia: Cybele

fu mony yearis held I, as is knaw.
This wis my cuthill[24] and my hallowed shaw,
whaur-that the Phrygians made me sacrifice.
Fu weill me likit thare tae walk aft syse,
wi pikky trees black scugged about,
and abundance o hatter[25] jystis stout;
whilk gledly I hae gien a young Trojan,
strang Eneas, descend frae King Dardan,
for til support the misters[26] o his navy.
And nou the doutsome dreid, for the ilk why,
fu pensive hauldis me and doth constrein.
Deliver me o this fear by some mean,
my dear son. Suffer at thy mither's request
be admittit this ae time by the lest,
sae that thae ships be never mair owreset
wi contrair course, nor yit wi storm dounbet,
whaurby thay may hae some avail," quo she,
"at thay umquhile grew on our hillis hie."
Her son, the whilk rules at his liking
the heiven, the starnis, and aa erdly thing,
answerit and sayed, "Mither best beluved,
hou art thou thus agin the Fates amoved?
Or whaurtae askis thou tae thir," quo he,
"wi mortal haundis wrocht o stocks and tree –
that is tae say, thir shippis sae able tae sail –
that leisome war thay suld be immortale?
And that Enee, in deidly corps unsure,
assovert fermly, throu aa dangers fure?
Whit god haes tae him grantit sic frelage?[27]
But for thy sake, whan fully thair voyage
thay hae complete, and at coasts o Itale
arrivit are, and in thae ports set sail,
and thair duke Trojan cairryit owre the sea
tae bounds o Laurentum, that kintrie –
as mony o thaim as than haes escape
the wawy fluidis sall I turn and shape
furth o thair mortal forms corruptable,
and sall command thaim for tae be mair able

---

24   cuthill: shaw, smaa wuid

25   hatter: maple (literally beech, translating Latin *acernis*)

26   misters: needcessities

27   frelage: immunity

frae thence forrat, as immortal," quo he,
"in nymphs turned and goddesses o sea,
like as Nereus' dochter, Doto gay,
and Galatea, throu faemy fluidis gray
shearin wi braid breistis delightable,"
quo Jupiter. And til haud firm and stable,
by Styx the fluid (Pluto his brither's sea)
his godly aith and promise sworn haes he –
by that ilk pikky lake, wi braeis black
and laithly sworlis,[28] til keep at he spak.
He did affirm his hecht, and in taikening
the heivens aa made trimmle at his liking.

Tharefore the day that he by promise set
is nou at haun, and the fu time o debt,
by the weird sisters shape, is nou complete.
Whan Turnus thus in his injurious heat
admonished haes his people, and commands,
wi dry schydes and wi het firebrands,
the Mither o Goddis by sic flames fell,
furth o her hallowed shippis tae expel,
at this time first appearis in thair sicht.
A new taikening o gret pleasant licht,
and a braid shinin clud thay did aspy
come frae the east, rinnin owre aa the sky.
The routis eik anon thay gan behauld
o Ideains, thae wichts that in the hauld
are o the Mither o the Goddis close.
Doun throu the air eik cam a fearfu voce,
and fillit aa the hostis baith at aince
o Trojan people and Rutulianes,
sayin, "Trojans, dreid naething, haste you nocht
for til defend my ships, albeit ye mocht;
for that cause tak nae wappons in your hauns.
For raither, nou as that the maiter stauns,
sall it be leifu Turnus fire the sea,
or that he birn my barges made o tree?
Oh ye my shippis, nou tae you I say,
gae free at large whaur ye list away.
Gae furth and sweem as goddesses o the sea.
The Mither o Gods commandis sae tae be."

---

[28]   sworlis: swirls, eddies

And, wi that word, as tyte furth frae the brae
ilk barge bounis,[29] cuttin her cable in twae;
like dolphin fish anon, as thay teuk keep,[30]
thair snoutis doukin held unner the deep.
Syne frae the grund,[31] a wunner thing tae say,
wi as feil virgin faces upsprang thay,
and throu the fluidis, whaur thaim list, did fare,
hou mony steel-stemmit barges that ere
stuid by the coast's side, ere thay war firit.
Rutulians waux affrayed wi minds mirit.
Messapus musin gan withdraw on dreich,[32]
seein his steedis and the horses skeich;
and eik the river brayit wi hace[33] sound,
while Tiberinus backwarts did rebound,
as tho his course did stop and step aback.
But naetheless, for aa the feir thay mak,
the hie courage and forcy hardiment
bade unamoved in Turnus' stout intent,
sae that bauldly wi hardy words on hie
thair spreitis raisit, and richt fiercely he
gan thaim repruve, that teuk for nocht affray.
"Thir monstrous taikens at ye see, perfay,
seeks mischief tae the Trojanis," sayed he,
"and by this wey gret Jupiter, as ye see,
haes nou bereft thair help and confidence,
whaurby thay wont war tae flee for defence.
Nou naither Rutulian fire nor swourdis' dint
may thay withstand, for aa thair force is tint.
Sen that thay may nocht escape by the sea,
nor haes nae mainer hope awa tae flee,
the maist half o the Trojan help is lost.
This land is in our pouer, field and coast,
sae that thay sall naewise escape our brands.
Hou mony thousan dochty men o hands
are here assembelt, aa Italians?
I compt naething altho yon faint Trojans
reckon thair fates that thaim hither brocht.

---

[29] bounis: sets out
[30] as thay teuk keep: as thay (i.e. the fowk watchin) teuk heed
[31] grund: i.e. the sea bottom
[32] on dreich: tae a distance
[33] hace: hairse

Aa sic vain ruise[34] I fear as thing o nocht,
in case thay proud be o the God's answeirs,
and thaim avaunt thareof wi felloun feirs.
It may weill suffice, and eneuch, iwis,
baith tae thair fates and Venus grantit is,
that e'er thir Trojans in this coast fast by
haes aince tuichit the bounds o Italie.
My weirdis eik and fatal[35] destiny
by the contrar is grantit untae me,
this cursit people tae bet doun wi my glave,
for my dear spous, wham bereft me thay have.
Nor this annoy alanerly tuichis nocht
the twa Atrides, that Troy tae ruin brocht –
I mean the principal chieftains, brether twa,
that is tae knaw, Agamemnon and Menelay –
nor yit alane this cause tae armis steirs
the people o Myce tae move battle and weirs;
but principally this quarrel mine I knaw.
Gif it haed been eneuch, as that thay shaw
at thay but aince destroyit aucht tae be,
it war eneuch and micht suffice, think me,
that thay hae fautit aince lang time before.
Why double thay thair trespass more and more?
Altho that weemen brocht thaim tae folly,
yit hate thay nocht weemen alutterly.
Whit mean thay be this middle mantle waa?
This little stop o dykes and fosses aa?
Ween thay this be a strenth that may thaim save?
Thair life is nou in jeopardy, thay rave.
Fu near thair deid thay staun. Aa men may knaw
whither, gif the wicht waas o Troy thay saw,
built by the haun o Neptunus, that sire,
rent and bet doun, and aa the toun in fire?
But oh, ye walit knichtis o renoun –
wham I behaud wi pikes brekkin doun
yon forteress, and nou present wi me
assailyein this affrayed strenth we see –
us needis nocht Vulcanus' armour here
agin thir maist faint Trojans in our weir,
nor yit *we* mister nocht a thousan ships.

| 34 | ruise: boastin |
| 35 | fatal: fatit |

Altho haill Tuscany intae fallaeships
wi thaim adjoin, and come on every side,
lat thaim nocht dreid that *we*, by nicht's tide,
sall thiftuously[36] Palladium steal away,
nor slay thair watches sleepin. Nay, perfay,
dern in a horse's belly large and wide,
thaim tae deceive, *we* sall us never hide.
For we determit hae by force in ficht,
in plain battle, and on day's licht,
wi fire and swourd yon wallis umbeset.
Sae dochtily we shape tae dae our debt,[37]
that thay sall nocht believe weir undertane
agains Greeks, nor people Pelasgane,
whilks in thair weirs pruivit sae spreitless men
that Hector thaim delayit yearis ten.
Nou, chosen men, and walit warriours,
sen the maist pairt o this day's hours
is gane," sayed he, "I hauld it for the best
efter this guid journey[38] ye tak you rest.
Dae ease your bodies and your horse while day,
but haud you ready for the battle aye.
In the meantime, o the nicht watch the cure
we gie Messapus, the yetts tae discure,[39]
and for tae bete bricht fires about the waas."
Twice seivin Rutulians, for aa chance befaas,
wis chosen wi knichtis for tae watch the toun;
ilkane a hunner fellaes ready boun
o young gallants, wi purpour crestis reid,
thair gilten gear made glitteren every steid;
whaursae thay walk and roamis, still and saft
thay stalk about, and wardis changes aft.
And some time, on the green herbis dounset,
thay birl the wine, and ilk man did his debt
for til owreturn goblets o metal bricht.
The shinin fires owre aa the land kest licht;
and aa the forenicht thir watches siccan way,
but sleep, did spend in revel, gemm, and play.

36	thiftuously: thievishly
37	dae our debt: dae our duty
38	journey: day's wark
39	discure: discover, reveal

Chaipter IV

Here Nisus carpis tae his frein Eurylly,
til unnertak an adventure unsely.[40]

The Trojans, frae thair fortress whaur thay stuid
aa thair deray beheld and unnerstuid,
and baith wi armour and wi wappons bricht
the touer heids thay stuffit aa that nicht;
and feil times, in hasty affear for dreid,
the portis vizzy thay gif ocht war need,
and drawbriggis before the yetts upraised,
junct tae the waas, at thay suld nocht be traced;
and every man stuid ready in his gear
enarmit weill, and in his haun a spear.
Mnestheus stern, and eik Serestus stout,
fu busy war tae walk and gae about,
til ordinance for tae put everything;
for thaim Eneas, at his depairting,
haed depute rulers tae his young son dear,
and maister captains o his host in weir,
gif sae betide ony adversity
or adventure before his returné.
A haill legion about the wallis large
stuid watchin, bodin[41] wi bow, spear, and targe.
The danger wis by cuttis suin decide,
at every corner wha, or wha, suld byde;
and every man his course about did sleep,
while that his fellae haed his ward tae keep.
Nisus, Hyrtacus' son, that time wis set,
as for his stand, tae byde and keep the yett,
as he that wis in armis bauld and stout,
ane the maist valiant intil aa that rout;
wham Ida, his mither, a huntrice,
in fellaeship sent wi Enee fu wyce.
Tae cast dartis nane sae expert as he,
nor for tae shuit swift arrows hauf sae slee.
Euryalus, his fellae, stuid him by,
o aa Eneas' host nane mair guidlie,
nor yit mair seemly cled in Trojan arms –

---

[40] unsely: unfortunate
[41] bodin: armed

stout, o hie courage, dreidin for nae harms.
His flourished youth revest[42] his veisage ying,
yit never shaven, wi piles[43] newly spring.
Tae thir twa wis ae will in unity,
ae lust, and mind in uniformity;
samen thay yeid tae meat, tae rest, or play,
and baith thegither in battle rushit thay.
Nou samen eik thay war in station set,
as baith infeir tae keep the common yett.

Nisus thus speaks: "Oh brither mine, Eurylly,
whether gif the gods, or some spreitis silly,
moves in our minds this ardent thochtfu fire,
or gif that every man's shrewit desire
be as his god and genius in that place,
I wat ne'er hou it stauns; but this lang space
my mind moves tae me, here as I staun,
battle or some gret thing tae tak on haun.
I knaw nocht tae whit purpose is it dressed,
but by nae wey may I tak ease nor rest.
Behauds thou nocht sae shuirly, but affray,
yon Rutulians haudis thaim gled and gay?
Thair fires nou beginnis shine fu schire;
soupit in wine and sleep baith man and sire
at quiet ludging yonder at thair will.
Queme[44] silence hauds the large fields still.
Conseider this profoundly, I thee pray –
whit suld I dreid, whit thinkis thou, nou say.
Baith common people and the herris bauld
tae bring again Eneas fu fain thay wald;
langing fu sair efter his hamecoming,
and o his mind tae hae shuir wittering.
Thay aa desire some authentic[45] men be send.
Gif, as I wad, thou haed licence tae wend,
sen weill I knaw thy famous noble deeds,
in sic a case, me think, nae mair thare needs –
unner yon motte the wey fund weill I see
tae haud untae the waas o Pallantie."

---

[42] revest: clathed
[43] piles: hairs
[44] queme: peacefu
[45] authentic: i.e. truistworthy

Euryalus, smit wi hie fervent desire
o new renown, whilk brint him het as fire,
and hauf eshamit o this bodword glaid,
thus til his best beluvit fellae sayed:
"Nisus, brither in sovereign actis hie,
for ony cause hou may thou refuse me
wi thee tae gae in fellaeship as feir?
Suld I thee send alane in sic dangeir?
My faither, Opheltes, the whilk aa his days
the weirs hauntit, never upo that ways
instruckit me, nor taucht sic cowardy.
Wis I nocht learnit tae haunt chivalry
amid the Greekis' brag, and Trojan weirs?
Hae I me born wi thee, at thou afears
o my courage? The maist dochty Enee,
and o fortune tae the last extremity,
hae I nocht follaed, refusin nae pyne?
Here is, here is, within this cors o mine,
a forcy spreit that doth this life despise,
whilk reputes fair tae wissell[46] upo sic wise
wi this honour thou thus pretends[47] tae win,
this mortal state and life that we been in."

Nisus answers, "Forsuith, my brither ding,
o thee, God wat, yit dreid I ne'er sic thing;
for sae tae think, in faith, unleifu wer.
Sae haill and feir mot sauf me Jupiter,
and bring me sound again wi victorie,
as ever yit sic conceit o thee haed I.
Tae witness draw I that ilk God," quo he,
"wi freindly een whilk daes us hear and see,
and in my mind first movit this consait.
But gif that sae betide – as weill ye wait
in sic adventures thare been dangers sere,
by hard fortune or adventure o weir,
or goddis' disposition happen it sall –
my will wis thee tae save frae perils all.
Thy flourished youth is mair worthy tae leive
than for tae put in danger o mischief.

---

[46] wissell: exchange

[47] pretends: i.e. proposes

I wad alsae at hame some frein hae haed,
that gif at I war takken and hard stad,
or frae me reft the life, and sae withhaud,
whilk my body or banes ransom wad,
and lay in grave, efter our Trojan guise;
or, gif fortune wad suffer on nae wise
my body micht be brocht tae burial,
than tae his frein the service funeral
wi obsequies tae dae for corpse absent,
and in my memore up a tomb tae stent.
Nor wad I nocht alsae that I suld be
cause or occasion o sic dule," quo he,
"tae thy maist ruthfu mither, traist and kind,
whilk anerly o her maist tender mind,
frae aa the ither matrons o our rout,
haes follaed thee, her luvit child about;
nor for thy sake refusit nocht the sea,
and gave nae force o Acestes' ceity."

The tither than him answert suin again:
"My frein, for nocht thou says sic wordis vain,
ingyrin[48] cases are o nane effeck –
my first intent I list nocht change nor brek.
Haste us," quo he. And tharwithal baith twae
the neist watch thay waukenit whaur thay lay,
whilk gat on fuit, and tae thair roamis went.
Euryalus, tae fulfil his intent,
wi Nisus forth gan haud his wey anon,
and tae the Prince Ascanius are gone.

Chaipter V

*Hou at the council the forenamit two
untae Eneas purchased leave tae go.*

Upo the erd the ither beastis aa,
thair busy thochtis ceasin, gret and smaa,
fu sound on sleep did caucht thair rest by kind,
aa irksome laubour forget out o mind.
But the chief leaders o the Trojan rout,
and flouer o fencible young men stern and stout,

---

[48]   ingyrin: pressin

in the meantime sat at wyce council
for common weill and maiters hie befell,
conseiderin wycely whit adae thare was,
or wha suld message beir tae Eneas.
Amids thair tentis, in field whaur thay stand,
wi shieldis shroud,[49] upo thair spears leanand,
than Nisus and Euryalus, baith twain,
gled o this cast, seein thair time maist gain,[50]
besocht thay micht be admittit tae say
a gret maiter o wecht, whase delay
micht herm gret deal, and eik by thair advice
thair errand wis worth audience and o price.
Ascanius first, seein thair hasty way,
admittit thair desire, and bade thaim say.
Than this Nisus, Hyrtacus' son, thus sayed:
"Gentle Trojans, wi equal mindis glaid
receive my wordis, for this thing," quo he
"whilk I you tell may nocht conseidert be
wi sic as us, nor men sae young o years,
but tae your wisdoms til advise effeirs.
The Rutulians, owreset wi sleep and wine,
liggis sowpit, fordovert, drunk as swine –
tae set upo thaim, and await wi skaith,
the place surely we hae espyit baith,
whilk ready may fu easily be get
in yonder forkit wey, streiks frae the yett
doun tae the sea's coast the nearest went,
whaur the fires fast fails, near out-brent,
sae that the black reek daurkens aa the air.
Gif that ye suffer wad, as I sayed ere,
that we micht use this opportunity
whilk fortune haes us grant, suin suld ye see
Eneas socht by us at Pallantine,
and hither brocht in short while efter syne,
wi rich spulyie, and meikle slaughter made.
We knaw the wey thither fu weill," he sayed,
"and aa the watter o Tiber up and doun;
in daurk vales aft we saw the toun,
as we by custom aft the hunting hauntit."

---

[49]   shroud: protectit

[50]   gain: suit

Ageit Aletes, that nae wisdom wantit,
but baith wis ripe in counsel and in years,
untae thir words digestly made answeirs:
"Oh kindly goddis o our native lands,
unner whase michtis aa time Troy upstands,
altho the weill thareof in dout remains,
yit list you nocht destroy aa the Trojanes,
nor thaim sae clean defeat alutterly,
sen sae stout mindis, as we here aspy,
and sae bauld ready breistis gien hae ye
tae thir younkers." And sayin thus, gan he
the richt hauns and shouthers o baith embrace,
wi tearis trinklin owre his cheeks and face.
"Oh manly knichtis, whit reward conding
may gainandly be give for sic a thing,
forsuith I can nocht in my mind devise;
but your maist chief gainyield and gift tae price
the gret goddis mot render you," sayed he,
"and your ain virtue mot be renowné.
The remanent anon ye sall resaive,
sae that naewise ye sall your meedis crave,
by the haundis o ruthfu Eneas;
or, gif he suin frae this life happens pass,
Ascanius, whilk as yit is but page,
young and forrat intae his haillsome age,
sall render your desert, I tak on hand,
and sic thankis, while that he is leivand,
sall never be forget nor dae away."

The samen word, anon, as he did say,
furth o his mouth Ascanius haes hint:
"I hecht forsuith that deed sall ne'er be tint,
for aa my weill alanerly daes hing
upo my faither's prosper hamecoming.
Nisus," sayed he, "I you pray and beseek,
by our Penates, kindly goddis meek,
and by Assaracus, gods domestical,
wham ye the chief stock o our kinrent call,
and by the secret closets or entry
o the venerable auld canous[51] Vestie,
bring hame my faither suin, I you exhort.
Aa that pertaining is tae me, at short,

---

51   canous: gray-haired

baith tuichin counsel and commandment,
or adventures o fortune, in your intent,
in your willis, I put aahaill," quo he,
"bring hame my faither that I may him see.
For haed we him receivit, I daur say,
is naething suld annoy us nor affray.
Twa siller cuppis, wrocht richt curiously
wi feigures grave and punchit imagery,
I sall you gie, the whilk my faither wan
whan conquest wis the ceity Arisban;
twa chairis rich, or trestis[52] quaintly fold,
and twa gret talents o the finest gold;
and eik the crafty ancient flagons two
whilks tae me gave the Sidoness Dido.
And gif, certes, as victors us betides
tae conques Ital, as the Fates provides,
Thare-in tae bruik the croun and sceptre wand,
and tae distribute the prey, as lord o land;
beheld ye nocht whit kin a courser wicht,
hou proud armour, weill gilt and burnished bricht,
that Turnus bare this yester nicht?" quo he.
"The samen shield, and helm wi crestis three,
seemin o fire aa reid, and the ilk steed,
frae this samen hour, Nisus, sall be thy meed.
I sall thaim sort frae aa the remanent.
And further eik my faither, o his assent,
twal chosen matrons sall you gie aa free,
tae be your slaves in captivity,
wi aa thair children and thair haill affspring,
thair mobles, cattle, rents, and arming;
and eik that field and principal piece o land,
whilk King Latinus haes nou in his hand.
And oh, thou worshipfu young child, whase age
is tae my youthheid in the nearest stage,
wi aa my hert I thee receive e'en here,
in aa cases as tender fellae and feir.
But thee, nae glorious act in my maiteirs
sall be exerced, naither in peace nor weirs.
In everything, baith intae word and deed,
the maist traist sall be gien thee for thy meed."

---

52   trestis: trestles

Euryalus made this answer for his side:
"That day sall never come, nor time betide,
for my default unworthy sall I be
for til attain sae sovereign dignity.
Lat fortune send us guid luck, gif she list,
or misadventure – I sall dae my best.
Lo, this is aa, nae mair I may promit.
But, abuve aa things, ae gift grant me yit,
that I beseek thee aft and monyfauld:
a mither, comen o Priamus' bluid o auld,
within this toun I hae, whilk silly wife
me for tae follae nocht comptin her life,
the realm o Troy micht nocht withhaud," sayed he,
"nor yit in Sicil Acestes' fair ceitie.
Nou her I leave unhausit as I ride,
o this danger, whit-sae-ever betide,
aa ignorant and wat naething, puir wicht.
Tae witness draw I here this ilk guid nicht,
and thy richt haun, my lord and prince maist hie,
the weepin tears may I nocht suffer nor see
o my dear mither, nor that ruthfu sicht.
But I beseek thy gentle hert o richt
for tae comfort that carefu creature.
That desolate wicht tae succour shaw thy cure.
Grant this ae thing, and suffer that o thee
this ae guid hope I beir o toun wi me;
and faur the baulder, whit-sae fortune send,
untae aa dangers gledly sall I wend."

The Trojans aa for ruth, at speak him hears,
smit wi compassion, brastis furth o tears,
wi tender herts meinin[53] Euryalus,
but principally lusty Ascanius –
the image o his faitherly peity
prent in his mind him strainis sae that he
weepin answert, and sayed, "My brither dear,
I promise aa thou desires, out o weir,[54]
for thy commencement and stout beginning
is sae dochty I may thee nyte[55] naething.

---

53   meinin: sympathisin wi
54   out o weir: nae danger
55   nyte: deny

Forsuith this wumman, whit-sae-e'er she be,
frae thyne forrat sall mither be tae me,
wanting nae mair o my mither, in plain,
alanerly but Creusa her name;
and thus o sic a birth nae little bliss
sall her betide, houever efter this
the chance turnis, aither tae weill or wae.
By this ilk heid I sweir tae thee alsae,
by whilk my faither wont wis for tae sweir,
aa that I hae untae thee promised here,
gif thou returnis in prosperity,
failyiein thareof, as Jove defend sae be,
tae thy mither and untae thy kindred
sall fully been observit, in thy stead."
Thus sayed he weepin; and tharewith alsae
his gilten swourd he hint his shouthers frae,
wham wunner craftily in the land o Crete
Lycaon forgit haed, and wrocht it meet
within a burnished sheath o ivor bane –
thaim baith thegither he gave Euryll onane.
Syne Mnestheus a busteous lion skin,
that roch and weirlike tabard naething thin,
tae Nisus gave; and the traist Aletes
wi him haes helms cossit,[56] and gave him his.

Chaipter VI

Furth hauds Nisus and Euryalus baith twae,
and huge slauchter thay hae made by the way.

Anon thay held enarmit furth thair way;
wham aa the nobles young and auld, perfay,
convoyit tae the portis, naething fain,
prayin fu aft Jove bring thaim weill again.
But principally the fresh Ascanius ying,
abuve aa ithers in his communing
shawin the wisdom, conceit,[57] and foresicht
o ageit men, and eik the courage wicht,
gave thaim feil charges and commandments
tae beir his faither, tuichin his intents –

---

[56]   cossit: exchanged

[57]   conceit: i.e. pouer o thocht

but wi the wind thay scatterit war on raw,
and aa for nocht amang the cluddis flaw.

Furth issued thay, and by the fosses' wents
in silence o the daurk nicht amangs the tents
and perilous palyouns,[58] tae thaim enemie,
thay entert are, and caucht gret herm thareby.
But naetheless, ere ony skaith thay hint,
the deid o mony wis thair dochty dint.
Upo the gress, owreset wi sleep and wine,
fordovert, faaen doun as drunk as swine,
the bodies o Rutulians here and thare
thay did perceive; and by the coast aawhere
the cairtis staun wi limmours bendit strek,[59]
the men liggin, the hames about thair neck,
or than amangs the wheelis and the theats.
Aa samen lay thair armour, wine, and meats,
baith men and cairtis middelt aa owre-ane.
Wi a bass voice thus Nisus spak again:
"Euryalus, the maiter nou thus stauns
for tae be stout and forcy o our hauns.
This is our passage, whilk wey we maun wend.
Thy pairt sall be tae keep and tae defend
that nane onset come on us at the back.
Spy faur about, tharetae guid tent thou tak.
I sall before mak void passage and way,
and thee convoy throu a large street away."
Rehearsin this, anon he held him close,
sae that nae noise micht thare be heard or voce;
and tharewith eik wi drawen swourd in press
he gan assail the pompous Rhamnetes,
whilk lay, per case, sleepin saft and sound
on proud tapetis[60] spread upo the ground.
A king he wis, and a spaeman, suith tae sayen,
tae Turnus King maist traist auguriane,
but wi his divination nor augurie
the traik[61] o deid no couth he nocht put by.
Three o his servants, that fast by him lay,

---

[58] palyouns: pavilions, tents
[59] limmours bendit strek: bent shafts struck (in the grun)
[60] tapetis: carpets
[61] traik: ruin

fu recklessly he killit, altho thay
amang thair spearis liggin war infeir;
and quellit ane tae Remus wis squiere.
The cairter syne, liggin upo the street,
he hint anon amang the horses' feet,
and wi his swourd his neck, hingin on side,
in twain haes hackit; and the samen tide
thair lord's heid, I mean this said Rhamnete,
aff smites he, while aa the bed waux weit.
Like a deid stock the corpse wantin the heid
lay bullerin, aa besprent wi spraingis[62] reid,
and als the erd grew warm wi tepid bluid.
Attour he steikit haes eik, whaur he stuid,
twa forcy men, Lamus and Lamyrus,
and als the likely young child, Serranus,
that aa the forenicht in riot and in play
haed spendit as he list, and nou he lay
wi members streiked, and pleasant veisage bricht,
owreset wi God Bacchus meikle o micht.
Fu happy and weill fortunate haed he be,
in sport and gemm on the same wise gif he
aa the remanent o that nicht haed spent,
while the licht day, and til himsel tane tent.
Like as the empty lion, lang unfed,
by nicht's tide whan aa fowk sleep in bed,
trubblin the fauld fu o silly sheep,
the wud rage o his hungir is sae deep
that he constrainit is sicwise tae fare;
he rives and he harlis here and thare
the tender beastis, that for awfu fear
o his presence daur naither bleat nor steir;
he rummisis wi bluidy mouth, and brays;[63]
sae did Eurylly, and nane itherways,
and nae less slauchter made he in the plain,
o ire inflamed in his wud brain.
A multitude o commons o birth law,
by whilk reason thair names are unknaw,
he umbeset and put tae confusioun;
and Fadus syne, wi Herbesus dang he doun,
and Abaris alsae, unwarnistly;

---

[62] spraingis: streaks

[63] brays: roars

and Rhoetus eik, lay wauken hard thaim by,
behaudin aa thair steerage and deray,
but o the stout Euryalus for affray,
behind a wine butt or a pipe[64] him hid,
wham Euryalus, as the case betid,
keppit on his swourd's pynt, that aa the blade,
hid in his coast, up tae the hiltis glade.
Tae deid he dushes doun baith stiff and cauld,
and up the purpour spreit o life he yauld,
and bluid and wine mixit he gan furth shaw,
at he last drank out yisks in the deid-thraw.
And, by sic slicht, fu brim thus he enforces
tae mak huge slauchter o unweildy corpses,
ettlin wichtly tae the neist stuid fast by.
Thare as Messapus' feiris aa did lie,
and the last fires aamaist quenchit out,
the horse, per order, tieit weill about,
eatin thair meat he micht behaud and see;
wham shortly Nisus bade cease and lat be;
for he perceivit Euryalus by his feirs[65]
haed owre gret lust tae slauchter, and dangeirs
perceivit nocht whilks war appearin eft.
"Desist," quo he, "this maiter maun be left,
for the daylicht, whilk is tae us unfriend,
approaches near. We may nae langir lend.
Gret herm is duin, eneuch o bluid is shed,
throu-out our faes a patent wey is redd."

And sayin thus, thay sped thaim on thair way.
Behinnd thaim, for uptakkin whaur it lay,
mony bricht armour richly dicht thay left;
cuppis and goblets forgit fair, and beft[66]
o massy siller, liein here and thare;
proud tapestry, and meikle precious ware;
save that Euryalus wi him tursed away
the ryal trappours,[67] and michty patrells[68] gay,
whilkis war Rhamnetes' steeds' harnessing;

---

64   pipe: cask
65   feirs: behaviour
66   beft: beaten
67   trappours: horse trappings
68   patrells: breistplates

and, for the mair remembrance in taikening,
a rich tisch[69] or belt hint he syne,
the pendants wrocht o burnished gowd maist fine,
whilk girdle ane Caedicus, that wis than
durin his time ane the michtiest man,
bereft a strang Rutulian, as thay tell,
wham he vanquished in singular batell,
and sent it syne tae ane Remulus haes he,
that duke wis o the Tibertine ceitie,
in sign o freindship and firm acquaintance –
thus aither absent joinit alliance.
Syne this ilk prince, intae his legacie,
that time upo his deid-bed did he lie,
this girdle left tae younger Remulus,
his tender nevoy, that is here slain thus.
Euryll, as sayed is, haes this jewel hint,
about his sides it bracing, ere he stint;
but aa for nocht, suppose the gowd did gleit.
Messapus' helm syne, for him wunner meet,
wi shinin tymbret and wi crestis hie,
upo his heid anon buckelt haes he.
Furth o the tentis wi this bounit thay,
and frae thair faeis held the sover way.

Chaipter VII

*Hou capitane Volscens, comin Turnus til,
recontert Nisus and his fellae Euryll.*

In the meantime, as this ither armie
thus at the siege gan in the fieldis lie,
frae Laurentum, King Latinus' ceitie,
war horsemen sent tae Turnus, for tae see
whit he pleasit, and the King's intent
til him tae shaw. Three hunner men furth went
wi shield on shouther unner Captain Volscens
and by this comen war tae the distance
near tae thair host; and, as the case did faa,
thay held fast unner this new ceity waa,
whaur-as on faur taewart the left haun thay

---

[69]   tisch: girdle

turnin thair course backwart perceivit twae:
for the bricht helm in twinklin starny nicht
mythis[70] Eurylly wi beams' shinin licht,
whilk he, unware, perceivit nocht, alace!
And as thay scarce war thus aspied on case,
Volscens the captain, frae amid his rout,
sayed, "Stand fellaes!" and cryis wi a shout,
"Whit is the cause o your coming," sayed he,
"that rides thus enarmit? Whit ye be,
and whither are ye boun, ye shaw us plain."
The tither twa made nane answer again,
but in the wuids hies at the flicht,
assured gretly in daurkness o the nicht.
The horsemen than prickis, and fast furth sprents
tae weill-beknawen paths, and turnis wents
baith here and thare; suin umbeset hae thay
the outgates[71] aa – thay suld nocht win away.
The wuid wis large, and roch o bussis rank,
and o the black aik shaddas dim and dank,
o breiris fu; and thick thorn ronnis stent. [72]
Scarcely a straucht road or dern narra went
tharein micht funden be that men micht pass,
whaurthrou Euryalus gretly cumbert was.
Whit for mirkness, thick bussis, branch, and breir,
and wecht alsae o the new-spulyiet gear,
tharetae the hasty onset and affray
made him gang wull in the unknawen way.

Nisus wis went, and by this chapit[73] clear
his enemies, unware whaur wis his feir;
and as he stuid at that steid (efter syne
frae Alba ceity cleipit wis Albine,
whaur, for the time, this foresaid Latin King
his horse at pasture held in stabling)
he blent about tae see his frein sae dear,
but aa for nocht – thare wis nae man him near.
"Euryll," quo he, "alas unhappilie
in whit pairt o this land thee left hae I?"

---

[70] mythis: reveals

[71] outgates: escape routes

[72] ronnis stent: unnergrowth extendit

[73] chapit: escapit

Or whaur sall I thee seek? Oh wallaway!"
Tharewith this ilk wilsome perplexit way
backwart he held, every fuitstep again,
throu the dern wuid deceitfu and unplain,
while, at the last, amang rank bussis he
erred by the wey, because he micht nocht see.
The horse stampin and the din he hears;
the wordis and the taikens come tae his ears
o thaim whilk pursueit him at the back.
A little space efter tent gan he tak,
and heard a scry. Harknin whit that suld be,
Eurylly taen in haundis did he see;
wham the deceitfu unbekent dern way,
the mirk nicht, and the hasty doutsome fray
betraisit haed, that aa the meikle rout,
ere he wis waur, him loukit[74] round about.
Fu gret debate[75] he made, as that he mocht;
owreset he wis, defence wis aa for nocht.
Whit micht than silly Nisus dae or say?
By whit force or wappons daur he assay
for tae deleiver his tender cousin dear?
Suld he or nocht adventure himsel here,
and rush amid his enemies in that steid,
tae procure in haste by wounds an honest deid?
Upraises he anon his airm backwart,
tae thraw a javelin, or a casting dart,
and, leukin upwart taewart the clear muin,
wi aefauld voice thus-wise he made his buin:
"Latonia, Goddess o meikle micht,
mistress o wuids, beauty o starnis bricht,
be thou present, and send me thy supplie;
address my wark, be directrix," sayed he.
"Gif e'er that Hyrtacus, my faither dear,
offert for me some gift at thy alteir;
or gif that I o my hunting and prey
eikit thy honour ony mainer o way,
or, at thy standart knoppit post o tree,
thy haly temple's ruif, or baulkis hie,
gif e'er I hung or fixit onything –
wild beast's heid, wapponis, or arming –

---

74   loukit: enclosit

75   debate: i.e. struggle, fecht

thole me tae trubble this gret rout o men;
dae dress my dartis in this wilsome den,
sae that my shot and meisure may gae richt
throu the daurk air and silence o the nicht."

Thus sayin, wi aa force o his bodie
the grunden dart he lat dae glide in hy.
The fleein shaft the nicht shaddas divides,
and richt forgain him on the tither sides
it smate Sulmonis' shield, hung on his back,
whaurin the quarrel aa in sunder brak;
but wi the dint the rind is riven sae,
his hert pipes the sherp heid pierced in twae.
Doun dushis he in deid-thraw aa forlost,
the warm bluid furth boakin o his coast;
and for the cauld o deid his lungis lap;
wi sobbis deep blawis wi mony clap.
His feiris leuks about on every side,
tae see whaurfrae the grunden dart did glide.
But lo, as thay thus wunnert in affray,
this ilk Nisus, worthen proud and gay,
and baulder o this chance sae wi him gone,
anither tackle[76] assayed he anon,
and wi a sound smate Tagus, but remeid,
throu aither pairt or temples o his heid;
in the harnpan the shaft he haes affixed,
while bluid and brain aathegither mixed.
The felloun captain, Volscens, near wud wends,
seein nae man wham o tae get amends.
He micht dae staunch his ire, and syth[77] his thocht,
for wha that threw the dartis saw he nocht.
"Thou, nocht-the-less," quo he, "that staundis by,
wi thy het bluid for baith twa sall aby
the pain for this mischief." And wi that word
he ran upo Euryll wi drawen swourd.

Than Nisus, dreidin for his fellae kind,
begouth tae cry, aa wud and out o mind,
nor nae langir in dern him hide he micht,
nor o his frein behaud sae ruthfu sicht.
"Me, me, ye slay! Lo, I am here," he sayed,

---

76   tackle: i.e. arrow

77   syth: assuage

"that did the deed; turn hither in me your blade
and swourdis aa, oh ye Rutulianis!
Aa by my slicht nou your feiris slain is.
That silly innocent creature sae ying
micht, nor yit durst, on haun tak sic a thing.
By heivens hie, and aa the starns, I sweir,
that us behauldis wi thair beamis clear."
Sic wordis sayed he, for on sic manneir,
and sae strangly, his frein and fellae dear
that sae mischancy wis, beluvit he,
that raither for his life himsel list dee.
But thare wis nae remedy nor abaid.
The swourd, wichtly stockit, ere than wis glade
throu-out his coast. Alas, the herm's smert!
That milk-white breist is piercit tae the hert.
Doun deid rushit Euryalus richt thare,
the bluid brushin[78] outowre his body fair,
and on his elbuck leanin a little on-wry,
his heid and hause bowis he hivvilie;
like as the purpour flouer in fur or sheuch,
his stalk in twa smit newly wi the pleuch,
dwines awa, as it doth fade or dee;
or as the chesbow[79] heidis aft we see
bou doun thair knoppis, sowpit on thair grane,[80]
whan thay be chairgit wi the hivvy rain.

But Nisus than rushit amid the rout,
amangs thaim aa seekin Volscens the stout,
and on Volscens alanerly arrestis,
tho round about wi enemies he prest is,
whilk here and thare anon at every side
him umbeset wi warkin[81] woundis wide.
But naetheless thaim stoutly he assailit,
nocht amovit, as naething him haed ailit;
and e'er his shinin swourd about him swang,
while at the last in Volscens' mouth he thrang,
as he, forgain him staunin, cried and gaped.
Alas, whit ruth wis it he nocht escaped!

---

[78]   brushin: gushin

[79]   chesbow: poppy

[80]   knoppis, sowpit on thair grane: seed-heids, exhaustit on thair stalk

[81]   warkin: achin, severe

For he, deein, bereft his fae the life;
steekit and hurt sae aft wi spear and knife,
fell doun abuve his frein's deid bodie,
whaur best him likit deid tae rest and lie.

Oh happy baith, oh fortunate and ding!
Gif mine indite or style may onything,
ne'er day nor process o time sall betide,
that your renown sall out o memore slide,
while the faimil and affspring o Enee
the stane immovable o the Capitolie
inhabits, and sae lang as Romans bauld
the monarchy o the empire sall hauld.

The shamefu victors, thir Rutulians,
the prey and spreath, and ither gear that gains,
joicing but obstacle, Volscens' deid bodie
untae the tentis weepin bare in hy.
And nae less murnin heard thay in that steid
for Rhamnetes, fund heidless, pale, and deid,
thegither wi sae mony capitainis,
and gret herris sae wretchitly as slain is –
Serranus ying, and the gentle Numae,
and noble corpses brittent mony ma.
Gret press flockit tae see the bodies shent,
some men yit thrawin hauf deid on the bent.
O recent slauchter and the het affray
the field about aa warmit whaur thay lay,
that aa wi spate wis blandit[82] and on fluid
in bullerin streamis o the faemy bluid.
The spulyie led away wis knaw fu richt:
Messapus' rich helmet shinin bricht,
the gowden girdle, and trappours proudly wrocht,
wi meikle sweit and laubour again brocht.

---

[82] blandit: mixed

Chaipter VIII

Euryllus' mither her son's deid bewails,
and hou Rutulians the ceity first assails.

By this Aurora, leavin the saffron bed
o her lord Tithon, haed the erd owrespread
wi new clearness, and the sun schene
begouth defund[83] his beamis on the green,
that everything worth patent in the licht.
Turnus, enarmit as a dochty knicht,
til armis steiris every man about,
in plate and mail fu mony forcy rout
provokin tae the bargain and assay.
Ilk capitan his fowks sets in array,
and gan thair courage kennle in ire tae ficht,
by shamefu murmur o this yester nicht.
And further eik, a meiserable thing tae see,
Euryll and Nisus' heids, on spearis hie
fixit, thay raisit haudin tae the waa,
wi huge clamour follaein ane and aa.
The forcy and the stout Eneadanes,
that for the time in this ceity remains,
the brunt and force o thair army that tide
endlang the wallis set on the left side;
for on the richt haun closit the river.
Thay held the forefront whaur thare wis danger,
keepin the braid fosses and touers hie;
and as thay staun fu dolorously, thay see
the twa heids stickin on the spears –
a meiserable sicht, alas! untae thair feirs.
Thair faces war owre weill bekent, baith twae,
the bleckent deidly bluid drappin tharefrae.

In the meanwhile, throu the dreary ceitie,
the winged messenger, Fame, did swiftly flee,
and slippin come tae thy mither, Eurylly.
Than suddenly that wretchit wicht unsely
aa pale become, as nae bluid in her left.
The natural heat wis frae the banes reft.
Furth o her haun the spinnin wheel smate she,

---

[83] defund: pour doun

the yarn clewis, spindle, and brooch[84] o tree
aa swackit owre, and fu unhappilie
furth fleeis she wi mony shout and cry,
wi weeping, and wi wifely womenting,
rivin her hairis, tae the waas gan thring,
aa wud enraged, and wi a speedy pace
did occupy thareon the foremaist place,
takkin nane heid, nor yit nae mainer shame,
sae amangs men tae rin, and roup[85] or rame.[86]
Nae mainer fear o peril seeis she,
nor mind o dartis cast that fast did flee.
And as that frae the waa her son's heid
behauldis she, waefu, and wull o rede,[87]
wi her peitious ruthfu complaints sair
the heivens aa she fillit and the air.

"Oh my Eurylly," lamentably she cries,
"sall I thee see demeanit on sic wise?
Thou, the latter quiet o mine age,
hou micht thou be sae cruel in thy rage
as me tae leave on life, thus mine alane?
Oh my maist tender hert, whaur art thou gane?
Nae licence grantit wis, nor time, nor space,
tae me, thy wretchit mither, alace, alace!
whan thou thysel untae sic perils set,
that I wi thee micht sae meikle leisure get
as for tae tak my leave for ever and aye,
thy last regret and quething-words[88] tae say.
Ochone, alas! intil an uncouth land,
nakit and bare thy fair body on sand,
tae fouls o reif[89] and savage doggis wild
sall lie as prey, mine ain dear only child!
Nor I, thy mither, laid nocht thy corpse on bier,
nor wi my haundis louked thine een sae clear,
nor wesh thy woundis tae reduce[90] thy spreit,

---

[84] brooch: pirn

[85] roup: cry out

[86] rame: scream

[87] wull o rede: lost for a plan, no kennin whit tae dae

[88] quething-words: last farewells

[89] fouls o reif: birds o prey

[90] reduce: restore

nor dressit thee in thy latter claes meet,
the whilks I wrocht, God wat, tae mak thee gay,
fu busily spinnin baith nicht and day;
and wi sic wabs and wark, for thee, my page,
I comfort me in mine unwieldy age,
and irkit nocht tae laubour for thy sake.
Whaur sall I seek thee nou? Alake, alake!
Or in whit land lies nou, maggelt and shent,
thy fair body, and members tirved[91] and rent?
Oh dear son mine, oh tender get," quo she,
"is this the comfort at thou daes tae me,
whilk haes thee follaed baith owre seas and lands?
Oh ye Rutulians, steik[92] me wi your brands.
Gif thare be ruth or peity in your banes,
dae swack at me your dartis aa at aince.
Wi your wapponis first ye sall me slay.
Oh thou gret Faither o Goddis," gan she say,
"hae ruth upo me, wretch o wretches aa,
and on my caitiff heid thou lat doun faa
thy thunner's dint o wildfire frae the heiven,
law unner Hell tharewith tae smite me even;
sen that this langsome cruel life I no may
consume nor enden by nane ither way."

Wi this regret the Trojan mindis aa
war smit wi ruth. Endlang the large waa
the dulefu murnin went and womenting.
Thair hie courage, tae tell a wunner thing,
that unaffrayed wis battle tae sustein,
waux dowf and dull the peitious sicht tae seen.
But as she thus kennles sorra and wae,
ane Idaeus, and Actor, Trojans twae,
at the command o Ilioneus passed,
and ying Ascanius weepin wunner fast,
and hint her up betwix thair airmis square,
syne hamewart tae her ludging thay her bare.

But than the trumpet's weirly blasts abounds
wi terrible brag o brazen bluidy sounds.
The skry, the clamour, follaes the host within,

---

[91]   tirved: stript

[92]   steik: stab

while aa the heivens bemit[93] o the din.
The Volcenars assembelt in a sop,
tae fill the fosses and the waas tae slop,[94]
aa samen hastin wi a pavis[95] o tree
heizit thegither abuve thair heidis hie,
sae sairly knit that mainer ambushment
seemit tae be a close vault whaur thay went.
Anither sort pressit tae hae entry,
and sclim the waas wi ledders large and hie,
whaur-as the airmy o the Trojan side
wis thinnest scattert on the wallis wyde,
and bricht arrayit company o the men
war dividit or sloppit, at thay micht ken
the weirmen no sae thick in sic a place.
But the Trojans, that aft in siclike case
by lang usage o weir war learnt, and kenned
hou thay thair toun and wallis suld defend,
aa kind o wappons and darts at thaim slings,
and dang thaim doun wi pikes and pyntit stings,
doun weltin eik o huge wecht gret stanes,
by ony wey gif thareby for the naince
thay micht on force dissever that punyie,[96]
whilk thaim assailit theeked wi pavis hie;
for weill thay knew thair faes aa mainer o tene[97]
unner that vault o targes micht sustein,
sae lang as thay samen unseverit war.
But nou thay micht thair order haud nae mair,
for the Trojans, ere ever thay wad cess,
thare as the thickest rout wis and maist press,
a huge wecht or heap o meikle stanes
rushes and weltis doun on thaim at aince,
that diverse o Rutulians lay thare under.
The lave skailit on breid; broke wis in sunder
the covertures and ordinance o thair shields.
Frae thence, the hardy Rutulians in the fields
pressit nae mair in hiddlis[98] for tae ficht,

---

[93] bemit: resoundit
[94] slop: mak a slap in, breach
[95] pavis: shield
[96] punyie: smaa force
[97] tene: herm
[98] hiddlis: concealment

but thaim enforces nou wi aa thair micht,
wi ganyies,[99] arrows, and wi dartis' sling,
thair faemen frae the wallis for tae ding.
And at anither side wi felloun fere,[100]
Mezentius the grim, upo a spear
or heich sting or stour o the fir tree
the black fire bleezes o reek in-swacks he;
and Messapus, the daunter o the horses,
Neptunus' son, wi his menyie enforces
tae unnermine the dyke and rent the pale.
Ledders he asks the wallis tae assail.

Chaipter IX

*Hou Turnus set the yett touer intae fire,
and made gret slauchter o Trojans in his ire.*

Calliope, and oh ye Muses aa,
inspire me til indite. On you I caa
tae shaw whit slauchter and occisioun,[101]
hou feil corpses thare war brittent doun
by Turnus' wappons and his dartis fell;
wham every man killit and sent tae Hell.
Help and assist tae revolve here wi me
the extreme dangers o that gret melée.
Ye blissit wichts, forsuith, remembers weill
sic thingis, and whaur you list may reveal.

Thair stuid a touer o tree, huge o hicht,
wi batelling and crenels aa at richt,
set in a needfu place nearby the yett,
wham tae assailyie, owrecome, and dounbet,
wi haill puissance aa the Italianes
at utter pouer umbeset at aince.
And by the contrar, on the tither side
alkin defences gan Trojans provide –
threw stanes doun, and sillis[102] here and thare;

---

[99] ganyies: arrows

[100] fere: demeanour

[101] occisioun: carnage

[102] sillis: beams

at every pairt or open fenester[103]
the grunden dartis lat doun flee thickfauld.
Turnus the prince, at wis baith darf and bauld,
a birnin bleeze lat at the fortress glide,
and festenit the fire hard tae the touer's side,
whilk wi the wind's blast, thare as it stak,
upbleezit in the buirdis and the thack,
and spreidis wide amangs the jystis greit.
The birnin lowe consumit aa throu heat.
Within thay shuddert for the fell affray;
but aa for nocht tae press tae win away,
nae leisure wis the danger tae escape,
for as thay ran aback, and gan thaim shape
for til withdraw taewart the tither side
whaur-as the fire wis nocht yit owerglide,
and hurlit aa thegither in a heap,
than wi thair swechtis,[104] as thay reel and leap,
the birnin touer doun rowes wi a rush,
while aa the heivens dindelt o the dush.
Doun welts the men hauf deid wi broken banes –
the huge heap thaim follaed aa at aince –
on thair ain wappons stickin, he and he.
Some steikit throu the coast wi spills o tree
lay gaspin; o thaim aa that scarcely twae,
ane Helenor, and Lycus, gat away;
o wham the foremaist, this ilk Helenor,
nou in his florished youth, wis get and bore
betwix Maeonius King, in privitie,
and Licymnia the bond-wench wunner slee,
whilk him tae Troy haed sent that hinner year,
unkent, in armour forbidden, for weir.
Deliver[105] he wis wi drawen swourd in hand,
and white tairget, unseemly and unfarrand.
This Helenor, seein himsel in dout
amid thousans enarmed o Turnus' rout,
behauldin graithly upo aither haun
arrayit hosts o Latin people staun,
like the wild rageit beast, wham hunters stout
haes umbeset wi thick range[106] aa about,

---

103   fenester: windae
104   swechtis: impetus
105   deliver: agile

seein by nae mean that she micht evade,
upo the wappons rinnis wi a brade,[107]
slippis hersel, and wi gret force her beirs
upo the pyntis o the hunting spears —
nane itherwise, this ilk young Helenor,
thus umbeset behinnd and als before,
amid his faes rushes ready tae dee;
whaur thickest wis the press thare ettles he,
whilkis, but abaid, as suin haes him slain
as sperk o glede wad in the sea remain.
But Lycus, speedier faur on fuit than he,
throu-out the hosts and armit men gan flee,
and tae the wallis wan, and up on hicht
enforces him tae sclim wi aa his micht,
and for tae grip some o his feiris' hands;
wham Turnus, lancin[108] lichtly owre the lands,
wi spear in haun pursueis for tae spill,
and whan he haes owretane him at his will,
thus did him chide: "Oh caitiff reckless knape,[109]
whit? weenit thou our haundis tae escape?"
and tharwith drew him doun, whaur he did hing,
and o the waa a gret pairt wi him bring;
like as the eagle, Jove's squire, straucht
within his bowin cleukis haed upclaucht
a young cygnet, or white swan, or a hare,
tharwith resursin[110] heich up in the air;
or as a ravenous bluidy wolf throu slicht
hints in his gowl, furth o the fauld by nicht,
the little tender kid, or the young lamb,
wi feil bleatings socht by the gait, her dam.
Rutulians throu joy than raised a shout,
and fast invades the ceity aa about.
Wi heaps o erd the fossie dae thay fill;
some ithers pressed wi schydes and mony a sill
the fire bleezes about the ruif tae sling.
But Ilioneus that time did doun ding
wi a gret whin or rock o craggy stane

---

[106] range: line
[107] brade: sudden rush
[108] lancin: boundin (on horseback)
[109] knape: knave
[110] resursin: fleein up again

ane Lucetius, and brak his neck bane,
as that he did approach taewart the yett,
the het flames o fire tharein tae set.
Liger, a Trojan, frae the waa also
dounbet a Rutulian hecht Emathio.
A Phrygian eik, Asilas, stern and stout,
aa to-frushit Corynaeus without,
whilk wis in dartis casting wunner slee.
On faur tae shuit sherp flanes and lat flee
nane mair expert than this Emathio.
Caeneus owrewhelmit Ortygius also;
and this Caeneus, whilk than gat the maisterie,
belive Turnus wi a dart deid gart lie,
and doun dingis alsae this ilk Turnus
Itys, Clonius, and eik Dioxippus,
Promolus als, and busteous Sagaras,
and syne the huge big Trojan hait Idas,
staunin for tae defend the touers hie.
Capys, a Trojan, bet doun Privernie,
wham Themillas wi a sherp casting dart
haed newly hurt and woundit in some part;
and he his haun plat tae the wound in hy,
his shield beside him swackin fuilishlie,
sae that the feathert arrow furth did glide,
and nailit his haun plat tae the left side;
the shaft and heid remainit in his coast –
by deidly wound the life thus haes he lost.
Arcens, Arcentis' son, stuid on the waa,
in bricht armour fu seemly shinin aa;
his mantle o the purpour Iberine,
wi needlewark brused[111] rich and fine.
O veisage wis he pleasin for tae see.
His faither Arcens sent him wi Enee.
Fostert he wis and upbrocht tenderlie
within his mither's hallowed shaw, fast by
the fluid Symaethus intae Sicil land,
whaur-as the plenteous fat altar did stand
o the placable Goddess, Palicy hecht.
A gret staff-sling,[112] birrin wi felloun wecht,
hint Mezentius. His shield syne by him lays.
The stringis thrice about his heid assays,

---

111   brused: embroidert
112   staff-sling: a catapult on the en o a staff

and this ilk Arcens staunin him forgain
haes smertly wi a leiden pellock[113] slain.
His harnpan and foreheid aa to-clave,
while-at the leid in sunder broke and rave,[114]
that he owretummles speldit on the sand.
Thus gret slauchter wis made frae hand tae hand.

Chaipter X

*Here ying Ascanius the strang Numanus slew,
whilk words outrageous tae the Trojans shew.*

Ascanius this ilk time, as is sayed,
that wont wis wi his shot but tae invade
the wild beasts, whilkis couth dae nocht but flee,
first here in bargain lat swift arrows flee,
and by his haundis slew strang Numanus,
that wis tae surname cleipit Remulus,
haed lately Turnus' youngest sister wed
as for his spous, and brocht untae his bed.
This ilk Numanus Remulus, in that steid,
before the frontis o the battle yeid,
furth shawin mony diverse sawis sere,
baith gainand and ungainand for tae hear.
Richt proud and hely[115] in his breist and hairt
that newlins o the kinrick wis a pairt
tae him befaa, his gret estate this wise
voustin[116] he shew wi clamour and loud cries:

"Ashame ye nocht, Phrygians, that twice tane is,
tae be enclosed amid a fauld o stakes,
and be assiegit again sae aft syse
wi aiken spills and dykes on sic wise?
Shame ye nocht tae prolong your lives?" sayed he.
"Thir vanquished cowart wichts behaud and see,
that daur our spousage intae battle crave!
Whit wild dotage sae made your heidis rave?

---

[113]   pellock: pellet
[114]   rave: split
[115]   hely: arrogant
[116]   voustin: braggin

Or whit unthrifty god in sic folly
haes you bewavit here til Italy?
Here are nocht the slaw weirmen Atrides,
nor the feigner o fair speech, Ulixes.
But we, that been a people darf and dour
comen o kind, as keen men in a stour.[117]
Our young children, the first time born thay are,
untae the neist rinnin fluid we bear,
tae harden thair bodies and tae mak thaim bauld
wi the chill frostis and the watter cauld.
Our childer ying exercise busilie,
huntin wi hundis, hornis, shout, and cry,
wild deer throu-out the wuidis chase and mate.[118]
Tae daunt and rein the horses ear[119] and late,
that is thair gemm and sport thay haunt on raw,
or wi thair bowis shuit, or dartis thraw.
Our young springalds may aa laubours endure,
content o little fuid, I you assure –
o youth thay be accustomate tae be scant.
The erd wi pleuch and harrows for tae daunt,
or than in battle beatis ceities doun.
In every age wi airn graith are we boun,
and passin by the ploois, for gadwands[120]
brods the oxen wi spearis in our hands.
Nor yit the slaw nor feeble unweildy age
may waik our spreit, nor minish our courage,
nor o our strenth tae alter ocht or pare –
the steel helmis we thrist on heidis hare.[121]
Best likes us aa time tae rug and reive,
tae drive away the spreath, and thareon leive.
Your pentit habits daes o purpour shine –
your hertis likes best, sae I divine,
in idleness tae rest abuve aathing,
tae tak your lust, and gae in carolling.
Your coats haes trailin sleeves owre your hands,
your folly hats trappours and bracing bands.
Oh verra Phrygian wifes, dazit wichts!

---

[117] stour: fecht
[118] mate: checkmate, vanquish
[119] ear: early
[120] gadwands: goads
[121] hare: hoar

Tae caa you men o Troy that unricht is –
ye be unworthy tae sae hie style tae claim.
On Dindyma tap gae, and walk at hame
whaur-as the whustle renders soundis sere,[122]
wi tympans,[123] tabors ye war wont tae hear;
and boss shawmis o turnit buschbome[124] tree
that grew in Berecyntia muntain hie,
untae the mither o Ida dedicate,
caas efter you tae dance, and no debate.[125]
Yield you tae men, and leave aa your arming.
Render your swords, and aa wappons resing."[126]

Ascanius ying, birnin for proper tene,
sae gret outrage o words micht nocht sustein,
hearin sae hie avaunt o pompous pride,
and sic dispite blawn out upo his side.
His bow wi horses sinnens[127] bent haes he;
tharein a tackle set o sover tree,
and taisin[128] up his airmis faur in twin,
thus untae Jove lawly did begin
tae mak his first petitioun and prayer:
"Omnipotent hie Jupiter, me here
assist tae this hardy commencement!
Mysel untae thy temples sall present
solemnit gifts, maist guidly may be get,
and eik before thine altar sall I set
a young bullock o colour white as snaw,
wi gowden shakkers his foreheid arrayed on raw.
The beast sall be fu tidy, trig, and wicht,
wi heid equal til his mither on hicht,
can already wi hornis foin and putt,
and scrape or scatter the saft sand wi his fut."
The Faither o Heiven acceptit his prayeir,
and, on that pairt whaur the lift wis maist clear,

---

[122] sere: separate
[123] tympans: drums
[124] buschbome: boxwood
[125] debate: fecht
[126] resing: resign
[127] sinnens: sinews
[128] taisin: streikin, stretchin

taewart the left haun made a thunnering.
Aa samen soundit the deidly bow's string,
whirrin smertly furth flaw the tackle tyte;
quite throu the heid thee, Remulus, did smite.
The grunden steel out-throu his temples glade.
"Haud on thy weys in haste," Ascanius sayed,
"thysel tae luve,[129] knack *nou* scornfullie
wi proud words aa at staundis by.
Sic bodword here the 'twice-takken Trojans'
sendis for hansel tae Rutulians."
Thus faur speaks Ascanius, and nae mair.
But the Trojans raised a scry in the air
wi rerd and clamour o blytheness, man and boy,
that tae the starns thair courage sprang for joy,
Ascanius extollin abuve the skies.
And, as thay mak this riot on sic wise,
doun frae the region o the heiven tho
the bricht curling hairit Apollo,
upo a clud sittin whaur he wad,
the hostis o Italians gan behaud,
and eik New Troy's ceity, wi cheer glaid.
Til Iulus the victor thus he sayed:
"Eik and continue thy new valiant deeds,
thou young child; for that is the wey thee leads
up tae the starnis and the heivens hie,
thou verra God's affspring," quo he,
"that sall engender goddis o thy seed.
In thee, by verra reason and o need,
aa battles, whilks by weird are destinate
agin Assaracus' hous tae move debate,
sall be appeasit, and tae quiet brocht.
This little toun o Troy, that here is wrocht,
may nocht withhaud thee in sic boundis lyte."

And sayin thus, frae the heich heiven as tyte
descendis he, movin the haillsome air,
and tae the child Ascanius socht richt thare.
His feigure changit that time as he wad
in likeness o ane Butes, hare[130] and auld,
that pursuivant tofore and squire haed be
tae Trojan Anchises, faither o Enee,

| 129 | luve: reeze, praise |
| 130 | hare: hoar |

and traisty keeper o his chaumer duir.
Nou haed Enee commit tae him the cure
for til attend upo Ascanius ying.
Like tae this ancient Butes in aathing
furth steppis Phoebus, baith in voice and hue,
wi lockis white, and armour naething new,
rousty, and wi a felloun sound clattring,
and sic words spak tae Iulus ying
(that itherwise is hait Ascanius),
wi ardent mind o bargain desirous:

"Eneas' verra dochty son and heir,
it may suffice, thee needis dae nae mair,
sen, thou unhurt, wi thy shot in this steid
the strang Numanus thou haes dung tae deid.
This first luving and eik renowné hie
the sovereign Apollo grantis thee,
nor nae disdain at thee sall hae, suithly,
tae be his peregal[131] intae archery.
Leave, oh my child, and o sic battle cess.
Nae mair at this time – draw thee out o press."

On this wise carpis the bricht Apollo,
and in the middis o his sermon tho
he vanished faur away, I wat ne'er where,
furth o this mortal sicht in the schire air.
The nobles, and the Trojan captains true,
by thir taikens the God Appollo knew,
and heard his arrows clatterin in his case.
Tharefore thay hae withdraw furth o that place
Ascanius, at bricht Phoebus' michty charge,
and wad nae langir thole him gae at large,
altho tae fecht he haed desire and joy.
Hame tae his innis did thay him convoy,
syne tae the bargain haes thaim sped again,
in open perils, dangers, and aa pain,
thair persons and thair lives for thair toun
offerin, and for defence made thaim boun.

---

[131] peregal: equal

Chaipter XI

Hou Pandarus and Bitias, brether twain,
kest up the yetts, and thare wis Bitias slain.

Endlang the wallis' crenels every staun,
the bruit and clamour rase frae haun tae haun;
thair busteous bowis keenly dae thay bend,
sherp quarellis and casting darts furth send,
whilk thay wi lyams[132] and whangis lang out-threw;
sae thick the ganyies[133] and the flanes flew,
that o shaftis and tackles aa the fields
war strewit, and the large plainis owreheilds.
On boss helmis and shields the weirly shot
made rap for rap, reboundin wi ilk stot.
Sherp and awfu increases the bargain,
as violent as e'er the yett-doun rain
furth o the wast daes smite upo the wald,[134]
in October, whan the twa starnis cauld,
that cleipit been the Kiddis, first upsprings;
and as thick as the hail shouer hops and dings
in fuirdis shauld, and braeis here and thair,
whan trubbelt been the heivens and the air
wi stormy tempest and the northen blasts,
while cluds clatters, and aa the lift owrecasts.

Pandarus and Bitias, twa brether germane,
by Alcanor engendrit, that Trojane,
wham Hybera, the wild foresteress knaw,
bred and upbrocht in Jove's haly shaw,
sae big young men thay war, sae gret and wicht,
that equal seemit thaim tae be o hicht
wi fir trees o thair lands and hills;
and tharetae eik sae eager o thair wills
at thay the port, whilk by Eneas' charge
wis commandit tae keep steiked, aa at large
haes warpit open on breid tae the waa,
and bauldly did thair faeis cleip and caa
tae enter gif thay durst, and thaim assay.

132	lyams: thongs
133	ganyies: arrows
134	wald: wold, open kintrie

Sae gret confidence in thair force haed thay.
And thay within stuid by the yett, that tide,
whilk open wis on the richt and left side,
as thay haed touers been baith gret and square,
enarmit wi thair wappons bricht and bare.
The hie tymbrettis o thair helmis shane;
like tae behaud as busteous aikis twain
beside the bein river Athesis grow,
or flowein fluid's banks o the Po,
upstreikin thair big crappis[135] tae the air,
and unsned branches wavin here and thare.
As swith as the Rutulianis did see
the yett open, thay rush tae the entry –
Quercens foremaist; and Aquiculy,
a lusty knicht in armis richt seemly;
wicht Tmarus, fierce-mindit tae assail;
and bauld Haemon, wi courage martial.
But thay wi aa thair complices in ficht
war dung aback, and constrainit tak flicht,
by Trojan routis, or than in that strife
wha that abaid lost in the port thair life.
Than brimmer[136] grew thair fierce muidis within,
sae that the Trojanis gan flock and samen rin
taewart that place, and made felloun debate.
Sae bauld thay waux that in the plain gate,
issuin without the portis on the land,
thay durst reconter thair faes hand for hand.

A messenger tae Turnus come that tide –
that wunner fiercely at anither side
the toun assails – and thare he til him shew
whit het slauchter his faeis made o new,
and sic a port haed aa wide open set.
His first purpose he left, and tae that yett,
wi felloun ire movit, furth sprent he tho,
taewart the Trojans and proud brether two;
and first haes slain big Antiphates,
that him on case met foremaist in the press,
son tae the busteous noble Sarpedon,
in purchase got a Theban wench upon –

---

[135] crappis: tree taps

[136] brimmer: mair furious

him smate he doun wi the cast o a dart.
The fleein shaft Italian tae his heart
glidin, throu-out the schire air dushit suin,
the stomach pierced, and in the coast is duin.
The howe cavern o his wound a fluid
furth brushit o the blackent deidly bluid;
sae deep the grunden steel heid out o sicht is,
fu het and warm it festent in his lichtis.[137]
Syne Meropes and Erymantus he
and Aphidnus slew wi his haun aa three;
and efter that, wi a stern mind fu tene,
slew Bitias, for aa his glowrin een.
But that wis naither wi dart, swourd, nor knife;
for nae sic wappon micht him hae reft the life;
but wi a hideous bissin fiery spear,
that cleipit is *phalarica* in weir,
whilk wi sae vehement force this Turnus threw
that as the thunner's dint at him it flew;
wham naither shield o twa bul hides thick,
nor yit the double mailit traist haubrek,
aa gilt wi gowd, micht it resist nor stint.
The busteous body doun dushed wi the dint,
while aa the erd to-grainit wi a rattle.
The hideous shield abuve him made a brattle.
Like as the hie pillar o marble stone
staunin upo the coast Euboicon,
umquhile beside Bayis, the rich ceitie,
wi grisly swouch doun dushit in the sea;
whilk wis o auld o massy stanes a bing,
and by the fluidis sicwise doun wis ding;
his faa drew doun the ceity whaur it stuid,
and rushit in a faur wey in the fluid;
the seas mixit owre-ran, and aa owreheid
black slyke and sand up poppled in the steid;
while o the fearfu sound the islands twa
trimmelt – Inarime, and eik Prochyta
(whilk Inarime, at Jupiter's command,
fu hard bed is tae Typhoeus the giand).
At this time Mars, the God armipotent,
eikit the Latins force and hardiment,
wi felloun ire pricklin sae thair minds,
that as him list he turnis sae and winds;

---

[137]   lichtis: lungs

and maks the Trojans tak the flicht guid speed,
on them he kest sic fear and shamefu dreid.
The Latin people flocks on every side
whan thay beheld the port sae opent wide,
seein thay haed a room tae fecht at will.
The God o Strife thair courage steirs thartil.

Chaipter XII

Hou Turnus, the big Pandarus smate doun,
like a wud lion passed within the toun.

Pandarus, seein his brither's corpse at erd,
and on whit wise thus fortune wi thaim ferd,
and hou the chance o battle yeid aa wrang,
fu forcily wi his braid shouthers strang
he thristis tae the leaves o the yett,
and closit queme the entry, and furth shet
without the port a gret sort[138] o his feirs,
in hard bargain amid the mortal weirs;
and o his enemies some enclosit he,
receivin aa at thrang tae the entry.
A fuil he wis, and witless in ae thing –
perceived nocht Turnus, Rutulian king,
sae violently thring in at the yett;
wham he unware within the ceity shet,
like as a ragein wild tiger unstable
amang the feeble beastis unfencible.
Suin as Turnus him haes inclusit seen,
a glowein new licht bristis frae his een,
his armour rings or clatters horriblie;
his crestis trimmelt on his heid in hy,
that in his sanguine bluidy shield as straucht
kest shinin fire beamis like fireflaucht.
Aa suddenly, affrayit Eneadanes
his face unfreindly perceived and big banes.
The hideous Pandarus than himsel furth shew,
that wunner fervent in his furore grew,
his brither's slauchter tae revenge in will.
Thus austernly he speaks Turnus until:

---

[138]   sort: troop

"This is no Queen Amata's cheif ceity,
suld thee be gien intae drowry," sayed he.
"Nor yit the middis o Ardea ceity bauld,
thy faither's burgh, Turnus, daes thee withhauld.
Thou sees thy faeis' strenth and wallis wide.
Yield thee forthy – thou may escape nae side."

Turnus again, wi courage blythe and glaid,
nocht abashit, fu bauldly tae him sayed:
"My frein, begin, gif thou haes hardiment,
and match wi me alane upo this bent,
and haun for haun, gif at it be thy will,
thou sall shaw Priam here thou haes fund Achill."
The tither than a huge spear o haill tree,
wi bark and knots aathegither, lat flee
in aa his force. But the dint did no dere;
nocht but the air wis woundit wi the spear;
for wickit Juno, the auld Saturnus' get,
chopped[139] by the shaft, and fixt it in the yett.
"Ha!" quo Turnus, "sae sall thou no astart[140]
this wappon nou in faith ere we depart,
nor on sic wise escape this bitin brand,
whilk my gret force thus roweis in my hand.
For he that awe[141] this swourd, and wound sall wirk,
is no sae faint, nor sae suin sall nocht irk."[142]
And wi that word, staunin on his tiptaes,
heavin his swourd, heich his haun did raise;
doun wi the dint dushit the steel blade keen
amid his foreheid, hard betwix his een;
his bairdless cheekis or his chaftis round
in sunder shorn haes wi a grisly wound.
Sae felloun sound or clap made this gret clash,
that o his huge wecht, fell wi a rash,
the erd dindelt, and aa the ceity sheuk.
Sae large field his gowsty[143] body teuk,
that faur on breid owrespreid wis aa the plain.

139	chopped: knocked
140	astart: avoid
141	awe: owns
142	irk: growe tired
143	gowsty: ghastly

His armour sparkit wi his bluid and brain.
Baith tae and frae, upo his shouthers twae,
his heid cloven in equal haufis lay.

O dreidfu radour[144] trimmlin for affray,
the Trojans fled richt fast and brak away;
and gif Turnus haed than incontinent
remembert him, and caucht in mind tae rent
the lockis up, and open the yetts wide,
sae that his feirs without the port that tide
micht hae entert, and comen in the ceity,
the last day o the battle that haed be,
and latter final end tae the remains
o Phrygian fowkis and people Trojanes.
But sic ardent hie furore martial
and o slauchter desire insatiable
drave him tae follae thaim that him gainstauns.
And first he killt Phaleris wi his hauns,
and anither, that Gyges hecht, alsa,
o wham the hochis baith he smate in twa;
syne spearis rent and hint up aa on raw,
and at the fleears' backis fast did thraw,
that wunner wis tae see him whaur he went,
for Juno eiked his strenth and hardiment.
Syne ane Hales untae the corpses deid
in company he eikit in that steid;
and Phegeas doun brittens in the field,
spittit throu-out the body and his shield;
Alcandrus syne, and the proud Halius,
Noemonas eik, and keen Prytanius,
whilks misknew Turnus wis within the waa,
and tae the bargain did thair feiris caa.
Upo the grund anon aa deid he laid,
in bargain fu expert; syne did invade
wi shinin swourd, hard at the dyke's side,
ane Lynceus, the whilk the samen tide
resistis, as he micht, wi fell affears,
and efter help cryis upo his feirs;
but wi a strake he smate his neck in twae –
baith helm and heid flaw faur the body frae.
And, efter thir, ane Amycus he slew,

---

[144]   radour: fear

that bane haed been tae wild beastis enew –
wis nane ither mair happy nor expert
tae graith and til inunct[145] a casting dart,
and wi venom tae garnish the steel heidis.
By Turnus' hauns the ilk time duin tae deid is
Aeolus' son, hecht Clytius the heind,[146]
and Cretheus alsa, wis the Muses' freind –
Cretheus, poet tae Muses fameiliar,
that in his mind and breist aa times bare
sangis and jestis, music and harping.
Upo his stringis played he mony a spring,
layis and rhymes on the best advise,
and evermair his mainer and his guise
wis for tae sing, blazon, and descrive,
men and steeds, knichtheid, weir, and strife.

Chaipter XIII

The Trojans set on Turnus dintis rude,
while-at he fled, and lap intae the fluid.

At last Mnestheus and strang Serestus,
the Trojan captains, hearin hou that thus
thair people slain war doun, did convene.
Thair feirs fleein pale and wan hae thay seen,
and thair chief enemy closed in thair waas.
Mnestheus on thaim cleips thus and caas:
"Whaur ettle ye tae frae hyne? Whither wad ye flee?
Whit ither wallis seek ye, or ceity?
Whaur hae ye ither strenth or forteress?
Ceitizens, behauldis here express
nane but a man staunin you agains,
closit within your dykes and waas o stanes;
unrevengit, sae gret occisioun[147]
and huge slauchter sall mak within your toun,
or sae feil valiant ying captainis kenned,
unresistit, thus doun tae Hell sall send!
Maist unworthy cowarts, fu o sleuth,[148]

---

145   inunct: anoint
146   heind: skilfu
147   occisioun: carnage

o your unsely kintrie hae ye nae ruth,
nor peity o your ancient goddis kind?
Think ye nae lack and shame intae your mind,
tae dae sae gret outrage tae strang Enee,
in his absence thus caitively tae flee?"

The Trojans by sic wordis as he sayed
in courage grew, and fermly aa abaid,
about thair faemen flockin in a rout.
Turnus a little, tho he wis stern and stout,
begouth frawart the bargain tae withdraw,
and sattle[149] taewarts the river's side alaw,
aye piece and piece, tae that pairt o the toun
wis closit wi the river, rinnin doun.
Trojans, that seein, the mair apertlie
assailit him wi mony shout and cry,
and thickit fast about him environ;
as whan about the awfu wild lion,
wi thair invasible[150] wappons sherp and square,
a multitude o men belappit war;
and he fu fierce, wi thrawn wit, in the start,
seein the sherp pyntis, recuils backwart;
but for tae gie the back, and flee away,
naither his grief nor courage suffer may;
and, tho he wad, for aa his meikle micht,
agin sae mony men and wappons bricht
tae press forrat may he come nae speed.
Nane itherwise Turnus, at sic a need,
steppis aback wi huly[151] pace fu still,
his mind scaudin in grief and eager will;
and further eik amid his faeis he
twice rushit in, and shuddert the melée;
and twice alsae that unrebuttit knicht
endlang the wallis put thaim tae the flicht.
But aa thegither, intil a convyne,
upo him haill the toun assembelt syne,
nor Saturnus' get, Juno, in that ficht
agin thaim durst him minister strenth nor micht;

---

148   sleuth: sloth
149   sattle: gie grund
150   invasible: offensive
151   huly: slaw

for Jupiter haed frae the heivens fair
sent doun Iris, whilk dwellis in the air,
untae his spous and sister thare at hand
fu sherp chairges brings and command,
less than Turnus, hou-e'er the chance befaas,
withdrew him frae the fatal Trojan waas;
whaur-throu this valiant champion young and keen
naither wi his shield sae meikle micht sustein,
nor sic defence mak wi his haun, as ere,
wi dartis at him swackit here and thare.
On sic wise is he whelmed and confoundit,
that e'er in ane[152] his boss helm rang and soundit,
clinkin about his hauf-heids[153] wi a din.
His sover armour, strang, and naething thin,
is broken and birsit[154] wi feil stanes cast.
Sae thick war dints, and strakes smit sae fast,
that o his helm dounbettit war the crestis;
sae sair the bosses o his tairget pressed is,
his shield nae langir micht sic routs sustein.
The Trojans, wi this Mnestheus in thair tene[155]
doubles thair dints at him wi spearis cast,
as it haed been the hideous thunner's blast.
Owre aa his body furth yett the sweit thick,
like tae the trimmlin black streamis o pik.
Nor gat he leisure aince his aynd[156] tae draw –
the feebelt braith fu fast gan beat and blaw
amid his weary breist and limbis lasch.[157]
Than at the last, aa suddenly, wi a plash,
harness and aa thegither whaur he stuid,
himsel he swacks and lap intae the fluid.
Wi gilten streams him keepit the riveir,
and bare him up abuve his wawis clear;
syne blythely cairryit tae his feirs bedene,
aa bluid and slauchter awa wis weshen clean.

---

152 in ane: continuously

153 hauf-heids: haffets, temples

154 birsit: dentit

155 tene: anger

156 aynd: braith

157 lasch: slack

The Prologue o the Tenth Buik

Hie plasmatour[1] o things universal,
Thou renewer o kind, that create all,
incomprehensible Thy warks are tae consaive,
whilk grantit haes tae every wicht tae have
what thing maist gains untae his governal.

Hou mervellous been diveisions o Thy graces,
distribute sae tae ilk thing in aa places:
the sun tae shine owre aa, and shaw his licht,
the day tae laubour; for rest Thou ordained nicht;
for diverse causes shupe sere seasons and spaces.

Fresh veir[2] tae burgoun herbis and sweet flouers,
the het simmer tae nourish corn aa hours,
and breed aa kind o foulis, fish and beast,
hervest tae render his fruits maist and least,
winter tae snib the earth wi frosty shouers.

Nocht at Thou needit ocht – aa thing Thou wrocht –
but tae that fine[3] Thou made aa thing o nocht,
o Thy guidness tae be participant;
Thy Godheid nae richer, nor yit mair scant,
naither nou nor than, set[4] Thou us wrocht and bocht.

Thy maist supreme indivisible substance,
in ae nature three persons, but discrepance,
reignin etern, receives nane accident.
For why? Thou art richt at this time present,
it at Thou was, and ever sall, but variance.

---

[1] plasmatour: moulder, makar
[2] veir: voar, spring
[3] fine: en
[4] set: tho

Set our nature God haes tae Him unite,
His godheid uncommixt remains perfite,
the Son o God haein verra natures twain
in ae person, and three persons aa ane
in deity, nature, majesty and delight.

The Son the self thing wi the Faither is,
the self substance the Haly Ghaist, iwis,
is wi thaim baith, three distinct personage
are, war, and be sall, ever o ane age,
omnipotent, ae Lord, equal in bliss.

Whilk sovereign substance, in gree superlative,
nae cunning comprehend may, nor descrive,
naither geners, generate is, nor doth proceed;
alane beginner o everything, but dreid,
and in the self remains etern on live.

The Faither, o nane generate, create, nor bore,
His only Son engenders evermore;
nocht maks, creates, but engenders aa way
o His substance; and aa time o baith twa
proceeds the Haly Ghaist, equal in glore.

O baith frae ae beginnin proceeds He;
sae been the warkis o the Trinity,
maist excellent and wonderfu to consaive.
Yit thaim tae traist the mair merit we have
that by nae man's reason proved may thay be.

The Faither knaws Himsel whilk knawledge spreids
by generatioun etern that ever breeds
His Son, His word and wisdom eternal.
Betwix thir twa is lufe perpetual,
whilk is the Haly Ghaist, frae baith proceeds.

Nocht at the Faither's nature minished is,
o His substance He geners His Son in bliss,
nor sae the Son o His kind is y-bore
that He a pairt haes thareof, and nae more,
but aa He gies His Son and aa is His.

The ilk thing He Him gies that He remains.
This single substance indifferently thus gains
tae three in ane, and ilk ane o the three
the samen thing is in ae majesty,
tho thir persons be several in three granes.[5]

Like as the saul o man is ane, we wait,
haein three pouers distinct and separate:
understandin, reason, and memore.
Intelligence conseiders the thing before,
raison decerns, memore keeps the consait.

As thai been in ae substance knit aa three,
three persons reignis in ae deity.
We may tak als anither similitude
grossly the samen purpose tae conclude:
flame, licht and heat been in ae fire we see.

Whaurever the lowe is, licht and heat been there,
and haed the fire been birnin evermair,
ever suld the flame engendrit hae his licht,
and o the birnin lowe, the flames bricht,
perpetually suld heat hae sprung aawhere.

Sae geners the Faither the Son wi Him etern.
Frae baith proceeds the Haly Ghaist co-etern.
This rude exemples and feigures may we gefe,
tho God by His ain creatures tae preif
war mair unlikeness than likeness tae decern.

Frein, ferly nocht, nae cause is tae complein,
albeit thy wit gret God may nocht attein,
for, micht thou comprehend be thine ingyne
the maist excellent majesty divine,
He micht be repute a pretty god and mean.

Conseider thy reason is sae feeble and lyte,
and His knawledge profound and infinite;
conseider hou He is unmensurable –
Him as He is, tae knaw thou art nocht able.
It suffices thee believe thy creed perfite.

---

5   granes: branches

God is, I grant, in aathing nocht includit;
gies aa guidness and is o nocht denudit;
o Him haes aathing pairt and He nocht minished;
haill He is aawhaur, nocht dividit, nor finished;
without aa thing He is, and nocht excludit.

Oh Lord, Thy weys been investigable!
Sweet Lord, Thysel is sae inestimable
I can write nocht but wonders o Thy micht;
that lawit sae faur Thy majesty and hicht
tae be born man intil an ox's stable.

Thou teuk mankind o an unwemmit[6] maid,
enclosit within a virgin's bosom glaid,
wham aa the heivens micht ne'er comprehend.
Angels, shepherds, and kings Thy godheid kend,
set[7] Thou in crib betwix twa beasts was laid.

Whit infinite excellent hie bounty
abuve Thy warkis aa, in wunnerfu gree!
Lord, whan Thou man wrocht tae Thine ain eimage,
that tint himsel through his fuilish dotage,
Thou man became, and dee'd tae mak him free.

Made Thou nocht man first president under Thee,
tae daunt the beastis, fouls, and fish in sea,
subdued tae him the earth and aa therein,
syne Paradise grantit him and aa his kin,
gave him free will and pouer ne'er tae dee?

Enarmit him wi reason and prudence
only bade him keep Thine obedience
and tae him suld aa creatures obey?
Bitter was that fruit for his affspring and fey,
made deid unknawn be fund, and life gae hence.

Oh Thine inestimable luve and charity!
Become a thrall tae mak us bondis free,
tae quicken Thy slaves, tholit shamefu deid maist fell.
Blissit be Thou virginal fruit, that herryit Hell

---

[6]   unwemmit: immaculate

[7]   set: tho

and payit the price o the forbidden tree!

Tho Thou large streamis shed upo the ruid,
a drap haed been sufficient o Thy bluid
a thousan warlds tae hae redeemed, I grant;
but Thou the well o mercy wad nocht scant,
us tae provoke tae luve Thee, and be guid.

Owre aa this syne, Thine infinite godheid,
Thy flesh and bluid in form o wine and breid
tae be our fuid o grace, in pledge o glore,
Thou hest us gien, in perpetual memore
o Thy passion and dolorous painfu deid.

What thankis due or gainyield,[8] Lord benign,
may I, maist wrachit sinfu caitiff indign,
render for this sovereign peerless hie bounty?
Sen body, saul and aa I hae o Thee,
Thou art my price: mak me Thy prey condign.

My makar, my redeemer and support,
frae wham aa grace and guidness comes at short,
grant me that grace my misdeeds til amend;
o this and aa my warks to mak guid end –
thus I beseek Thee, Lord, thus I exhort.

Frae Thee, beginnin and end be o my muse.
Aa ither – Jove and Phoebus – I refuse.
Lat Virgil haud his mauments tae himself;
I worship naither idol, stock nor elf,
tho furth I write sae as mine author daes.

Is nane but Thou, the Faither o Gods and Men,
omnipotent eternal Jove I ken,
only Thee, helply faither. Thair is nane ither.
I compt nocht o thir pagan gods a fudder,[9]
whase pouer may nocht help a haltin hen.

---

8   gainyield: recompense

9   fudder: cairtload o hey, etc.

The scripture cleips Thee God, of goddis Lord;
for wha Thy mandate keeps, in ane accord
been ane wi Thee, nocht in substance, but grace;
and we our Faither Thee cleips in every place.
Mak us Thy sons in charity, but discord.

Thou haudis court owre crystal heivens clear
wi angels, sancts, and heivenly spreitis sere,
that, but ceasin, Thy glore and luvin sings;
manifest tae Thee and patent by aa things,
Thy spous and queen made and Thy mither dear.

Concord for e'er, mirth, rest and endless bliss,
nae fear o Hell, nor dreid o deid there is
in Thy sweet realm, nor nae kind o annoy,
but aa weillfare, ease, and everlestin joy,
whase hie plesance, Lord, lat us never miss!

Amen.

The Tenth Buik

Chaipter I

> *Hou Jupiter the court o gods did caa,*
> *and Venus maks complaint amangs thaim aa.*

On breid, ere this, wis warp and made patent
the heivenly hauld o God omnipotent.
The King o Men and Faither o Gods aa
a council or a session made dae caa,
amang the spreits abuve and goddis gret,
within his sterrit heiven and milky saet,
whaurfrae, amid his throne sittin fu hie,
owre aa the erd he micht behaud and see
the Trojans' castles, and the people Latine.
Doun sat the gods in thair sieges[1] divine,
the fauldin yettis baith up warpit braid.
First Jove himsel begouth, and thus he sayed:

"Oh heivenly wichtis, o gret pouer and micht,
hou is betide your mindis been sae licht,
that your decreet fatal and sentence hie
retreatit thus and turned backwarts suld be?
Or why wi frawart mindis, nou o late,
agin your reasonable oracles debate?
My will wis nocht at the Italians
in battle suld concur contrar Trojans.
Whit mainer discord be this at we see,
express agin our inhibitioun?" sayed he.
"Whit dreid or reverence thaim, or thaim, haes moved
tae rin til arms, and raises weir contruved?
Or haes sicwise persuadit tae bargain,
wi bluidy wappons rent, and mony slain?
Haste nocht the season tae provoke nor prevene.[2]
O battle come sall debtfu[3] time bedene,

---

[1]   sieges: saets, thrones

[2]   prevene: anticipate

[3]   debtfu: proper

here-efter, whan the fierce burgh o Carthage
tae Rome's boundis, in thair fearfu rage,
a huge mischief and gret quhalm[4] send sall,
and thirl[5] the hie muntainis like a wall.
Than war just time in wrath tae mak debate;
than war the time tae rug and reive thusgate.
Nou o sic things leave and desist. Wi me
gledly tae mak freindly amity."

A few wordis on this wise Jupiter sayed.
But nocht in wheen wordis him answer made
the fresh gowden Venus. "Oh thou," quo she,
"Faither o aa, o eternal poustie,
reignin abuve aa men, and goddis eik,
tae thee I come, thee ruthfully beseek,
sen thare nane ither majesty been, nor glore,
that in sic need may help us tae implore.
Thou seeis hou, wi boast and felloun feir,
the Rutulians maks gret deray and steir;
and hou Turnus, prancin on seemly steeds,
throu-out the hostis rides in steel weeds;
and hou orpit[6] and proudly rushes he
amid Trojans, by favour o Mars," quo she.
"The strenth o wallis, nor the portis shet,
may nocht sauf Trojans. Lo, within the yett,
amid the close muralyies and pale
and double dykis, hou thay thaim assail,
while the fosses o bluid rinnis on spate.
Eneas absent o this naething wait.
Whither gif that thou list suffer nevermair
thair siege skailit, nor thaim free o danger?
Behaud again about New Troy's waa,
yit but begin tae bigg, and nocht close aa,
hou environ musters thair enemies.
Anither host and siege about thaim lies,
and newly, lo, Tydeus' son, nocht far
frae Arpos ceity intae Calabar,
tae weary Trojans moves, Diomede.
I feel again my woundis newly bleed;

---

[4]   quhalm: calamity

[5]   thirl: brak through

[6]   orpit: valiant

and I, thy bluid, thy get, and dochter schene,
yit mortal wappons maun thole eik and sustein!
Gif the Trojans, but thy benevolence
or repugnant tae thy magnificence,
haes socht untae the coast o Italy,
lat thaim be punished and thair crime aby;
and I sall suithly staun content for me,
thou mak thaim nae kin help nor yit supplie.
But gif thay follaed hae for thair behuve
sae feil responses o the gods abuve,
wi sindry admonitions, charge, and reidis[7]
o the infernal wichts and spreits that deid is,
than wad I knaw the cause or reason why
that ony micht pervert or yit bewry
thy commandments? Hou, or whaurfore, may thay
new fates mak, and the auld dae away?
Whit needis tae rehearse, hou on the coast
o Sicily thair shippis brint war lost?
Or whaurtae suld I dwell, tae shaw you thus,
hou by the God o Tempest, Eolus,
the ragin windis sent war owre aawhere,
or Iris chased throu cluddis o the air?
Nou movit eik been fiendlik wichts affrayed.
Before, only that chance wis unassayed.
But nou Alecto newly is furth sent
intae the over warld, that fell turment,
wi Bacchus' fury enragit by and by,
walkin throu aa ceiteis o Italie.
Naething I pause on the empire," quo she,
"altho we hope haed at sic thing suld be,
whan fortune shew thareof some appearance –
lat thaim be victor wham thou list advance.
And gif nae realm in this warld remainis,
wham thy stern spous list gif tae the Trojanis,
I thee beseek, o Troy by thee riven,
by that subversion reekin, and huge pyne,[8]
suffer that ying Ascanius mot be
sauf frae aa wappons, and o peril free,
and, at the least, in this ilk mortal strife
suffer thy nevoy tae remain alive.
As for Enee, forsuith, I mak nae care –

---

[7] reidis: counsels

[8] pyne: sufferin

thole him in unco streams, as he wis ere,
be drive, and warpit every sea about,
tae follae furth in danger and in dout
whit course and went at fortune list him send –
mot it please the Faither omnipotent
that I may but defend yon little page,
and him withdraw frae this fierce weir's rage.
I hae in Cyper the ceity Amathus,
and the hie standand burgh that hecht Paphus,
and eik the isle y-cleipit Cythera,
the hallowit hauld als o Idalia,
whaur, rendert up aa armis in that steid,
durin his age he sober life may lead.
And command eik, wi gret force and maistry
the burgh o Carthage dounthring Italy –
frae thyne[9] sall naething resist nor gainstand
contrar ceities o Tyre or Afric land.
Whit profit haes it duin, or advantage,
o Troy's battle tae hae escape the rage,
and throu amid the Greekis' fires eik
hae fled away, and throu the sea hae seek
sae feil dangeris, bywent and owredrive
owre stream and landis, gif that thus belive
Trojans haes socht til Ital tae up-set[10]
New Troy's wallis, tae be again dounbet?
Haed nocht been better thaim in thair native hauld
haed sitten still, amang the aises cauld
and latter isills[11] o thair kind kintrie,
or barren soil whaur Troy wis wont tae be,
than thus, frae deid tae deid, frae pain tae pain,
be chasit on, and every day be slain?
Restore, I pray thee, tae thae wretchit wichts
Xanthus and Simois, fluids whilk o richts
wis wont tae be thair proper heritage.
Oh faither, suffer the fey Trojan barnage[12]
tae seek again, whit hard mischance befaas,
tae Troy or Ilion wi thair broken waas."

---

[9]   frae thyne: efter that
[10]   upset: set up
[11]   isills: emmers
[12]   barnage: company of knichts

Chaipter II

Tae Venus' complaint Juno frae end til end
made hasty answer, her action tae defend.

The Queen Juno than, but mair abaid,
prickit wi felloun fury thus furth braid:
"Why daes thou," sayed she, "tae me sic offence,
constrainin me brek close profound silence,
and wi thy wordis, whaur ere I wis coy,
provokes tae publish and shaw mine hid annoy?
Whit mainer man, or whilk o gods, lat see,
tae move battle constrainit haes Enee,
or tae ingyre[13] himsel tae Latin King
as mortal fae, within his proper ring?
I give the case: tae Italy socht he
o the Fates by the authority,
provokit tharetae by the wild dotage
o wud Cassandra in her fury rage.
Lat see, for aa this, gif that aince in sport
tae leave his strenthis we did him exhort;
or for tae put his life in ony dangeir,
tae sail, or submit him tae windis sere?
Lat see, gif we him caused tae walk at large,
and til a babe commit the battle's charge,
and governance hale o his ceity walls?
Lat see gif we, houe'er the chance befalls,
persuadit him for tae commove and steir
ither quiet people wi him tae raise the weir,
or til adjoin up freindship and ally
wi Tyrrhene people and folk o Tuscany?
Whit God amovit him wi sic a gad
in his deedis tae uise sic slichts and fraud,
or whilk o our hard pouers wrocht sic thing?
Whaur wis Juno withal, this leddy ying?
Or whaur wis she alsae whan, yester nicht,
Iris wis sent doun throu the cluddis bricht?
Is this a thing fu unleisome, but lat,
tho Italians wi flames umbeset
the new ceity o Troy uprisin? Lo!
And is it nocht fu gret dispite also

---

13   ingyre: intrude

that, in his native land and faither's ring,
Turnus remain, or pretend tae be king,
whamtae the God Pilumnus grandsire is,
and haly nymph Venilia mither, iwis?
Whit! thinks thou leisome is at Trojans infeir
violence tae mak wi brands o mortal weir
agin Latins, sic unco heritage
til occupy and subdue in bondage,
and thair cattle in spreath tae drive away?
Whit! hauds thou leisome als, I pray thee say,
frae itheris tae withdraw sae theftuously
thair eildfaithers and maist tender ally;
or, frae betwix thair breist and armis twae,
thair troth-plicht spouses for tae reive away?
Tae come and beseek truce in strange lands,
wi sign or taiken o peace borne in thair hands,
and, naetheless, tae mak ready for weir,
purvey thair ships, provide armour and gear?
Tae sauf Enee, haes thou nocht pouer and micht
frae Greekis' hands him tae withdraw by slicht,
and set insteid o that man, licht as lind,[14]
aither a clud or a waste puff o wind?
And eik thou may transform the ships," quo she,
"intil as mony goddessis o the sea.
But, by the contrary, Rutulians' affspring
we suld support – that is forbidden thing!
Thy son Enee, misknawin this deray,
as thou alleges, is absent nou away,
and whit injuries, absent mot he remain,
and ignorant for aye o this bargain?
Thou haes Paphos, thine is Idalia,
and thine mot be the isle o Cythera –
sen thou haes aa thir at command and will,
lat ither fowks in peace and rest dwell still.
Whaurtae assailis thou a strang ceity,
that haes been aft exercit in melée,
and list invade people wi hertis keen?
I can nocht finnd whit occasion ye mean.
Hae we ettelt the Phrygian feeble gear
doun frae the grun tae welt owre intae weir?
Whither wis it we, or than Paris, that faultit,
that wretchit Trojans by Greeks war assaultit?

---

[14]   licht as lind: licht as a leaf (literally linden)

Whit wis the cause, that Europe and Asia
tae raise the weir in armis war sae thraw
agin ithers, and thair auld alliance
wi theftuous reive tae brek on sic mischance?
Wis I nocht governor and chief leader thare,
the time whan that the Trojan adulterar
umbesiegit the ceity o Sparta,
and the Queen Helen reft and brocht awa?
Or whither gif I e'er intae that weir
ministert dartis, wappons, or sic gear?
Or yit that bargain stuffed or bet,[15] lat see,
wi Cupid's blinnd lust and subtlety?
Than haed been honest time, and gainand baith,
til hae providit for thy freindis' skaith.
Nou aa too late wi thine unjust complaints
agin us thou rises, and attaints
for tae warp out thy vain wordis chiding,
whilk certes may avail thee in naething."

Wi siclike words Juno frae end tae end
gan her quarrel sustain and als defend;
and aa the heivenly wichts did whisper and roun,
in opinions fu diverse, up and doun;
like as first, ere wind's blast be persaive,
the swouch is heard within the wuidis wave,
wi frasin soundis whustlin, yit unknaw
whaurof comes this bruit out-throu the shaw,
altho it be tae mariners a sing,
o wind's blast tae follae shure taikening.

The Faither than omnipotent maist hie,
that owre aa things haes sovereign majesty,
begouth tae say, and whan he spak aa ceasit.
The heivenly heich hous o gods wis peacit.
The erd's grun shuke trimmlin for fear,
and still, but movin, stuid the heivens clear;
the windis eik thair blastis lownit suin,
the sea caulmit his fluidis' plain abune.
"Receive," quo he, "my sawis, and tak tent,
and thir my words within your minds imprent.
Sen that aagates yit may nocht suffert be
Latins confeder wi Trojans and Enee,

---

15   stuffed or bet: stoked

nor ye can nocht mak end o your debate,
I sall me hauld indifferent, the mean gate,
and as for that, put nae diversity
whither-sae Italians or Trojans thay be.
Houe'er this day the fortune wi thaim stauns,
bruik weill thair chance and weird on aither hauns,
lat each o thaim his hope and fortune sue.
Whither-sae the Fates haes determed o new
Trojans tae be assiegit wi Italians,
tae thair mischief, or wrack o the Trojans,
whilks wi frawart admonitions sae lang
peradventure haes errit and gane wrang,
naither Trojans nor Rutulians freith[16] will I.
Lat aither o thaim thair ain fortune staun by,
and bruik thair wark thay hae begun. But fail,
King Jupiter sall be tae aa equale.
The Fates sall provide a wey mair able."
And wi that word, for til hauld firm and stable
his godly aith and promise sworn haes he,
by Styx the fluid, Pluto his brither's sea,
by that ilk pikky lake, wi braeis black
and laithly gulf, tae keep aa that he spak;
and, til affirm his aith, at his liking
the heivens aa made trimmle, for a sing.

Thus endit wis the council, and aa done,
and Jupiter rase frae his gowden throne,
wham heivenly wichts amiddis thaim wi joy
untae his chymmis ryal did convoy.

Chaipter III

Hou the Trojans defendis thair ceity,
Eneas absent seekin mair supply.

Durin this while, aa the Rutulians stout
the ceity portis lappit round about,
for tae dounbet the Trojans, every sire,
environ aa the wallis wi het fire.
Eneas' barnage, at mischiefis huge
thus umbeset, and siegit but refuge,

---

[16]   freith: exempt frae herm

inclusit war but hope tae win away,
and soberly at defence, as thay may,
on the hie touers' heidis stuid on raw.
Fu thin the circles o the wallis law
thay manned about; for in the first front stuid
Asius, Imbrasus' son, and eik the guid
Thymoetes, son o strang Hicetane,
and by thaim alsae the Assaracus twain,
the elder Thymbris, wi Castor fu wraith,
brether germane tae King Sarpedon baith,
wham Clarus haed, and Thaemon, feiris twa,
follaed frae the hie realm o Lycia.
Ane Acmon o Lyrnesia fast thareby
presses, wi aa the force in his bodie,
a felloun stane tae welt the wallis til,
whilk seemed be a gret pairt o a hill;
nae less o stature than his faither Clytius
wis he, nor else his brither Mnestheus.
Wi dartis thay assail the ceity fast.
And thay defend wi slingis and stane cast;
some presses thick the wild fire intae sling;
the arrows flaw spangin frae every string.
The Dardane child, the ying Ascanius,
principal thocht and cure o Dame Venus,
amid the routs, in covert whaur he yeid,
thare micht be seen in his fresh lustiheid,
like as a gem, wi his bricht hue shining,
depairts the gowd set amidwart the ring,
or in the crownel[17] picht,[18] or rich hinger[19]
whilk daes the neck array, or the heidgear;
and mair seemly than ever bane tae see,
craftily closit within the box o tree,
or than amid the black terebinthine
growes by Oricia, and, as the jet daes shine.
His curlin lockis hingis doun weill deck
about his shouthers owre his milk-white neck;
a circulet o pliable gowd sae bricht
abuve his hairs upo his heid weill picht.
Thou Ismarus, o magnanimity

---

[17] crownel: coronet
[18] picht: set
[19] hinger: pendant

fulfilled, eik thare micht men thee see,
inunctin[20] venomous shaftis the ilk tide,
address dartis, and wirk woundis fu wide;
comen o the gentle bluid o Maeony,
in Lyde kintrie born thou wis, fast by
the plenteous soil whaur the gowden riveir
Pactolus warps on grund the gowd ore clear.
Ready at haun wis Mnestheus wicht,
wham the renown o this yester nicht,
for that he Turnus owre the ditches drave,
fu proud made in his courage owre the lave.
Wi him wis Capys thare alsae, wham by
the toun Capua is named in Champanie.

Thus aither pairty intae hard bargaining
stuid at debate, while Eneas the King,
wi aa his feiris, baith day and midnicht
slides throu-out the saut faems licht.
For efter that frae King Evander he
depairtit wis, as here abuve sayed we,
and entert in amid the Tuscan tents,
the King[21] he socht, and tauld him his intents,
his name tae him rehearsing, and his bluid,
and his desire, fully tae conclude,
haes shawen plainly, tuichin whit he socht,
and whit supply alsae wi him he brocht;
and tauld whit army proud Mezentius
haed convenit, and hou the bauld Turnus
sae violent and fierce wis in his will;
exhortin him tae tak guid heed heretil,
and hou unstable wis aa warld's chance,
aa man's surety hingin in balance;
and untae this his request and prayer
adjoinit haes, on fu guidly mainer.
Thare wis nae mair delay, but Tarchon King
aa ready wis tae fulfil his liking,
wi mobles and aa riches at command,
and up gan knit thare fordward and cunand[22]
o amity and perpetual ally.

---

[20]   inunctin: anointin

[21]   the King: i.e. Tarchon

[22]   fordward and cunand: agreement and covenant

Than o the Fates free, in thair navie,
at command o the gods, people Tuscane
are entert in thair shippis ever-ilkane,
submittin thaim untae a strange duke.
Eneas' barge than furth the voyage teuk
before the lave, as admiral o the flote,
and in her stevin kerven fu weill, God wot,
the lions that the Phrygian armis been;
abuve the whilks porturate fair and green
wis Ida forest, tae fugitive Trojanes
thair best beluvit wuid and native wanes.[23]
In her wis set the gret prince Eneas,
that wi himsel gan mony thing compass
tuichin the chances o battle in that tide.
Pallas adjoinit sat by his left side,
and he at him did wycely ask and speir
the course and names o the starnis clear,
whilk in the still heiven shines on the nicht.
Nou speiris he, franin wi aa his micht,
tae knaw Eneas' wandrin by the sea,
and hou huge pain he haed on landis dree.

Chaipter IV

*Here compts Virgil the people o Tuscane,
whilks wi Eneas cam tae the bargain.*

Ye Muses nou, sweet goddesses each one,
open and unclose your Munt o Helicon.
Reveal the secrets lyin in your micht,
entune my sang, address my style at richt,
tae shaw whit puissance, hostis, and army,
at this time frae the bounds o Tuscany
in fellaeship cam wi the prince Enee,
and stuffit ships o weir set tae the sea.

First, Prince Massicus comes wi his rout,
intae his barge Tigress, wi steelit snout,
swouchin throu-out the fluidis whaur she went;
a thousan stout young men o his talent
unner him leadin, for the battle boun,

---

[23]   wanes: habitations

frae Clusium come umquhile, that noble toun,
and frae the Tuscan ceity o Cosay.
Baith casting darts and flanes uisit thay,
wi arrow cases and ither quivers licht,
and mortal bowis buckelt for the ficht.

Samen furth sailis Abas, and him by
his barnage stuid enarmit richelie.
His weirlike ship owre the fluidis ilkane
o God Apollo's gowden statue shane.
The rich ceity o Populonias,
his native kintrie, whaurof born he wis,
sax hunner men o arms in weir expert
wi him haes sent; and the isle in that pairt,
Elba callit, within the Tuscan Sea,
sae rich o steel it may nocht wastit[24] be,
three hunner eik haes sent wi him tae pass.

The thrid capitan, worthy Asilas,
o goddis eik and men interpreture,
o every spaying craft that knew the cure,
whit the hert pipes and beastis' entrails meant,
whit signified the starnis whaur thay went
thair richt courses abuve the heivens hie,
and every bird's voices weill knew he,
and whit betaikent, shinin frae the heiven,
thir fiery blastis or this thunner's levin.
A thousan men assembelt wi him leads,
wi awfu spearis and sherp grunden heids,
wham the Etruscan ceity, Pisa guid
(inhabit first frae Alpheus that fluid)
sent til obey him as thair capitan.

Syne follaes Astur, the seemliest o ane[25]
– Astur, maist sover horseman for tae seek.
O variant colour wis his armour eik.
Three hunner walit men wi him he led,
aa o ae will, furth tae the battle sped.
The fowks aahaill dwelt in the ceity sweet
O Agylline, itherwise caaed Caerete.
And thay that dwellis in thae fields, iwis,

---

[24] wastit: laid waste

[25] o ane: o aa

endlang the banks o fluid Minionis,
or intil ancient Pyrgus toun alsa,
or inhabits the ceity Gravisca,
fu contagious o tempest and grievous air.

Suld I thee pretermit, sen thou wis thare?
I mean thee, Cinyrus,[26] o Ligurians
the chief leader, amang ither captains
ane the maist forcy intae battle steid.
Nor will I nocht forget, suld I be deid,
thee, strang Cupavus, wi thy few menyie,
frae whase tymbret rises upo hie
the lusty swan's fedram,[27] bricht and schene.
The crime and cause o aa your waefu tene
wis luve and amours, or pompous array,
shroud in your faither's cognisance[28] aa too gay.
For, as thay tell, fu dolorously Cygnus
made his complaint amang the scroggy buss
o popple tree branches risin lang and square
(whaurin the twa sisters transformit war)
and gan bewail Phaeton, his best beluvit;
while that he sang and played, as him behuvit,
the dowie tunes and lays lamentable,
wi sic regret tae comfort and estable
his hivvy amorous thochts annoyous,
in white canous saft plumes joyous
became owreheild, in likeness o a swan,
and led his age nae mair furth like a man,
but teuk his flicht up frae the erd in hy,
and wi a swouchin voice socht in the sky.
His son this tide, haein his fellaeships
distribute equally intae sindry ships,
amang the navy and the flote at large,
wi airs rowes furth his busteous barge,
cleipit Centaurus, and eidently syne he
drives throu fluidis o the stormy sea.
Big o stature stuid he like tae fecht,
boastin[29] the stream wi ballast o huge wecht,

---

26   Cinyrus: the text haes Cygnus, by confusion wi Cupavus' faither (ablow)

27   fedram: plumage

28   cognisance: heraldic symbol

29   boastin: commandin wi threits (Latin *minatur*)

and wi his lang and lusty ballingair[30]
owreslides the deep fluidis in thair fare.[31]

The noble Ocnus frae his native land
a fair army assembelt brocht at hand,
son o God Tiber, the Tuscan riveir,
beget upo Mantus the leddy clear,
that wis baith nymph and famous prophetess.
This Ocnus wis the ilk man whilk express
o Mantua the ceity did he waa,
and efter his said mither's name gan caa
Mantua, michty o auld ancestry
and forefaithers; but his genology
wis nocht o ane kinrent comen aa;
for that toun haed three clannis principal,
and unner every clan or tribe o thae
war ither sober faimilies twice twae.
Mantua eik wis chief and principal heid
til aa thir people wonin in that steid,
takkin thair force and hardiment ilkane
frae the lineage and noble bluid Tuscane.
Mezentius, throu his auld tyranny,
furth o this ceity agin him in hy
five hunner men til armis made tae steir;
wham Mincius, the fresh rinnin riveir,
that frae the Loch o Benacus issues doun,
and is owreheildit aa wi reedis broun,
haes cairried tae the braid seas large
within thair weirly ship and awfu barge.

Furth held the stout and digest[32] Aulestes,
whilk wi gret strenth o rowers in that press,
raisin thaim on thair thoftis[33] for the naince,
the fluidis smate wi hunner airs at aince,
while that the faemy stour o streamis lee
upweltis frae the braid palmis o tree.
The meikle hulk him bare wis Triton callit;
for in her forestem wis the monster stallit,

---

[30]   ballingair: a smaa sea-gaun vessel
[31]   fare: passage
[32]   digest: grave
[33]   thoftis: thwarts, binks

wi wattry trump fleyin[34] the fluidis gray.
Whaur-as she sailit, men micht see him aye
wi birsy body porturate, and veisage
aa roch o hairis, seemin o cullage[35]
in man's form frae his coast tae his croun;
but frae his belly, and thence forwart doun,
the remanent straucht like a fish's tail,
in similitude o huddoun[36] or a whale.
Unner the breist o this ilk bisning[37] thing
the sea wawis bullerin maks murning.

Sae mony walit captains, noble men,
in help o New Troy, wi shippis thrice ten,
slides throu the saut streamis o the sea
wi steelit stevins and bowin bilge o tree.

Chaipter V

*Eneas' ships, translate in nymphs o sea,
tauld him hou Turnus assieged the ceity.*

By this declinit wis the day's licht;
the mune intil her waverin cairt o nicht
held rowein throu the heivens' middle ward,
as Eneas, the Trojan prince and lord,
for thochtis micht naewise his members rest,
sae mony cures in his mind he kest,
but sat in proper person, and nane other,
tae steer his carvel and tae rule the ruther,[38]
and for tae guide the sailis takkin tent.
Anon, amid his course thare as he went,
reconters him his fellaeship in hy
o nymphis, wham o ships and his navie
the haly mither, cleipit Cybele,
made tae become goddesses in the sea.
Aa samen swam thay, haun in haun y-feir,

---

[34]   fleyin: fleggin, scarin
[35]   cullage: form (only here)
[36]   huddoun: type o whale
[37]   bisning: monstrous
[38]   ruther: rudder

and throu the wawis fast did swouch and shear,
as feil in nummer nymphis throu the fluid,
as lately wi thair steelit stevins stuid
o Trojan shippis by the coast's side.
A weill faur wey, as owre the stream thay glide,
thair king thay knaw, and aa in carolling
about his ship went circled in a ring;
amang wham, in speech the maist expert,
Cymodocea tae the wale[39] astert,
and wi her richt haun gan the eft castell
dae grip anon, that aa her back ilk deal
abuve the sea watter did appear.
Beneath the caulmit streamis fair and clear
wi her left haun craftily swimmis she;
syne on this wise speaks til Enee,
that o this wondrous mervel knew naething:

"Wauks thou or nocht, thou verra God's affspring,
our prince and maister Eneas? Nou awake,
tackle thy shippis, and thy sheetis sclaik.[40]
We been thy navy and thy flote," quo she,
"bowit some time o the fir and beech tree,
grew in the haly tap o Munt Ida;
and nou, as present thou behaud us may,
nymphis we been, and sall be evermore.
For, as yon faithless Turnus by the shore
invadit us wi glaves[41] and wi fire,
on force constrainit for the flames schire,
thy cables we in sunder brak in haste,
tae seek thee throu the sea, as we war chased.
And than the Mither o Goddis, Cybele,
haein o us compassion and peity,
in this feigure haes us aa translate,
for evermair tae be deificate,
as goddesses, whaur-sae us likes best,
amang the fluidis for tae leive and lest.
But thy dear child, ying Ascanius stout,
besiegit is, and closit round about
wi waas, fossie, and trenches, aither side,

---

[39]   wale: gunwale

[40]   sclaik: skacken

[41]   glaves: swourds

amid dartis or quarrels fast daes glide,
and dreidfu hosts o stern people Latine,
by weir enforcin tae destroy aa thine.
Evandrus' horsemen, cleiped Arcadians,
middelt samen wi Etrurians,
wham in thy help thou sendis by the land,
thae places nou, whaur-as thou gave command
gan occupy, abidin thy coming,
but Turnus haes determed, as certain thing,
gret garrisons tae send betwix thaim suin,
that your hostis sall nocht thegither join.
Get up, hae duin, and suin in the morning,
as swith as the bricht day begins tae spring,
thy feiris haill thou first tae harness call,
and wi thy shield invincible tharewithal
thyselfin shroud, wham michty God o Fire
tae thee, as a maist sovereign lord and sire,
haes wrocht and given, and wi gowd sae bricht
the borders haes owregilt and forged at richt.
Gif thou believes nocht my saws in vain,
the licht o day the morn, I shaw thee plain,
huge heapis sall behaud in field dung doun
o Rutulians by fell occisioun."[42]

Thus sayed she; and, depairtin wi a skip,
by her richt haun she shoves furth the ship,
as she that wis in that craft richt expert;
and throu the wawis on the tither pairt
glides away unner the faemy seas,
as swift as ganyie[43] or feathert arrow flees,
that strives for tae pingle[44] wi the wind.
The remanent her follaes fast behinnd.
Anchises' son, the gret Trojan Enee,
a-wunners, unwittin whit this micht be;
and, naetheless, his courage did advance
wi this ilk fatal augury or chance.
Syne shortly, leukin tae the heiven abune,
on this mainer gan pray and made his bune.

---

[42]   occisioun: slauchter

[43]   ganyie: arrow

[44]   pingle: contend

"Oh blissit Mither o the Gods," quo he,
"that hallowit art in the muntain Idee,
wham-tae the tappis o Munt Dindymane,
and eik the touerit ceities mony ane,
wi reinit lions yokit tae thy chair,
fu tender been and hertly evermair;
be thou in battle nou my president,
be my protectrix, duly takkin tent
at this oracle be hastit tae our weill.
Oh haly Goddess wi happy fuit o sele,[45]
come and assistis tae thine ain Trojanes."
Nae mair he spak, but, wi that word at aince,
in the meanwhile upspringis the bricht day,
chasin the cluddis o the nicht away.
And first Eneas gan his feirs command
thair banners tae display and follae at hand,
thair courage eik and cuirass tae address,
and graith thaim for the battle aa express.
For he, by than, his Trojans micht behauld;
and o the eft ship intae his toun and hauld
men micht him see, and knaw, whaur-at he stuid,
his shinin new shield frae amid the fluid
intae his left haun raisit hie on hicht.
The Trojans frae the wallis o that sicht
war sae rejoicit, up thay raised a cry
that rerdis tae the starnis in the sky.
The hope o his returning het as fire
doubled thair courage, and upraised thair ire,
that wi thair haundis fast thay dartis sling,
wi sic a din o clamour and crying,
and trumpis' blast raisit within the toun:
sic mainer bruit as tho men heard the soun
o cranes crowpin, fleein in the air
wi speedy faird in randoun here and thair,
as frae the fluid o Thrace, hait Strymonie,
unner the daurk cluds, aft we see,
thay flee the wather's blast and rake o wind,
thair gledsome soundis follaein thaim behinnd.

But whit micht mean this affear and deray,
a gret ferly and wunner wis, perfay,
tae Turnus King o Rutulies, that tide,

---

[45] sele: guid fortune

and the Italian dukes him beside;
while thay at last beheld taewart the coast,
and saw the navy come and meikle host,
seemin the sea o shippis aa owreflet.
The crest or shinin tymbret that wis set
abuve Eneas' helm and tap on hicht,
kest birnin flames wi a glitterin licht;
and eik the gowden boss o his buckleir
large fiery streams on breid shew fair and clear;
like as the comet stern sanguinolent,
wi his reid colour trist[46] and violent,
shines some time upo the donk nicht;
or frawart Sirius, that fervent starn bricht,
whilk wi the scaudin heat at his rising
birnis the erd o drouth, and is the sing
pretendin til aa mortal fowk, I guess,
contagious infirmities and seikness,
that wi his shrewit licht caniculare[47]
infekkit aa the heivens and the air.

But Turnus' hardy stalwart hie courage,
for aa this fear diminished ne'er a stage,
whilk manfully shupe thaim tae withstand
at the coast side, and ding thaim o the land,
that on nae wise thare thay suld arrive;
and wi gled semblant gan his fowk belive
exhorten for tae raise thair spreits on hie,
and wi his wordis furthermair eik he
gan thaim repreive o thair sae hasty fear.
"Lo! nou present," says he, "is comen here
the maiter whilk ye lang desirit have.
The time is nou tae grip in haun your glave.
The time o battle ready is at hand,
whaur strenth beis shawn in stalwart stour tae stand.
Nou every man remember on his spous;
think on thair native land and dwellin hous.
Reduce ye nou untae your mind, ilkane,
the worthy acts o your elders bygane,
thair luvable fame, and your ain renowné;
and lat us foremaist haste us tae the sea,
and thare reconter our faes ere thay land,

---

[46] trist: grievous

[47] caniculare: o the dog-starn (i.e. Sirius)

while as thay first set fute upo the sand,
wi slide tae comen, hauf-deal in effray,
ere thay thair fuitsteps firm, and tak array.
Hap helpis hardy men, by mine advise,
that weill daur tak on haun stout enterprise."

Thus sayed he; and tharewith in his thocht
devises wham maist gainandly he mocht
lead wi him, tae resist and meet his faes,
or wham he suld nocht frae the siege upraise,
but still remain tae firm and close the toun,
the wallis and the trenches environ.

Chaipter VI

*Eneas frae the shippis lands his host,
and Turnus thaim assailled at the sea coast.*

In the mean season, the Trojan Enee
begouth his fowkis frae thair shippis hie
on briggis and on plankis set on land.
Mony abaid the ebbing o the sand,
while the swarfin[48] wawis aback did draw,
than in the shauldis did thay kep on raw;
and some wi airis intae coggis smaa
ettelt tae land. But than amang thaim aa
the Prince Tarchon gan the shore behauld,
thare as him thocht suld be nae sandis shauld,
nor yit nae land-brist[49] lipperin on the wawis,
but whaur the fluid went still, and caulmit aa is,
but stour or buller, murmur or moving.
His stevins[50] thither steeren gan the King,
and on this wise his feiris did exhort:
"Nou, oh ye walit flouer o weir, at short,
bend up your airis stith, and raise your ships,
haste owre the fluid, bare tae the shore wi skips,
and wi your steelit stevins, ane and all,
this grund unfreindly tae us and inimical

---

[48] swarfin: spent (literally fainting, translating Latin *languentis*)

[49] land-brist: breakers

[50] stevins: prows

dae shear and cleave in sunder like a stock.
Lat every barge dae prent hersel a dock.
Nor force[51] I nocht in sic port by this mean
tae brek the ship, sae we the land attein."

Frae Tarchon haed thir wordis sayed, but mair,
his feiris stertis ilk man til an air.
The stourin faemy barges did rebound,
in-rowein fast taewart the Latin ground,
while that thair stemmis teuk the bankis dry,
and thair keelis stak in the slyke fast by,
but ony herm or danger, every one.
But sae tid nocht untae thy ship, Tarchon.
For in the shauld she stoppis, and did stand
apon a dry shingle or bed o sand,
a lang time aa to-shakin wi the fluid;
while finally, thare rockin as she stuid,
to-brustis[52] she, and rives aa in sunder;
warpit the men amid the faem thare under.
The planks, hatches, and mony broken air,
that on the stream went floatin here and thare,
made tae thare landin gret impediment,
and sliddery glaur sae frae wawis went
that aft thair feet wis smitten up on loft.
But finally, aa droukit and forwrocht,
thay sauvit war, and warpit tae the coast.

Than nae delay o sleuth, nor fear, nor boast,
withheld Turnus, but wi his haill army
againis Trojans by the coast o the sea
he did array aa samen in that stound.
The trumpets blew thair bluidy weirlike sound,
and first, in sign o guid luck in the weirs,
Enee the routis o the lauboureirs,
or rural husbands, invades and owreset,
and haes the Latin commons haill dounbet,
by slauchter first o thair chieftain, Theron,
amang aa ithers the biggest man of one,[53]
whilk set upo Eneas ere he wist;

---

51   force: care
52   to-brustis: aathegither brusts, shatters
53   of one: ava, o aa

but he throu-out his side his swourd haes thrist,
piercit the stalwart platit shield o steel,
and throu the shinin haubrek every deal.
The gilten mailyies makis him nae steid,
for in the coast he tholes dint o deid.
Syne smate he Lichas, and him haes aa to-torn,
that o his deid mither's wame wis furth shorn,
and untae Phoebus God wis consecrate;
and wis sae chancy in his young estate
that he the swourd escapit by his hap,
but nocht at this time sae the deid's clap.
And nocht faur thence this dochty Eneas
killit the dour and stalwart Cisseas,
and put tae deid the busteous Gyas strang,
that wi his burdoun[54] doun haill routis dang.
Thair strenthy handis helpit thaim naething.
Naither Hercules' wappons nor arming
micht thaim defend; nor yit thair sire that hecht
Melampus, and companion wis in fecht
tae Hercules in his sair journeys feil,
while he in erd wis leivin and in heil.
And lo, as Pharon cryis and daes roust[55]
wi hautane[56] wordis and wi meikle voust,[57]
Eneas threw a dart at him that tide,
whilk, as he gapit, in his mouth did glide.
And thou alsae, the fey Greek, Cydon,
whilk strangly luvit thir young childer each one,
as thou the ying Clytius did pursue,
whase yalla baird begouth tae spring o new,
and wis aahaill thy new lust and desire,
by the richt haun o this ilk Trojan sire
thare haed been made end o thy amours green
and wretchitly haed lain deid, I ween,
war nocht the brether o the clan Phorcains
upo Eneas assembelt aa at aince.
In nummer seivin thay war, and dartis seivin
aa samen thay kest, forcy as fiery levin;
o wham some did, but herm or ither dere,

---

54   burdoun: cudgel
55   roust: shout
56   hautane: proud
57   voust: braggin

stot frae his shield, his helmet, or heidgear,
and some, that wad hae hit his cors in hy,
Venus his haly mither choppit by.

Than tae the traist Achates sayed Enee:
"Rax me dartis and casting spears," quo he,
"that in the Greekis' bodies fixit stuid,
whilom in Troy's plainis bedyed wi bluid,
and my richt haun sall thraw thaim sae ilkane
on Rutulians, that nane sall flee in vain."
A busteous shaft wi that he grippit haes,
and incontrar his adversaries gan taise,[58]
whilk flaw towarts Maeonius fast by.
Out-throu the shield platit wi steel in hy
dushit the dint, and throu the corslets glides,
gird[59] throu the coast piercin baith the sides.
Untae him stertis Alcanor, his brither,
tae beir him up – whan that he saw him shudder –
wi his richt airm; but throu his gardy[60] suin
the grunden heid and bluidy shaft are duin,
furth haudin the self randoun[61] as it went.
The richt airm, frae the shouther aa to-rent,
upo the mankit sinnons[62] hingis by
as impotent, quite lamit, and deidlie.
Than Numitor furth o his brither's corps
ruggis the truncheon, and wi aa his force
it swackis at Enee; but he nae micht
haed til attain nor wound the noble knicht,
yit wi the dint the gret Achates' thee
he hurt and strainit haes a little wee.
Wi this come Clausus, fu o vassalage,[63]
confidin in his youth and flourished age
(the Curitans wi him brocht in the press)
and wi a lang stiff spear ane Dryopes
smate in the hause, unner the chin, sae sair
that him bereft wis in the place richt thare

---

[58] taise: aim

[59] gird: pierced

[60] gardy: forearm

[61] the self randoun: the ilk strecht course

[62] mankit sinnons: damaged sinews

[63] vassalage: knichtly valour

baith voice and spreit o life; and that nae wonder,
for his neck bane and throat war carve in sunder,
that doun he dushes wi a felloun rerd,
while that his forret rashit[64] on the erd,
and o his mouth, a peitious thing tae see,
the loppert bluid in deid-thraw voidis he.
Three ithers syne this ilk Clausus haes slain,
born intae Thrace o the clan Borean;
and three come frae the ceity o Idas,
and ither three o ceity Ismaras,
by diverse chances put he aa tae deid.
Halaesus him reconters in that steid,
and aa the barnage come frae Aurunca,
that auld ceity; and thaim follaes alsa
tae that melée the son o Neptunus,
that is tae knaw, the worthy Messapus,
whilk intae horseman craft wis maist expert.
Nou presses this side, and nou yonderwart,
tae reel aback and tae expel in ficht
thair adversaries, and mak thaim tak the flicht.
Thus by the coast Ausonia that tide
hard waux the battle upo aither side;
as tho some time amid the large air
the contrar windis strives here and thare,
wi braithfu blastis in thair equal michtis –
nane list obey til ither, aa sae wicht is,
naither thay amang thaimsel, nor yit the cloudis,
nor yit the ragin seas, whilkis sae loud is,
sae that the bargain lang standis in dout,
wha sall be victor, and wha underlout;
sae forcily remains the elements
contrary ithers tae thair ain intents.
Nane itherwise the Trojan hosts in field,
and Latin routis yokit unner shield,
meets in the melée. Joinit samen than
thay fewter[65] fuit tae fuit, and man tae man.

---

64   rashit: banged

65   fewter: ? (only here)

Chaipter VII

Hou Pallas comfortis his host o Arcady,
whilk gave the back and teuk purpose tae flee.

But whan that Pallas at an outer side
perceivit his Arcade army that tide
in sic a place haed taken land at aince,
whaur-as a burn haed warpit rowein stanes
and bussis wi the braeis doun haed bet,
that thay war in sae hard mischief owreset,
as men nocht uised for tae gae fecht on fuit,
and than, constrainit, knew nane ither buit,
for sherpness o that steid, but leave thair horse;
that weill perceivit he hou that on force
thay gave the back, and shupe tae tak the flicht,
the Latins follaein thaim in aa thair micht.
Than, while wi prayer, nou wi wordis sour,
thair courage he inflames tae the stour,
whilk mainer haein is suith, as is the creed,
as utter pynt remedy at sic a need.

"My feiris," says he, "whither dae ye flee?
I you beseek, by your gret renowné,
and by your forcy deedis duin o auld,
and by your prince's fame, Evander bauld,
and by the hosts and mony victories
that ye in weir and battle wan feil syse,
and by my guid belief and hope, that nou
wi haill confidence restis fixt in you,
as tae attain untae my faither's glore,
tae undertak sic deedis duin before.
Dae ne'er, for shame, untae yoursel that lack
tae lippen in speed o fuit and gie the back.
Wi swourd's dint behuves us, perfay,
throu amidst our enemies redd our way.
Whaur yonder sop o men thicks in a rout,
yonder is the passage whaur we must win out.
Yonder your noble kintrie wills ye pass;
yon wey tae wend exhorts your duke Pallas.
Here is nae pouer o divinity,
nor goddis' micht gainstandin us," quo he.
"Nane ither bargain hae we in thir fichts
but agin deidly and wi mortal wichts –

as mony mortal bodies here hae we,
and as feil haundis tae debate the melée.
Behauldis, hou the sea wi obstacle gret
incluses us, and at our back gan bet;
on land is left us here nae place tae flee –
whit! wad ye rin tae Troy out-throu the sea?"

Thus sayed he, and furthwith, ere he wad cess,
amid his faeis rushit in the press,
whaur-as the routis thickest war in stour.
And first o ither, tae his fatal hour,
him meetis Lagus, a Rutuliane;
wham, first owre-roweit wi a meikle stane,
throu-gird his coast syne wi a casting dart,
piercin his ribbis throu, at the ilk part
whaur been the coupling o the rig bane,
and the ilk shaft stak in his cors onane.
Pallas it joggelt, and furth drew in hy,
wham ane Hisbon, staunin near thareby,
weenit tae hae caucht, but the grip he failed;
for as unware he stoopit, and devaled,
wud-wroth for wae o this mischievous deed
o his dear fellae, in the ilk steid
Pallas him keppit sic-wise on his brand,
that aa the blade, up tae the hilt and hand,
amid his flaffin lungis hid haes he,
on sic mainer that nae man micht it see.
Syne Pallas set upo Anchemolus,
and Sthenius, that o the King Rhoetus,
Prince o Marrubians, ancient people, been;
the whilk Anchemolus wis that ilk, I ween,
defoulit his faither's bed incestuouslie,
and haed forlain his ain stepmither by.
And ye alsae, stout gemel[66] brether twa,
childer and sons untae him Daucia –
Thymber, I mean, and thy brither[67] Laride –
amid the field Rutulian did abide.
Ye war sae like in form and similitude
nane micht decern betwix you whaur ye stuid,
whilk mainer error, or sic misknawing,
tae faither and mither is aft pleasin thing,

---

[66] gemel: twin

[67] brither: text haes *brether* plural

seein thair childer resemble ane likeness.
But at this time haes Pallas, as I guess,
markit you swa wi sic rude difference,
that by his keel[68] ye may be knaw frae thence;
for swa stuid wi thee, Thymber, thou art deid –
Evandrus' swourd[69] haes sweepit aff thy heid;
and thy richt airm aff smitten, Laride,
amid the field lies thee beside,
and hauf lifeless thy fingirs war steirand,
within thy neive daes grip and faik[70] the brand.

Than shame and dolour, middelt baith owre-ane,
bauldis the people Arcad everyane
tae the bargain agin thair enemies;
for Pallas' wordis made thair courage rise,
and eik, for thay beheld before thair een
his dochty deedis, thay him luve and mein.[71]
For Pallas than throu-girt Rhoeteus the King,
as he on case glade by on chair[72] fleeing.
Nae mair space wis o tarry, nor delay,
that Ilus' deid prolongit the ilk day;
for as agin thee, Ilo, wi fell feir
Pallas addressit haed a stalwart spear,
Rhoetheus stert in betwix, and caucht the dint,
as he on case wis fleein fierce as flint
frae thy haundis, the maist forcy Teuthras,
and thy brither Tyres, that by thee was.
Owreweltis Rhoetheus in deid-thraws at aince,
and wi his heelis smate the Rutulian plains;
tummelt frae his hie cairt charged whaur he sat,
and on the grund reboundis wi a squat;[73]
and like as some time in the simmer's drouth,
whan windis rises o the north or south,
in sere places the hird, at his desire,
amang the scroggy ramail[74] sets the fire,

68	keel: sheep mark
69	Evandrus wis Pallas' faither.
70	faik: grasp
71	mein: admire
72	on chair: in a chariot
73	squat: heavy faa
74	ramail: brushwuid

Vulcanus' hostis o brim flames reid
spreidin on breid, upbleezes every steid;
than he that set the kennlin, gled and gay,
behaulds hou that the lowe daes mak deray,
bleezin and crackin wi a nice reverie –
nane itherwise, the Arcadians in hy
aa samen socht in field wi aa thair micht,
and made debate tae help Pallas in ficht.
But than Halaesus, keen intae battail,
thaim tae reconter ettles and assail,
and gan himsel weill shroud unner his shield,
syne manfully rushit amid the field,
whaur that he slew ane Ladon, and Pheres,
and Demodocus efter in the press.
As him Strymonius by the gorget grippit,
wi his bricht brand his richt haun he aff whippit;
and Thoas syne sae smate upo the heid
wi a gret stane, while mixed o bluid aa reid
the harnis poppelt furth on the brain pan.

This ilk Halaesus' faither, as witty man,
for tae eschew his son's fates strang,
hid him privily the thick wuids amang;
but, frae the auld Halaesus lay tae dee,
and yauldis up the braith wi waulin[75] ee,
the Fatal Sisters set tae haun anon,
and gan this young Halaesus sae dispone,
that by Evandrus' wappons, the ilk stound,
he destinate wis tae caucht the deid's wound;
taewart wham Pallas bounit[76] haes fu suin,
and in his rink[77] on this wise made his buin:[78]
"Nou grant, thou God and Faither Tiberine,
guid chance and fortune tae this heid o mine
the whilk I taise[79] upo this casting spear,
that it may throu Halaesus' body shear;
and yon harness, coat armour, and spulyie bricht,
whilk nou sae weirly shines on yon knicht,

---

[75] waulin: rollin
[76] bounit: directit his course
[77] rink: course
[78] bune: prayer
[79] taise: aim

sall hing upo an aik fast by thy brae."
The God his asking heard, as he did pray,
for while Halaesus unadvisitlie
cled wi his shield Imaonus, him by,
that wis tae him his frein and fellae dear,
his breist stuid nakit, but armour or gear,
whaurin he Pallas' deidly shaft resaivit.

But Lausus, wilfu his side tae hae savit,
as he that wis a gret pairt o the host,
and list nocht suffer wi sic feir nor boast
or slauchter made by Pallas and deray,
at his companies suld caucht mair affray,
rushit in the melée; and first in his tene[80]
slew Abas, that gret bargain did sustein.
The thickest sop or rout o aa the press,
thare as maist tarry wis, ere he wad cess,
this Lausus aa to-sparpelt[81] and invades.
Dounbetten war the barnage o Arcades;
dounbetten eik war the Etrurians;
and ye alsae, feil bodies o Trojans,
that war nocht put by Greeks tae utterance.[82]
Than aa the hostis sembelt[83] wi spear and lance;
the chieftains aa joinit wi haill pouers;
the hindmaist wardis[84] swarmit aa y-feirs;[85]
sae thick in stale[86] aa marrit waux the rout,
unese[87] micht ony turn his haun about
tae wield his wappon, or tae shute a dart.
Fu dochtily Pallas on the tae part
enforces him tae grieve his faes that tide;
Lausus resistis on the tither side.
Thair ages wis nocht faur indifferent,
and o maist seemly stature, whaur thay went;

---

80   tene: fury

81   to-sparplet: completely dispersit

82   put ... tae utterance: killt

83   sembelt: assembelt

84   wardis: diveesions

85   y-feirs: thegither

86   stale: battle array

87   unese: haurdly

thay war excellent o beauty baith twae;
but sae it stuid, that fortune, wallaway!
wad naither suffer tae his realm resort.
And, naetheless, tae meet samen, at short,
as intae field tae preive thair hardiment,
the Governor o Heiven omnipotent
list nae wey thole; for, belive efter this,
tae aither o thaim thair deidly fates, iwis,
tae ane faur gretter adversar remains,
as here anon daes follae unner aince.

Chaipter VIII

*Hou that fierce Turnus haes young Pallas slain,
for wham his fowks maks gret dolour and mane.*

Durin this fervour o the bargain swa,
the haly nymph, cleipit Juturna,
her brither Turnus did monish and exhort
tae succour Lausus and his fowk support;
the whilk Turnus, as in his speedy chair
the mid routis went sloppin[88] here and thair,
beheld his feirs debatin wi Pallas.
"Lo, nou is time tae desist, and lat pass
aa sic bargain," quo he, "and cease in hy;
for I will set on Pallas anerlie.
Only tae me, and tae nane ither wicht,
the victory pertains o sic a knicht.
Gledly I wad his faither stuid hereby,
this enterprise tae decern and aspy."
Thus sayed he, and his feiris at command
voidit the field, and aa plain left the land.

Than young Pallas, seein Rutulians
withdraw the field sae swith, and room[89] the plains,
at the proud biddin o thair prince and king,
a-mervellit fu gretly o this thing,
and ferly gan on Turnus tae behaud,
owre aa his busteous body, as he wad,

---

[88] sloppin: breachin, brekkin (the lines)

[89] room: vacate

rowein his een, and aa his cors in hy
wi thrawin leuk on faur begouth aspy.
Syne movin forwart, wi sic words on hie,
tae answer Turnus' speech thus carpis he:

"Aither nou," quo he, "for aye be luved I sall
o rich kingly spulyie triumphal,
whilk here I sall rent frae my adversar,
or than sall be renownit evermair
o an excellent end maist glorious.
Dae wey thy boast and menace made tae us,
for my faither, wham thou desires beside,
reputes aa alike, hou-e'er the chance betide."
And sayin thus, amid the plain furth sterts.
The bluid congealed about Arcadian herts.

Turnus doun leaps frae his twa-wheelit chair,
and bounis fast taewarts his adversair;
like as a lion, frae the hill's hicht,
amid the valley haed sherply gotten a sicht
o some proud bul, wi his horn in the plain
addressin him ready tae mak bargain,
comes braidin on the beast fast in a ling.
On siclike wise wis Turnus' to-coming.
And whan that Pallas saw him come sae near
he micht areik tae him a casting spear,
foremaist he bounis tae the joinin place,
gif sae betide that fortune, o her grace,
his enterprise for stout undertaking
wad help, or him support in onything,
as he that young wis, and o strenth aa out[90]
naewise compeer tae Turnus stern and stout.
And tae the gret goddis in heiven abune
upo this mainer prayin sayed he suin:

"I thee beseek, thou michty Hercules,
by my faither's guestning, and the ilk dess
whaur thou stranger wis received tae herbrie,[91]
assist tae me, come in my help in hy,
tae perform this excellent first journey;[92]

---

[90] aa out: absolutely

[91] herbrie: ludgin

[92] journey: combat

that Turnus, in the deid-thraw, may me see
bereive frae him his bluidy armour reid,
and, yauldin up the braith in the ilk steid,
mot wi his een behaud me him before
in hie triumph, wi owrehand as victore."

Gret Hercules the young man heard anon,
and frae the boddom o his hert gan groan,
hidin his smert for ruth o Pallas ying,
seein the Fates wad hae his ending;
and for annoy saut tearis, aa in vain,
furth yettin owre his cheekis thick as rain.
Than Jupiter, his courage tae astable,
thus tae his son spak wordis amiable:

"Til every mortal waefu wicht, perfay,
determit stauns the fixit latter day.
A short and unrecoverable term is set
o life, whan aa must needlins pey that debt.
But tae prolong thair fame by noble deeds –
frae virtuous wark that comes and proceeds.
Hou mony sons and dear children," sayed he,
"o goddis' kin, unner Troy wallis hie
war duin tae deid, and brittent, bluid and bone!
Sae that amangs aa ithers Sarpedon,
my tender get, my kin and bluid, lies slain.
Forsuith alsae, I say thee intae plain,
the final fate awaits Turnus in field;
the date and methes[93] approachs o his eild."[94]

On this wise spak gret Jove tae Hercules;
and, wi that word, his een taewart the press
on the Rutulian field addressis he.
And, the ilk stound, young Pallas lattis flee
wi meikle force at Turnus a gret spear,
and syne anon his bricht brand burnished clear
hintis furth o the sheath tae mak debate.
The shaft flaw taewart Turnus, and him smate
upo the shouther, abuve the gardis hie
that rises amaist thareupon we see,
and throu the border o the shield swa piercit,

---

[93]   methes: boundaries

[94]   eild: age, lifespan

while finally in some deal it traversit,
and hurt a pairt o Turnus' big body.

Than Turnus smitten, fu o felony,
a busteous lance wi grunden heid fu keen,
that lang while taisit he in proper tene,
lat gird at Pallas, and thuswise sayed he:
"Conseider, younker, gif our lances be
better o temper and mair penetrative."
And, wi the word, the shaft flaw furth belive,
sae the sherp pynt o the branglin spear
throu-out amiddis o the shield gan shear,
piercin sae mony plates o airn and steel,
and sae feil ply is o bul hides ilk deal,
aa samen couchit in his tairget strang.
The busteous strake throu aa his armour thrang,[95]
that stintit naething at the fine haubrek,
while throu the coast thirlit the deidly prick.
Pallas, nocht shrinkin for the mortal dint,
in vain the het shaft o his wound haes hint;
for aathegither by the samen way
the bluid and saul passes hyne baith twae.
Upo his wound anon he rushes doun.
Abuve him rang his harness wi a soun.
And that unfreindly erd inimical,
that in his deid he suld nocht skreik nor call,
as wis the guise, wi bluidy mouth bit he.
Turnus, abuve him staunin, carps on hie:

"Oh ye people o Arcad, takkis tent,
and my wordis dae rehearse and present
tae King Evander, sayin him plainlie,
that his son Pallas tae him sent hae I
in sic array as that he haes deservit.
And, o my gentrice, will he be preservit
tae aa estate and honour funeral,
wi aa solace pertainin burial
o tomb and o interment, as effeirs.
Nae little thing, perfay, intae thir weirs,
haes him bycost[96] the freindship o Enee."
And sayin thus, wi his left fuit haes he

---

[95] thrang: drave

[96] bycost: cost (only here)

Pallas' deid corpse owrewelt or e'er he stent,[97]
and syne about his sides suin haes rent
his gowden girdle, paisin[98] a gret deal,
whaurin wis graven craftily and weill
o Danaus' dochters the iniquity:
hou that the fifty young men, shame tae see,
war foully murtherit on the first nicht,
as thay war spousit tae thair leddies bricht;
the chaumers portured war bysprent wi bluid;
whilk histories Eurytion, warkman guid,
haed carvit weill and wrocht fu craftily
in wechty plates o the gowd massy;
o whase spulyie nou is Turnus glad,
joyfu and blythe that he it conquest had.

Oh man's mind, sae ignorant at aa
o things tae come, and chances whilks may faa!
uphieit suin in blinnd prosperity,
can nocht beware, nor meisure hauld wi thee!
The time sall come whan Turnus sall, perfay,
hate and wary[99] this spulyie and this day,
desirin he micht buy for meikle thing
that he haed never tuichit Pallas ying.

About the corpse assembelt than his feirs,
wi meikle murning and huge plenty o tears.
Upo a shield Pallas' body thay laid,
and bare him o the field, and thus thay sayed:
"Oh Pallas, hou gret dolour and worship
tae thy faither, and aa his fellaeship,
sall thou render and bring hame," sayed thay.
"This wis tae thee in weirfare the first day,
whilk first in battle dressit thee tae go.
The ilk for aye haes thee bereft tharefro!
And, nocht-the-less, thy swourd leaves in the plains
gret heapis deid o the Rutulians."

---

[97] or e'er he stent: afore he had duin
[98] paisin: weighin
[99] wary: curse

Chaipter IX

The rich Magus, nae ransom micht rescue,
and priest Haemonides, baith Eneas slew.

Than nane uncertain rumour nor deeming,
but sover bodeword cam thare, and warning,
untae Eneas o this gret mischance,
shawin hou that his fowks stuid in balance,
as but in little distance aa frae deid.
The time requirit for tae set remeid,
and succour Trojans whilks haed tane the flicht.
Than, as wud lion, rushed he in the ficht,
and aa wham he areikis nearest hand
without rescue doun mawis[100] wi his brand.
The bitin blade about him enviroun
amid the routis redds large room.
Enragit and inflamit thus in ire,
throu-out the hostis Turnus, that proud sire,
whilk haed this new slauchter made, socht he,
aye prentin in his mind before his ee
the guidly Pallas, wis sae stout and ying,
and the gret gentrice o Evander King,
the cheer and feast him made but a stranger,
per order aathing, hou and whit mainer
he wis received, and treatit thankfullie;
syne o his band o freindship and ally
wi aithis sworn and interchangit hands,
remembrin than his promise and cunnands.
Amovit in this heat, or e'er he stint,
fower young men quick he haes in haundis hint,
that born wis o the ceity hecht Sulmon.
As mony syne he taken haes anon
bred and upbrocht beside the fluid Ufens,
wham that he ettles for tae send frae thence
tae Pallas' lykewakes and obsequies,
tae strow his funeral fire o birnin trees,
as wis the guise, wi bluid o preisoneirs,
efter the auld rites intae mortal weirs.

Syne hint Eneas a perilous lance in hand,

---

[100]   mawis: mows

and it addresses faur furth on the land
tae ane Magus, that subtle wis and slee,
and joukit in unner the spear haes he.
The shaft shakkin flaw furth abuve his heid;
and he Eneas in that samen steid
about the kneeis grippit hummilie,
wi peitious voice syne thus begouth tae cry:
"By thy dear faither's ghaist I thee beseek,
and by that guid belief whilk thou haes eik
o Ascanius' uprisin tae estate,
this silly saul o mine, sae faint and mate,[101]
thou sauf, tae me a son and faither dear.
I hae a hous, rich, fu o mobles sere,
whaurin bedelven lies a gret talent
or charge o fine siller, in vessel quent
forgit and punsit[102] wonder craftilie;
a huge wecht o finest gowd thareby,
uncunyiet[103] yit, nor never put in wark.
Sae thou me sauf, thy puissance is sae stark,
the Trojans' glory nor thair victory
sall naething change nor diminue thareby,
nor a puir saul, thus hingin in balance,
may sic division mak nor discrepance."

Thus sayed this silly Magus, aa in vain,
whamtil Eneas answeris thus again:
"Sae mony talents o fine siller and gold,
whilks thou rehearsin here before haes told,
dae keep untae thy smaa childer and heirs.
Lat thaim bruik weill; I consent it be thairs.
Aa interchange and ransoming, perfay,
in this battle Turnus haes duin away,
nou lately slayin young Pallas, alas!
That ruthfu herm, and that mischievous case,
feels baith Ascanius and my faither's ghaist,
for thay nae little thing thareby haes lost."
Thus sayin, by the helm him grippis he
wi his left haun, and fast as he micht dree

---

[101] mate: checkmated, beat
[102] punsit: embossed
[103] uncunyiet: no coined

writh[104] doun his neck, whaurin, but mair abaid,
his bluidy brand up tae the hiltis slade.

Nocht faur thence stuid Haemonides alane,
priest untae Phoebus and the thrinfauld Diane,
on whase heid wimpillit haly garlands
wi thair pendants like tae a mitre stands;
his habit as the schene son leimin licht,
and aa his armour white and burnished bricht;
wham Eneas assailit michtilie,
and gan dae chase out-throu the field in hy,
that fleein stummert[105] and tae grund went suin.
The Trojan prince doun lowtis him abune,
and wi his brand him brittens[106] at device,[107]
in mainer o an offering sacrifice.
The large shadda o Eneas in field
did haill the deid corps o this priest owreheild.
Serestus sortis up his armour gay,
and on his shoutheris cairryit haes away,
tae hing as trophe or sign victorial
til Mars the God, whilk Gradius is call.

Chaipter X

*Whit dochty chieftains o the Latin land
that day Eneas killit wi his hand.*

Caeculus, discendit o Vulcan's bluid,
and Umbro eik, the stalwart chieftain rude,
that come wis frae the muntains Marsian,
the bargain stuffs, relievin in again.
But Eneas, descend frae Dardanus,
gainstandis thaim, fu brim and furious,
and untae ane, hecht Anxurus, in the field
aff strake the left airm aa doun wi the shield;
whilk haed made some gret vaunt, speakin proudlie,
weenin that in his sawis by and by

---

[104] writh: twistit
[105] stummert: stummled
[106] brittens: hacks tae bits (text has *bryntys*)
[107] at device: deliberately

thare haed been gret effeck and hardiment,
as tho he wad extol in his intent
his manheid tae the heiven and starnis hie,
and promise tae himsel, for his bounty,
ageit canous hair and lang process o years.
Lo, nou he liggis law, for aa his feirs![108]
Syne bauldly wi gled courage, as I guess,
agin Eneas gan Tarquitus dress,[109]
in shinin armour wunner proud and gay
(o Dryope born, the nymph or schene may,[110]
tae Faunus wonin in the wuidis green)
and, tae reconter Enee inflamed in tene,
kest himselfin. But the tither, but fear,
buir at him michtily wi a lang spear
throu-out his shield o pais[111] and haubrek fine,
that tae the grund gan doun his heid decline;
altho he than fu hummily him besocht,
and shupe tae say meikle, aa wis for nocht.
His pallat[112] in the dust bedowen stuid;
and the body bathit in the het bluid
Enee owrewelts, sayin thir words withal,
wi trubbelt breist and mind inimical:

"Nou lie thou thare, that weenit thee sae wicht,
that thou wis fearfu untae every wicht.
Thy best beluved mither sall thee nocht have
tae erd, as custom is, nor delve in grave,
nor dae thy banes honour wi sic cure
as thaim tae lay in faither's sepulture;
but sall be left tae the wild beastis' fuid,
or than the spate watter o this fluid
sall beir thee in the deep, and thare on raw
wi empty throatis sall thy banes gnaw
thir sea monsters in thair wud rage,
and lap thy bluid thair hungir tae assuage."
Syne, but delay, Antaeus and Lucas,
whilks that o Turnus' first ward leaders was,

---

[108] feirs: behaviour
[109] dress: direct hissel
[110] may: maiden
[111] o pais: wechty
[112] pallat: 'nut', heid

pursues he, and alsae Numa bold,
and Camertes, bricht shinin aa o gold,
son o the manly Volscens Capitain –
in aa the fertile grund Ausonian,
the richest man, and king wis this Volscens
o Amyclis, the ceity o silence.
And like as Aegaeon, the King o Giands,
whilk haed, thay say, a hunner airms and hands,
and fifty mouths o wham the fire did shine,
as he intae the battle gigantine
incontrar Jove's thunner and fire-flaucht
wi as mony sherp drawn swourds focht,
clatterin in bargain wi sae mony shields –
the samen wise, enragent throu the fields
went Eneas, as victor wi owrehand,
frae time that aince bedyed his burnished brand
and wat he haed in het Rutulian bluid.
Sae that alsae, in this ilk fury wuid,
he drave at Niphaeus amid the breistbane,
set in his fower-wheeled chariot alane.
But frae the horse on faur did him aspy
sae grim o cheer stalkin sae busteouslie,
for fear thay stert aback, and furth gan swack
the Duke Niphaeus wide open on his back,
and brak away wi the cairt tae the shore,
wi stendis[113] feil and mony bray and snore.

The self stound, amid the press fuit-hot
Lucagus enters in his chariot,
wi white horse drawin wunner lustilie,
his brither Liger sittin near him by.
This Liger led the reinis wi his hand,
but bauld Lucagus swacks a burnished brand.
Eneas micht nocht suffer nor sustein
o thaim sic fervour in thair felloun tene,
but rushit furth, and wi a gret spear
forgainist thaim gan intae sicht appear.
Whamtae this Liger carpis upo hie:
"Thou sees nocht Diomede's steeds here," sayed he,
"nor yit Achilles' chair perceives draw,
tho aither vanquished thee in the field, we knaw;
nor yit the Trojan plains behauldis thou.

---

[113] stendis: bounds

The end o thine age and o bargain nou
sall be made in thir landis on this ground."

Sic wordis vain and unseemly o sound
furth warpis wide this Liger fuilishly.
But the Trojan baron unabashitly
nae words pressis tae render him again,
but at his fae lat flee a dart or flane,
that hit Lucagus; whilk, frae he felt the dint,
the shaft hingin intae his shield, but stint
bade drive his horse and chair aa forrat strecht,
as he that him addressit tae the fecht,
and streikit furth his left fuit in his chair.
But suin Eneas' spear wis ready thair,
beneath his shinin shield reversit law,
sae that the grunden heid, the ilk thraw,
at his left flank or lisk pierced tyte,
while clear out-owre the chariot is he smite,
and on the grund weltis in the deid-thraws.
Wham on this wise wi sour wordis and saws
the peitious Eneas begouth tae chide:
"Lucagus," sayed he, "forsuith as at this tide
nae slaw course o thy horses unwieldy
thy cairt haes rendert tae thine enemy,
nor yit nae vain wraithis nor ghaistis quent
thy chair constrainit backwart for tae went,
and maugré thine withdraw thy faeis' grips;
but lo nou, o thy free will, as thou skips
out-owre the wheelis o thy cairt, God wait,
leavin the reins and horse aa desolate."
This beein sayed, the horses' reins he hint.
The tither fey brither, or e'er he stint,
lap frae the cairt, and kneelin peitiouslie,
upheavin his bare haundis, thus did cry:
"Oh Trojan prince, I lawly thee beseek,
by thine ain virtues and thy thewis[114] meek,
and by thy parents maist o renowné,
that sic a child engendrit haes as thee,
thou spare this waefu silly saul at least.
Hae ruth o me, and admit my requeist."
Wi wordis feil as he thus gan requeir,
Enee at last on this wise made answeir:

---

[114] thewis: mainers

"Sic sawis war lang ere[115] furth o thy mind.
Sterve[116] thee behuves, less than thou war unkind
as for tae leave thy brither desolate
aa him alane, nor follae the same gate."
And tharewithal the hirnis[117] o his ghost
he rypit wi the swourd amid his coast.
Sae til his hert stoundis the prick o daith
he weltis owre, and yauldis up the braith.

This Dardane prince as victor thus in weir
sae mony dochty corpses brocht on bier,
amid the plains reddin large gate,
as daes a rowtin river reid on spate,
that for his dintis waux his faes aghast,
as for the fearfu drumly thunner's blast;
while finally Ascanius the ying page,
and the remanent o Trojan barnage,
whilk war, as sayed is, besiegit in vain,
thair strenth[118] haes left, and taken haes the plain.

Chaipter XI

*Juno richt quaintly causes Turnus tae flee,
a fenyiet feigure pursuin o Enee.*

The ilk stound, o his ain free volunté,
Jove callis Juno, and thus carpis he:
"Thou my sister germane and my feir,
my best beluvit spous, maist leif and dear,
thine opinion haes nocht deceivit thee
as thou believit. Nou may thou nocht see
hou Venus daes sustain and fortify
the Trojan routs and puissance by and by?
'Nane active hauns, nor stout mindis, I ween,
nor bodies ready aa perils tae sustein
hae thay,' thou may see by experience."

---

[115] lang ere: afore, previously
[116] sterve: tae dee
[117] hirnis: hidin places
[118] strenth: stranghold

Whamtae Juno, wi hummle reverence,
answert: "My sweet and maist guidly husband,
whaurtae list thee renew my sorra at hand,
as carefu wicht that likes nocht sic bourds?
Aa affeard o thy fatal dreidfu words
I am bestad. But war I nou, I ween,
as strangly beluved as I some time hae been –
tho yit, God wat, accordit sae tae be
baith tae mine honour and thy dignity –
I say, war I beluved as I wis ere,
thou Jove aamichty reignin evermair
suld nocht deny me sae sober a thing,
but at I micht withdraw, at my liking,
furth o the field Turnus, and him save
untae his faither Daunus, that owre the lave
beluvit him, as reason wad," quo she.
"Nou sall he perish, and nou sall he dee,
and shed his gentle bluid sae patient,
in grievous pains by Trojans tort[119] and rent.
And naetheless his kin original
is renownit o godly stock ryal,
descendit o our seed and heivenly clan,
frae God Pilumnus tae reckon the feird man;[120]
and eik, thou wat, fu aft wi large hand,
wi mony hosts, and richt fair offerand,
thy temples and thine altars charged haes he,
in worship o thy michty majesty."

The sovereign King o Heiven etherial
in few wordis made answer thus at all:[121]
"Gif thou askis a respite or delay,
but for a time, or til a certain day,
o this evident deid o Turnus ying,
desirin I suld grant thee sic a thing,
altho he mortal be richt suin we knaw;
I leave thee tae remove him and withdraw,
and frae this instant perilous hard fate
steal him away, and guide him by the gate;
for sae lang space yit rests at will o me.

---

[119]   tort: hurt

[120]   the feird man: i.e. at fourth remove (Latin *quartus pater*)

[121]   at all: in aa respecks

But gif sae beis that unner thy request
mair hie pardon lurkis, I wad thou cessed:
for gif thou weens that aa the victorie
o the battle, and chances by and by,
may be reduced and alterate clear again,
a misbelief thou fosters aa in vain."

Tae wham Juno on this wise sayed weeping:
"Whit herm micht faa, tho by some taiken or sing
thou shew thy mind, and grantit that?" quo she,
"Whilk by thy words o fatal destiny
nou grunshes thou tae gie or tae concede?
That is tae say, whit force, tho thou indeed
waldest approve and ratify again
that Turnus' life a lang time suld remain?
But nou approaches tae that innocent knicht
a fearfu end. He sall tae deid be dicht,
or than my saws are void o verity.
And oh, wad God, at raither sae suld be
that I deceivit war but wi fause dreid,
and at thou list, as thou haes micht indeed,
thy fatal promise and thy statutes strange
in better purpose tae translate and change!"

Frae she thir wordis haed sayed, the ilk tide
doun frae the heiven she lat herselfin slide,
before her drivin a tempestuous wind,
and aa about, before and eik behinnd,
within a clud o mist circulit clean.
Sae throu the air bouned furth this Queen,
taewart the Trojan hostis in the plains,
and tae the tents socht o Laurentians.

This Goddess than furth o a boss cloud
in likeness o Enee did shape and shroud
a void feigure, but strenth or courage bauld,
the whilk wonderous monster tae behauld
wi Trojan wappons and armour graiths she,
wi shield, and helm, and tymbret set on hie,
by semmlin[122] like Eneas' godliheid;
and tharetae eikis she in every steid
quent fenyiet wordis, faint and counterfeit,

---

122   semmlin: resemmlin

wi voice but mind, or ony ither conceit;
and fenyies eik his countenance and paces;
siklike as that, thay say, in diverse places
the wraithis walks o ghaistis that are deid,
or as the sleepy dreams, frae steid tae steid
fleein in swevin, maks illusions,
whan men's minds aft in drivelling groans.
And aa before the forefront o the field
richt hautanely,[123] as courageous unner shield,
musters this image, that wi dartis keen
aggrievit Turnus, and did him chide in tene,
provokin him tae bargain and til ire.
And Turnus than as het as ony fire
this feigure did invade, and thare-at he
in gret dispite a whirrin dart lat flee.
But this ilk shadda, as some deal a-dread,
turnit about, and gave the back and fled.
Than Turnus, weenin Enee haed tane the flicht,
and aa a-wunnert o that selcouth sicht,
within his mind a vain comfort caucht he,
and cries loud: "Whither flees thou nou, Enee?
Leave ne'er, for shame, thus desolate and waste
thy new alliance promised thee in haste,
o Lavinia the spousin chaumer at hand,
and aa this ilk regioun and this land,
whilk thou sae faur haes socht owt-owre the sea.
My richt haun sall thee sasine[124] gie," quo he.
Wi sic wordis he shoutin did pursue,
and aye the glimmerin brand baith sheuk and shew,
naething perceivin hou this mirth and bliss
away quite wi the wind bewavit is.

On case thare stuid a meikle ship that tide,
her wale[125] joined til a shore rock's side,
wi plankis and wi briggis laid on land –
the entry ready graithit weill thay fand –
in the whilk ship Osinius King, iwis,
come lately frae the ceity o Clusis.
Thidder went this wraith or shadda o Enee,

---

[123]   hautanely: proudly
[124]   sasine: legal possession
[125]   wale: gunwale

that seemit, aa abashit, fast tae flee,
and hid her dern unner hatches tharein.
Nae slawer Turnus hastes him tae rin,
that but delay he speedis tae this ship,
ran owre the brig, and inwith buird gan skip;
and scarce wis entert in the forecastle,
whan Saturnus' dochter[126] saw her time befell,
than suin the cable in sunder smites she,
and frae the shore drave the ship throu the sea.

But Turnus absent thus that samen hour
Eneas searches throu amid the stour,
and in his rink whame'er he met lay deid.
Fu mony a man he killit in that steid.
And tharewithal his licht and fenyiet ghost,
frae time the ship wis chargit frae the coast,
nae langir seekis hirnis her tae hide,
but flaw up in the air the samen tide,
and aa dissolvit intae a daurk cloud.
The mean season, gan force o windis loud
Turnus faur furth amid the deep sea drive.
He did behaud about him than belive,
aa ignorant whitwise this chance wis wrocht,
and o his life sauvin naething he rocht.[127]
Wi haundis junct upheavit taewart heiven,
sic wordis he furth braid wi dreary stevin:[128]

"Aamichty Faither o the heivens hie,
haes thou me repute on sicwise tae be
confusit in this shame for mine offence?
And will I suffer sic turment and penance?
Whither am I driven, and frae whence am I comen?
Whit mainer eschewing or fleeing hae I nummen?[129]
In whit estate sall I return again?
Sall I e'er see the wallis Laurentane,
or ever eft my tentis sall I see?
Whit may yon host o men nou say o me,
whilks my quarrel and me follaed tae field,

---

[126] Saturnus' dochter: i.e. Juno

[127] rocht: recked, cared

[128] stevin: voice

[129] nummen: tane

wham nou, alas! lo, fechtin unner shield
yonder, shame tae say the herm, sae wickitlie
ready tae mischievous deid beleft hae I?
Lo, I behaud thaim fleein pale and wan,
and hears the grainin o mony dochty man
in my default fallin fey tae the ground.
Whit sall I dae? Alas the waefu stound![130]
Or whilk land, tho a thousan times I stervit,[131]
may swalla me sae deep as I hae servit?
But, ye winds, raither hae mercie,
on rockis and on craggis by and by
dae swack this ship, sen here nae erd I see,
and hae o wretchit Turnus some peity,
whilk o his free will, stad in this mainer,
beseekis you wi aa hertly prayer,
dae warp my body on the shaulds unkend,
faur furth on Syrtis at the warld's end,
whaur Rutulians me never finnd again,
sae that nae fame nor rumour may remain
efter my deid o this shamefu trespass."

And sayin thus, in mind did he compass
fu mony chances rowein tae and frae
whither gif he suld, for proper lack and wae,
intae this fury smite him wi his brand,
and thrist the bluidy blade in wi his hand
throu-out his ribbis, and shed his hert bluid;
or than tae swack himsel amid the fluid,
swimmin tae seek the nearest coast's bay,
in field again the Trojans tae assay.
Aither wey til assay thrice pressed haes he,
and thrice him stintis Juno, Queen maist hie,
haein compassion o this young man bauld,
and gan assuage his mind, and haun withhauld.
Furth held the ship, slidin out-owre the fluidis,
wi prosper wind and follaein tide sae guid is,
while he is cairryit shuirly throu the sea
til Ardea, his faither's auld ceity.

---

[130]   stound: time

[131]   stervit: dee'd

Chaipter XII

In Turnus' stead Mezentius did succeed,
killt doun his faes, and spulyiet o thair weed.

Durin this while, in fates martial,
Mezentius moved wi ardour bellical,
by instigation o Jove in that need,
gan tae the battle in his place succeed;
and the Trojans tae invade naething spares,
that seemit proud as aa the field war thairs.
Than samen tae reconter him at aince
sembelt haill hostis o Etrurians,
and aa assailled Mezentius alane.
Agin ae man thay routis every ane,
inflamit aa in malice, made pursuits,
and thick as haill shooer at him shafts shuits.
But he, like tae a firm rock, whilk we see
streikit on lenth amid the large sea,
situate agin the ragin wind's blast
and brim waws boldenin wunner fast,
frae aa that violence daes himsel defend,
and haill the force sustainis tae the end,
baith o the heivens and birr o sea's rage,
remainin unremovit firm in his stage.
As stern staundis Mezentius in that stound.
And first he haes fellit and laid tae the ground
Hebrus, the son o ane Dolicaon,
and him beside Latagus slew anon,
and Palmus eik, accustomate tae flee.
But wi a stane Latagus brittent he
whilk o a muntain seemit a gret neuk,
wi wham him on the veisage he owreteuk;
and Palmus' hoch sinnonis smate in twae
made him sae slaw he micht nocht flee away.
Thair armour syne tae Lausus gien haes he
tae wear on his shouthers, and croun on hie
thair crestis set, the whilk sae richly shane.
He slew alsae Euanthes a Trojane,
and Mimas syne he killis in the field,
whilom tae Paris companion and even-eild;
wham on a nicht Theana, guid and fair,
tae his faither Amycus in Troy bare
(whan Hecuba, dochter o Cysseus,

dreamit she wis gret, the story tellis thus,
wi a firebrand, and the self samen nicht
wis deliver o Paris, the fey knicht,
whilk in his native ceity made his end).
But thir fieldis Laurentane unbekenned
withhauldis nou the body o Mimas.
Sae brim in stour that stound Mezentius was,
like tae the strenthy sangler[132] or the boar,
wham hundis quest wi mony whryne and roar
doun drivin frae the hichtis made descend,
whilk mony winter tofore haed him defend
in Vesulus, the cauld muntain hie,
that is owreheildit wi mony fir tree;
or than the busteous swine weill fed, that breeds
amang the bussis rank o risp[133] and reeds,
beside the Lake o Laurens, mony years,
whan that he is betrappit frae his feirs
amid the hunting railis[134] and the nets,
stauns at the bay, and up his birses sets,
graslin[135] his tusks, wi austere fiery een,
wi spauldis hard and harsk, awfu and tene,
that nane o aa the huntmen thare present
him tae engrieve haes strenth or hardiment,
nor daur approachen within his bite near,
but staunin faur on dreich[136] wi dart and spear,
assoverit o his reach, the beast assays,
wi felloun shoutis, busteous cries and brays.
Nane itherwise stuid aa the Tuscan rout
this stalwart knicht Mezentius about;
and, tho thay just cause haed o wrath and feid,
thare wis nane o thaim durst him put tae deid,
nor courage haed wi drawen swourd in hand
him til assail nor match upo the land,
but wi tackles and casting darts on far
thay warp at him, but durst nocht ane come nar,[137]
and wi huge clamour him infests that tide.

---

[132] sangler: wild boar
[133] risp: type o sedge
[134] railis: barricades
[135] graslin: gnashin
[136] on dreich: at a distance
[137] nar: nearer

He, unabashed, about on every side
behauldis, girnin fu o proper tene,
and wi his shield choppit by shafts bedene.

Furth o the ancient bounds o Coryth tho
wis come a Greek, whilk cleipit wis Acro,
that fugitive intae his lusty heat
haed left his spousal troth-plicht uncomplete;
wham-as Mezentius saw amid the rout
him grievin sair, as warrior stern and stout,
and saw the pleasant plumes set on hicht
o his tymbral, and eik the purpour bricht,
whilk o his troth-plicht luve he bare in sing;
than, like a hungry lion rummesing,
constrainit by his ragin empty maw,
the beastis' dens circulin aa on raw,
gif he on case aspies a swift rae,[138]
or the ying hert wi springin tines twae,
joyfu he braids thareon dispeitiouslie,
wi gapin gowl, and upraises in hy
the lockeris lyin in his neck roch,
and aa the beastis bowels trimmles throch,
hurklin thareon whaur he remained and stuid,
his greedy gams bedyes wi the reid bluid –
on the samen wise, Mezentius richt bauldlie
midwart his faeis' rout rushit in hy;
doun smites fey Acron amid the host,
that in the deid-thraw, yauldin up the ghost,
smate wi his heels the grund in maltalent,
and broken shaftis wi his bluid besprent.

This ilk Mezentius eik dedeignit nocht
tae slay Orodes, whilk than wis on flocht,
that is tae knaw, while frawart him he went,
and repute naewise, as by his intent,
sic ane fleein tae wound intae the back,
unwarnist, whan he nae defence micht mak,
but ran about and met him in his race.
Than aither man assembelt face for face.
Orodes mair o prattik wis aa out,
but the tither in deeds o arms mair stout,
that tae the erd owrethrawn he haes his feir,

---

[138]   rae: roe deer

and, possin[139] at him wi his stalwart spear,
upo him set his fuit, and thus he sayed:
"Oh nou, my feiris, beis baith blythe and glaid.
Lo, a gret pairty o this weir, but les,
here lies at erd, the dochty Orodes."
His feiris samen raisit up a cry,
wi joyous sound in sign o victorie,
and blew the prise triumphal[140] for his daith.
But this Orodes, yauldin up the braith,
untae Mezentius carps thus on hie:

"Me unrevenged, thou sall nocht victor be,
for weill I wat that suin I sall be wroken.[141]
Nay, for aa thy proud wordis thou haes spoken,
thou sall nocht lang endure intae sic joy,
but siclike chances and semblant annoy
abides thee. Tho thou be ne'er sae bauld,
this samen field sall thy deid corpse withhauld."
Tae wham Mezentius smilin sayed in tene:
"Thou sall dee first, whit-e'er tae me forseen
or providit haes michty Jove," quo he,
"wham Faither o Gods and King o Men cleip we."
And sayin thus, the shaft the ilk thraw
furth o his wound and body did he draw.
Than Orodes the hard rest doth oppress,
the cauld and irny sleep o deid's stress,
and up the braith he yauld anon richt
wi een closit in everlestin nicht.

Caedicus aa to-trinchit Alcathous,
and Sacrator tae grund laid Hydaspus;
Rapo, an Arcad, haes Parthenius slain,
and Orses, wunner big o bluid and bane.
And Messapus killit the stout Clonius
and Erichaetes wi Lycaonius –
the foremaist liggin at the erd he owreraucht,
that by his heidstrang horse a faa haed caucht;
and Lycaonius eik, a fuit man, he
lichtit on fuit and slew in the melée.

---

[139]   possin: thrustin

[140]   blew the prise triumphal: blew the huntin caa signallin the kill

[141]   wroken: avengit

Againis him than went a man o Arge,
hait Lycius, boden[142] wi spear and targe;
but by the wey Valerus, guid in needs,
nocht inexpert in dochty elders' deeds,
recontert him, and put him tae the deid.
Salius, a Trojan, in that samen steid
Athronius slew; and Nealces, expert
tae shuit the fleein arrow or casting dart
whilk invades a man ere he be waur,
slew Salius wi shot, bein on faur.

Chaipter XIII

*Hou Eneas the ying Lausus haes slain,
whilk freed his faither hurt in the bargain.*

Thus awfu Mars equally wi his brand
the sorra raisit upo aither hand.
Huge slauchter made wis and seir woundis wide.
Thay kill and are bet doun on every side,
that samen in the field thay faa infeir,
baith the victors, and thay that vanquished wer,
and naither pairty wist, naither he nor he,
tae sauf himsel, or whaur away tae flee.
Sae that the goddis in Jove's heivenly hauld
haed compassion and ruth for tae behauld
the wrath and ire o aither in the fichts,
that sic distress rang amang mortal wichts.
Venus taewart the Trojan side teuk tent,
againis wham, aa fu o maltalent,
Saturnus' dochter Juno, that fu bauld is,
taewart the pairty adversar behauldis;
and the pale furore o Tisiphone
walkis wud-wrath amidwart the melée.

But principally Mezentius aa engrievit,
wi a gret spear, whaurwith he feil mischievit,
went branglin throu the field aa him alone,
as busteous as the hideous Orion,
whan he on fuit wude throu the meikle sea,
shearin the stream wi his shouthers hie,

---

[142]   boden: equippit

abuve the wawis o the fluid appears;
or like an ancient aik tree, mony years
that grew upo some muntain tap's hicht,
seemin sae hie tae every man's sicht,
whilk, tho his ruits spread in the grund aa sides,
his crap upstraucht amid the cluddis hides.
Siclike Mezentius musters in the field
wi huge armour, baith spear, helm, and shield,
againis wham Eneas fast him hies,
frae time amid the rout he him aspies.
The tither, unabashed, aa ready thare
the coming o his dochty adversar
abides stoutly, fermit in his force,
and massily upstude wi busteous cors;
and, meisurin wi his ee as large space
as he micht thraw a casting spear, thus says:
"My richt haun, and this fleein dart mot be,
whilk nou I taise, as verra god tae me!
Assisten tae my shot I ye beseek;
for I avow, and here promittis eik,
in sign o trophy or triumphal methe,
my luved son Lausus for tae clathe
wi spulyie and aa harness rent," quo he,
"o yonder robber's body, fause Enee."

Thus sayed he; and frae his haun the ilk tide
the casting dart fast birrin lattis glide,
that fleein sclentis on Eneas' shield;
syne, staunin faur on room yond in the field,
smate worthy Antores the ilk thraw,
betwix the bowels and the ribbis law –
Antores, ane o gret Hercules' feirs,
that cam frae Arge intae his lusty years,
adherin tae Evander the Arcade,
and haed his dwelling and his residence made
in Palentine, ceity Italiane,
unhappily nou liggis thus doun slain,
aa o ae wound and dint whilk in the ficht
addressit wis taewart anither knicht.
Yit, deein, he beheld the heivens large,
and gan remember his sweet kintrie o Arge.

Than the ruthfu Eneas kest his spear,
whilk throu Mezentius' armour aa did shear

throu-gird his targe platit thrice wi steel,
and throu the couchit linen every deal,
and thrinfauld plies o the bul's hides,
that law doun in his flank the dint abides.
But it bereft him naither life nor micht.
Eneas than, whilk wis expert in ficht,
joyfu whan that Mezentius' bluid saw he,
furth hint his swourd at hang law by his thee,
and fervently taewart his fae gan pass,
whilk, for the dint, some deal astonished was.

Whan Lausus saw this adventure o weir,
he weepit weill sair for his faither dear.
Sae waebegone becam this lusty man
that saut tearis fast owre his cheekis ran.
Forsuith, I sall nocht owreslip in this steid
thy hard mischance, Lausus, and fatal deed,
and thy maist dochty actis bellical.
Fresh younker, maist digne memorial
I sall rehearse, gif ony faith may be
gien tae sae gret deeds o antiquity.

Wi this Mezentius, mainyiet,[143] drew aback,
harlin his leg whaurin the shaft stak,
that whaur he went he beiris owre the field
his enemy's lance fixit in his shield.
Betwix thaim rushes in the young Lausus,
amid thair wappons, stern and courageous.
Himsel haes set for tae sustain the ficht.
Unner Eneas' richt haun raised on hicht,
that ready wis tae smite a deidly wound,
in steppis he, and bauldly the ilk stound
the bitin brand upheavit keppit he,
and gan resist and stint the gret Enee.
His feiris follaes wi a felloun shout.
While that Mezentius o the field wan out,
defend and coverit wi his son's shield,
thay cast dartis thickfauld thair lord tae heild,
wi shaftis shot, and flanes gret plenty,
perturbin thair stern adversar Enee,
that aa enraged his sover targe erekkit,
and thare unner him haudis closely dekkit.

---

[143]   mainyiet: cripplet

And like as some time cluddis brists at aince,
the shouer furth yettin o hoppin hailstanes,
that aa the ploomen and thair hines in hy
flees o the crafts and fieldis by and by;
and eik the traveller yond, unner the wald,[144]
lurkin withdrawis tae some sover hauld,
aither unner watter braes and banks dern,
or in some crag's clift, or deep cavern,
sae lang as that the shouer lests on the plain,
that he may, when the sun shines again,
exerce his journey, or his wark as fast –
sicwise Enee wi shot and dartis cast
wis aa owreheild, and umbeset ilk side,
while he the press o battle stints that tide,
and aa thair force sustainit and deray;
reprievin Lausus, thus begouth tae say,
and menaced him wi brand o bluid aa reid:

"Whither hastes thou sae fast upo thy deid?
Or hou daur thou undertak intae ficht
sic enterprise, whilk is abuve thy micht?
Thou art nocht wyce. Thy tender hert," quo he,
"and ruthfu mind aa out deceives thee."

But for aa this young Lausus, *vail que vail*,[145]
wad naewise cease Eneas til assail.
Than hie-er raise the wrath and felloun ire
o the ilk manfu Trojan lordly sire,
and eik the Fatal Sisters than indeed
haed wimpelt up this Lausus' latter threid;
for sae Eneas stokes[146] his stiff brand
throu-out this younker, hard up tae his hand.
That swourd, before made menacing and boast,
throu-gird that gentle body and his coast,
his tairget piercin, and his armour licht,
and eik his coat o gowden threidis bricht,
whilk his mither him span; and, tae conclude,
his bosom aa is fillit o het bluid.
Suin efter is the spreit o life furth went

---

[144] wald: hill, wold

[145] *vail que vail*: nae maiter whit

[146] stokes: thrusts

doun tae the ghaistis law wi sad intent,
and left the body deid, and hyne did pass.
But whan Anchises' son, fierce Eneas,
beheld his vult[147] and countenance in deeing,
his sweet veisage sae in the deid thrawing,
becomin wan and pale on diverse wise,
he siched profundly aither twice or thrice,
and drew aback his haun, and ruth haes hint;
for sae intae his mind, efter the dint,
the eimage o his faitherly peity
imprentit wis, that on this wise sayed he:

"Oh dochty yingling, worthy tae be meinit,
worthy tae be bewailit and compleinit,
whit sall the ruthfu compatient Enee
for sae gret luvable deedis render thee?
Or whit may he thee yield sufficient
for sic natural and inborn hardiment?
Thine armour, whaurof some time thou rejoicit,
wi thee I leave, for aye tae been enjoicit.
Untae thy parents' hauns and sepultre
I thee beleave tae be interred," quo he,
"gif that sic mainer o triumph and cost
may dae thaim pleisure, or ease untae thy ghost.
But thou, unsely child, sae wull o rede,[148]
dae comfort herewith thy lamentable deid,
that thou owrematchit art and thus lies slain
by the grettest Eneas' haundis twain."
Syne he his feiris gan repreive and chide,
that thay sae lang delayit him beside,
makin nae haste tae beir his corpse away;
and he himsel betwix his airmis twae
the deid body upliftis frae the ground,
that wi the reid bluid o his new green wound
besparkit haed his yalla lockis bricht,
that ere war kaimit and addressit richt.

---

[147] vult: face

[148] wull o rede: at a loss whit tae dae

Chaipter XIV

Frae Mezentius knew ying Lausus' decess,
him tae revenge his life lost in the press.

The mean season, his faither,[149] wi his feirs
doun at the fluid's side o Tiber's,
staunchit his wounds wi watter by and by,
waashin the bluid and sweit frae his bodie.
His helm o steel beside him hang weill ne[150]
upo a grane or branch o a green tree.
His ither wechty harness, guid in need,
lay on the gress beside him in the mead;
his traisty chosen varlets him about.
And he fu sair woundit, aa in dout,
stuid leanin wi his weary neck and banes
out-owre a bowin tree, wi sair grains.
His weill-kaimed baird, hingin fu straucht
upo his breist, untae his girdle raucht.
And feil times on Lausus meanis he,
prayin fu aft he micht him saufly see,
and mony messengers untae him haes send,
tae withdraw him the field, and tae defend
that he abide nae langir in bargain,
and shaw whit sorra for him his faither haed tane.

But than Lausus deid out o the field
his waefu feirs cairried upo a shield,
weepin sae gret a man wis brocht tae ground,
and discomfit wi sae grisly a wound.
Mezentius' mind and conceit, the ilk tide,
suspeckin the hermis whilks war betide,
on faur conseiderit the cause o thair murning,
and on his canous hair the dust gan sling,
wi meikle pouder fylin his hasart heid;
and baith his haundis in that samen steid
taewart the heiven upheaves in a fairy,[151]
and he the gods and starnis fast did wary.
Syne, leanin on his son's corpse, thus cries:

---

[149] his faither: i.e. Lausus' faither, Mezentius
[150] ne: near
[151] fairy: dwaam

"Oh my dear child and tender get here lies!
Haed I sae gret appetite and delight
untae this wretchit life sae fu o syte,[152]
that I thee suffert tae enter in my steid
unner our fae's haun, and wi thy deid
my life is saufit? Ha, I thy faither here,
whilk thee begat, my only son sae dear,
suld I be sauf and leivin efter thee,
throu thae sae grisly woundis that I see?
Alas, untae me, wretchit caitiff thing,
mine exile nou at last and banishing
becomen is hard and insufferable!
The stound o deid, the pains lamentable,
is deep engraven in my hert unsound.
Nou am I smitten wi the mortal wound!
I, the self man, wis the cause o thy deid.
Wi my trespass, my child, in every steid
fylit the glore and honour o thy name;
thy hie renown bespottin wi my shame,
as I that wis, by invy and haterent
o my ain people, wi thair haill assent,
expellit frae my sceptre and my ring,
and wis adebtit, for my misdaeing
untae our kintrie, til hae suffert pain.
I aucht and worthy wis tae hae been slain,
and tae hae yauld this wikkit saul o mine
by aa mainer o turment and o pyne,
for til amend mine offences and feid.
Ha, nou I leive, alas! and thou are deid!
Yit want I nocht o men the companie,
naither licht o life, nor clearness o the sky,
but suin I sall thaim leave and pairt tharefrae."

And sayin thus, samen wi mind fu thra[153]
he raised him up upo his woundit thee,
and determit tae revenge him or dee;
for tho the violence o his sair smert
made him unfery,[154] yit his stalwart hert
and courage undecayed wis guid in need.

---

152   syte: sorra

153   thra: eident, eager

154   unfery: waik

He bade gae fetch Rhoebus, his ryal steed,
whilk wis his worship and his comfort haill,
and his support his faeis tae assail;
for by this horse in every gret journey[155]
hame frae the field victor escapit he.
Whamtae Mezentius, but mair abaid,
seein the steed droopin and sad, thus sayed:
"Rhoebus, we twa haes leivit lang y-feir,
gif that tae mortal wichts in this erd here
ony time may be repute lang," quo he.
"Aither this day beis thou revenger wi me
o Lausus' dolorous deid, and wreck our shame,
and sall as victor wi thee bringen hame
yon bluidy spulyie, and Eneas' heid;
or, gif nae force nor strenth intae that steid
will suffer ony wey that it be sae,
we sall in field samen dee baith twae.
For, maist forcy steed, my luvit foal,
I can naewise believe at thou may thole
tae be at ony ither's commandment,
nor that thee list dedeign, gif I war shent,
til obey ony maister or lord Trojane."

And sayin thus, fu taewartly onane
the steed bekent held tae his shouther plat,
and he at ease upo his back doun sat;
and baith his hauns fillit wi dartis keen,
wi helm on heid burnishit bricht and schene,
abuve the whilk his tymbret buckelt was,
like til a lockert mane wi mony fas.[156]
And intae sic array wi swift course he
furth steers his steed, and drave in the melée.
Deep in his hert boldens the felloun shame,
mixit wi dolour, anger, and defame.
The fervent luve o his son ying o age
gan chasen him intae the furious rage.
Tharetae alsae persuades tae the ficht
his horse, weill knawin his hardiment and micht;
and, in sic pynt, throu-out the routis aa
wi michty voice thrice did Eneas caa.

---

[155]   journey: combat
[156]   fas: tassel

Eneas heard him cry, and weill him knew,
and gled thareof gan taewarts him pursue,
and prayin says: "The Faither o Gods hie,
and eik michty Apollo, that grant tae me,
thou wad begin in bargain on this land
tae mell wi me, and tae meet hand for hand."
Thus carpit he, and wi stern lance, but tarry,
furth steppis for tae meet his adversary.

But Mezentius, seein him comand,
cryit tae him anon and bade him stand.
"Oh thou maist cruel adversar," sayed he,
"whit weens thou sae tae effray and boast me,
sen thou my son haes me bereft this day,
whilk wis only the mainer and the way
whaurby thou micht owrecome me and destroy?
Nou, sen that I hae tint aa warld's joy,
naither I abhor the deid, tae sterve in ficht,
nor reck I ocht o ony god's micht.
Desist, and cease tae boast me or menace,
for I am come tae dee in this ilk place.
But first I bring thee thir rewards," quo he.
Wi that word, at his fae a dart lat flee,
and efter that anither haes he cast,
and syne anither haes he fixit fast,
about him prickin in a compass large.
But aa thir dints sustained the gowden targe.
Thrice on the left hauf, fast as he war wuid,
about Eneas rade he whaur he stuid,
thick wi his haundis swackin dartis keen;
and thrice this Trojan prince owre aa the green,
intil his stalwart steelit shield stickin out,
like a hair[157] wuid, the dartis bare about.
At last, as he annoyit o this deray,
this irksome traisin, jowkin, and delay,
and cummerit waux sae mony darts in vain,
thus aft tae draw furth and tae cast again,
as he that wis matchit that time, but fail,
wi his faeman in bargain inequale,
whilk aye wis at advantage and on flocht,
fu mony thing revolvit he in thocht.
Syne on that weirman rushit he in tene.

---

[157]   hair: hoary

In the foreheid, betwix the horse's een,
he kest his spear wi aa his force and micht.
Upstandis thair the stalwart steed on hicht,
and wi his heelis flang up in the air,
doun swacks the knicht suin wi a felloun fair,
founders forrat flatlins on his spauld,
owrewhelmed the man, and gan his feet unfauld.

Than the Latins, and eik people Trojanes,
the heivens dindelt wi a shout at aince.
Eneas girt abuve him wi a brade,
hint furth his swourd, and further thus he sayed:
"Whaur is he nou, Mezentius, sae stern?
Whaur is the fierce stout courage o that bern?"

Whamtae Mezentius, this ilk prince Tyrrhene,
frae that he micht aliften up his een
tae see the heiven's licht, and draw his braith,
and his richt mind again recoverit hath,
thus answers: "Oh thou dispeitious fae,
whaurtae me chides thou, reproachin sae,
and menaces me tae the deid by and by?
O my slauchter I think nae villainie,
nor on sicwise here cam I nocht in field,
that I staun awe tae swelt[158] unner my shield.
Nor, I believe, nae freindship in thy hands,
nane sic treaty o sauchtning[159] nor cunnands,
my son Lausus band up wi thee, perfay.
But o ae thing I thee beseek and pray –
gif ony pleisure may be grantit or beild
til adversars that lies vanquished in field,
that is tae knaw, suffer my body hae
a sepulture, and wi erd be begrave.
I knaw about me staunin in this steid
my fowkis' bitter haterent and gret feid –
defend me frae thair furore, I requeir,
and grant my corpse, beside my son's infeir,
intae some tomb interrit for tae be."
And sayin thus, knawin at he must dee,
before his een perceived the burnished brand
that throu his gorge went frae Eneas' hand.

---

158   staun awe tae swelt: be afraid tae dee

159   sauchtning: reconciliation

Within his armour, shortly tae conclude,
furth brushed the saul wi gret streamis o bluid.

By this the sun declinit wis almost,
sae that the Latins and Rutulian host,
whit for the absence o thair duke Turnus,
and new slauchter o bauld Mezentius,
withdrew thaim tae thair reset in affray,
and Trojans went untae thair rest while day.

The Prologue o the Leivint Buik

Thou hie renown o Mart's chivalry,
whilk gleds every gentle wicht to hear,
gif thou micht Mars and Hercules deify,
whaurfore been nobles tae follae prowess sweir?
Weill auchten elders' examples us to-steir
til hie courage, aa honour til ensue;
whan we conseider whit worship thareof grew,
aa vice detest, and virtue lat us lear.

Prowess, but vice, is pruvit leafu thing
by haly scripture intae sindry place,
by Maccabeus, Josuah, David King,
Michael, and eik his angels fu o grace,
that gan the dragon furth o heivens chase
wi valiant dints o firm mindis contrar.
Nane ither strokes nor wappons haed thay thare,
naither spear, buge,[1] poleaxe, swourd, knife, nor mace.

In taikenin that in chivalry or ficht
our mindis sud hae just intentioun
the grund o battle fundit upo richt,
nocht for thou list tae mak dissentioun
tae seek occasions o contentioun,
but rype thy quarrel and discuss it plain,
wrangs tae redress sud weir be undertane
for nae conquest, reive, skat nor pensioun.

Tae speak o moral virtuous hardiment,
or raither o divine, is mine intent;
for warldy strength is feeble and impotent
in God's sicht, and insufficient.
The psalmist says that God is nocht content
in man's stalwart limbs nor strenth of cors,
but intae thaim that traistis in his force,
askin mercy, and dreidin judgement.

---

[1]   buge: bill heuk

Strang fortitude, whilk hardiment cleip we,
abuve the whilk the virtue sovereign
accordin princes, hecht magnanimity,
is ae bounty set betwix vices twain,
o wham fuilhardiness cleipit is the tane,
that undertaks aa perils but advice;
the tither is namit shamefu cowardice,
void o courage, and dowf as ony stane.

The first is hardy aa outbye meisure;
o time nor reason gives he nae cure;
nae doubt he castis, but aa thinkis shuir;
nocht may he suffer, nor his heat endure.
The tither is o aa prowess sae puir,
that e'er he stauns in fear and felloun dreid,
and ne'er daur undertak a dochty deed,
but doth aa courage and aa manheid smuir.

The first soundis taewart virtue some-deal,
hardy he is, couth he be advise.
O hardiment, the tither haes nae feel.
Hou may courage and cowardice agree?
O fortitude to compt you every gree,
as Aristotle in his *Ethics* doth express,
it wad, as nou, contain owre lang process,
whaurfore o ither chivalry carp will we.

Gif Christ's faithfu knichtis list us be,
sae as we aucht, and promised haes at font,
than maun we bide bauldly, and never flee,
naither be abashit, tappit, nor yit blunt,
nor as cowards tae eschew the first dunt.
Paul witnesseth, that nane sall win the croun
but he whilk duly maks him ready boun
tae staun wichtly, and fecht in the forefront.

And wha that sall nocht win the croun o meed,
that is to say, the everlastin bliss,
the fire eternal needlins must thay dreid;
for Christ intae his gospel says, iwis,
"Wha bydes nocht wi me contrar me is,"
and gif thou be againis God, but weir,

than art thou wageour[2] unto Lucifer.
God sauf us aa frae sic a fire as this!

The armour o our chivalry, perfay –
sae the apostle teaches us express –
nocht corporal but spiritual been thay.
Our conquest haill, our vassalage[3] and prowess
againis spreits and princes o mirkness,
nocht agin man, our ain brither and mate,
nor yit agin our makar tae debate,
as rebel til aa virtue and guidness.

The flesh debates agin the spiritual ghost,
his hie courage wi sensual lust tae law,
and, be the body victor, baith are lost.
The spreit wad up, the cors aye doun list draw.
The saicont frae the warld, anither thraw,
maks strang assaults o covatice and estate,
agin wham is fu perilous debate.
Thir faes familiar been fu quent tae knaw.

Live in thy flesh as maister o thy cors;
live in this warld as nocht aye tae remain;
resist the fiend's slicht wi aa thy force:
he is thy ancient enemy, warst o ane.
A thousan wiles he haes, and mony a trane;
he kennles aft thy flesh in birnin heat;
he causes wretchit pleasance seem fu sweet,
and, for nocht, o this fause warld maks thee fain.

He is thy fae and adversar principal,
o promission wad thee expel the land;
for he the samen lost, and caucht a fall.
Enforce thee strangly contrar him tae stand;
raise hie the targe o faith up in thy hand,
on heid the haillsome helm o hope on-lace,
in cherity thy body aa embrace,[4]
and o devote orison mak thy brand.

---

2   wageour: mercenary

3   vassalage: knichtly courage

4   embrace: surroun (as wi armour)

Staun at defence, and shrink nocht for a shore;[5]
think on the haly martyrs at are went;
think on the pain o Hell, and endless glore;
think hou thy Lord for thee on ruid was rent;
think, and thou flee frae Him, than art thou shent;
think aa thou suffers untae His pain nocht is;
think wi hou precious price as thy saul bocht is,
and aye the Mither o Grace in mind imprent.

Feil been thy faeis, fierce, and fu o slicht,
but be thou stalwart champion and knicht
in field o grace wi foresaid armour bricht,
thou may debate thaim lichtly in ilk ficht;
for o free will thine acton[6] is sae wicht,
nane may it pierce, wilt thou resist and stand.
Become thou coward, crawdoun[7] recryand,[8]
and by consent cry cock,[9] thy deid is dicht.

Think hou that fae is waik and impotent,
may vanquish nane but thaim list be owrecome.
He sall thee ne'er owreset but thy consent.
Eith is defence tae say nay, or be dumb;
and for thy weill, lo, this is aa and some.
Consent never, and thou sall ne'er be lost.
By disassent thou may vanquish a host;
and for aince yea, tyne thy meed every crumb.

Nae wunner is, for by example we see,
wha serves his sovereign intil aa degree
fu mony days, and efter syne gif he
commits aince treason, sud he nocht dee,
less than his prince, o gret humanity,
pardon his faut for his lang, true service,
gif he wad mercy crave? The samen wise
we been forgiven, sae that repent will we.

---

[5]   shore: shooer (o arrows)
[6]   acton: paddit jaiket
[7]   crawdoun: coward
[8]   recryand: surrenderin
[9]   cry cock: admit to bein beat

But what avails begin a strang melée,
syne yield thee tae thy fae but ony why,
or cowardly tae tak the back and flee?
Na, there sall nane obtain hie victorie,
less thay sustain the bargain dochtilie,
and whasae perseveres tae the end,
a conqueror and champion e'er is kenned,
wi palm o triumph, honour, and glorie.

The maist unsely kind o fortune is
to hae been happy. Boethius teaches sae.
And to hae been in walth and hert's bliss,
and nou to be decayit and in wae.
Richt sae, wha virtuous was, and faas therefrae,
o verra reason malewrous[10] hait is he,
and yit by grace and his free volunté,
he may recover merit again alsae.

I say, by grace, for whan thou art in grace,
thou may eik grace tae grace, aye more and more.
But whan thou faas by sin therefrae, alace!
o thy merit thou gets her nevermore.
Yit whan thou duly dispones thee tharefore,
daein aa that in thee thare may be duin,
o his guidness the etern Lord aa suin
restores the merit, wi grace in erles[11] o glore.

Haill thy merit thou haed tofore thy faa,
that is to say, thy warkis meritable,
restorit are again, baith gret and smaa,
and grace tharetae, whilk is sae profitable,
that thou thereby tae eik merit art able.
But nocht ilk gree o grace thou haed before,
that gets thou nocht sae suin while furthermore.
Beware therefore, faa nocht, but standis stable.

For like as wha offendit haed his lord,
that lang tofore his true servant haed been,
and syne again becomes at ane accord
wi his maister, altho his lord wad mein
on his auld service, yit naetheless, I ween,

---

[10] malewrous: unfortunate

[11] erles: earnest

he sall nocht suin be tender, as he was ere.
Beware tharewith, and keep you frae the snare.
Tyne nocht your labour and your thank between.

Example tak o this Prince Enee,
that for his fatal kintrie, o behest
sae feil dangers sustained on land and sea,
sic strife in stour sae aft, wi spear in rest,
while he his realm conquest baith wast and est.
Sen aa this did he for a temporal ring,
press us to win the kinrick aye lesting;
address us fast for til obtain that fest.

He may be caaed, as says Sanct Augustine,
a delicate, owre easy Christian knicht,
refuses tae thole travail, sturt or pyne,
and but debate weens til obtain the ficht.
Tae win the field, and never preive thy micht,
that war nice thing. Thy king Christ in batell,
what sufferit He for thee, o caitiff wicht!
Lies thou at ease, thy prince in bargain fell?

Ashames o our sleuth and cowardice!
Seein thir gentiles and the pagans auld
ensue virtue and eschew every vice,
and for sae short renown weren sae bauld
to sustain weir and painis tere[12] untauld.
Than lat us strive that realm for tae posseid,
the whilk was hecht til Abraham and his seed.
Lord, at us wrocht and bocht, grant us that hauld!

---

[12] tere: teuch

The Leivint Buik

Chaipter I

Efter the field Enee made sacrifice,
offerin the spulyie tae Mars, as wis the guise.

Durin this while, furth o the sea did spring
the fresh Aurora wi the bricht dawing.
Enee, albeit his hasty thochtfu cures
constrainit him, as tuiching sepultures
o his fowkis new slain, and beirying,
for tae provide a time maist according;
and gretly eik in mind he trubbelt wis
for the slauchter and deid corpse o Pallas;
yit naetheless, as first the sun upsprent,
sheddin his beamis in the orient,
as victor he untae the gods as tyte
wi sacrifice gan his vowis acquite.
An aiken tree, wis huge, gret and square,
the branchis sned and cut about aawhere,
upo a motte's hicht up-set haes he,
and aa wi shinin armour cled the tree.
The coat armour and spulyie thareon hang
o Mezentius, the valiant champion strang.
Tae thee, gret God o Strife, armipotent,
in sign o trophy thareon wis upstent
his crest and helmet aa besprent wi bluid,
the broken truncheons o his spearis rude,
and his fine haubrek, wi spear, swourd, and maces,
assayed and piercit intae twice sax places.
His steelit shield did on the left side hing;
about his gorget, or his neck arming,
wis hung his swourd wi ivor scabbard fine.
And thus exhorts Enee his feiris syne –
the chieftains aa about him loukit war,
whilk gledsome weren o this joyous fair.

"Oh dochty men," quo he, "worthy in weirs,
the grettest pairt o our warks and effeirs
been endit nou, sae that in time coming

aa fear and dreid are passed o onything.
Thir been the spulyie, and first weirly weed,
reft frae the proud king by my hauns indeed.
Lo, here Mezentius vanquished lies dounbet.
Nou tae the waas o Laurent and the yett,
the wey is made tae King Latin tae wend;
tharefore address your mindis, and attend
tae armis and tae weirfare every ane,
providin in your conceits for bargain,
sae that ye ready be, and nae delay
may stoppen you, nor stonish[1] anither day
by your ain sleuth, for lack o guid foresicht,
gif ye unwarnist beis caaed tae the ficht.
As suin as first the gods omnipotent
by some signis or taiken list consent
the ensenyies and banners be uphint,
and aa the younkers meet for swourdis' dint
o thair tentis convoyit in array –
see ye aa ready be than, but delay.
And, in the meanwhile, lat us tae erd have
the corpses o our fellaes unbegrave;
whilk only honour is hauden in dainté
at Acheron, the lawest Hell's sea.
Pass on," he sayed, "thae saulis valiant,
whilk, wi abundance o thair bluid besprent,
haes conquest us this realm upo sic wise.
Dae honour wi thair funeral service,
and worship wi thair final last rewards.
But first, before aa corpses o thae lairds,
untae Evandrus' dolorous ceity
o young Pallas the body send maun we;
wham, wantin nae virtue nor prowess,
the waefu day haes us bereft express,
and wi a waefu slauchter caucht, alas!"

Thus sayed he, weepin saut tears owre his face;
syne teuk his voyage taewart the ilk steid
whaur Pallas' lifeless corpse wis liggin deid,
wham ancient Acoetes thare did keep,
wi flottert baird o tearis aa beweep;
the whilk Acoetes haed tofore y-be
squire tae King Evander, frae the ceity

---

[1]   stonish: dismay (Latin *ne qua mora ignaros … impediat*)

o Parrha comen intae Arcady,
and at this time wis sent in company
wi his dear foster child he haed in cure,
but nocht, as ere, wi happy adventure.
About the corpse aahaill the multitude
o servitures and Trojan commons stuid,
and dolorous Phrygian wemen, on thair guise
wi hair doun-shake, and peitious spraichs and cries.
But, frae that entert wis Eneas bauld
within the ports o that large hauld,
a huge clamour thay raised and womenting,
beatin thair breists while aa the lift did ring.
Sae loud thair waefu bewailing abounds,
that aa the palace dinnis and resounds.
This prince himsel, frae that he did behauld
the snaw-white veisage o this Pallas bauld,
his heid uphauld, micht nocht the self sustein,
and eik the gapin deidly wound haes seen,
made by the spear's heid Rutuliane
amid his sneith[2] and fair sleikit breistbane,
wi tearis bristin frae his een, thus pleined:

"Oh dochty child, maist worthy tae be meined,
has fortune me envied sae faur that, eft
our weill is comen, thus thou art me bereft,
sae that thou suld nocht see our reign?" said he,
"Nor yit as victor wi prosperity
untae thy faither's ceity hame retour?
Sic promise hecht I nocht the latter hour
tae thy faither Evandrus, whan that he
at my depairting last embracit me,
and sent me tae conques a large empire;
and dreidin eik for thee, that lordly sire
us monished tae be waur and avisé,
because the men wham-wi tae dae haed we
war bauld and stern; sayed we had weir at haun
wi busteous fowk that weill in strife durst staun.
Nou, certes, he, leivin in hope, in vain,
for thy prosper returnin hame again,
per chance doth mak prayer and offerands,
chairgin the altars aft wi his ain hands;
but we his lifeless child, whilk aw naething

---

[2] sneith: erroneous for smuith (smooth)?

untae the goddis o the heivenly ring,
wi womenting here meinin tenderlie
and vain honour, accompanies by and by.
Oh fey unhappy king Arcadiane!
Nou thy son's deid corpse cruelly slain
thou sall behaud. Alas, the painis strang!
This is our hamecome thou desirit lang;
this sall be our triumph thou lang abaid,
tae see thy ae son on his bier-tree laid!
Ha! Whit? Is this my promise and gret faith?
But, oh Evander, beis nocht wi me wraith –
thou sall nocht see thy son wis drive aback
wi shamefu woundis that he caucht in the back;
nor thou his faither, war he alive this day,
suld ne'er hae lack o him, nor for him pray
for his desert he dee'd a shamefu daith.
And nou wi honour haes he yauld the braith.
But naetheless, whit herm, fu wae is me!
Hou large support, hey! whit beild or supplie
in him haes tint Ausonia the ring,
and hou gret deal haes lost Ascanius ying!"

Chaipter II

Young Pallas' corpse is til Evander sent
wi aa honour according his turment.

Whan he bewailit had on this manneir,
this waefu corpse he bade dae lift on bier,
and wi him sent a thousan men in hy
walit o every rout and companie
for tae convey and dae him fellaeship
at his last honour and funeral worship,
and tae be present at the lamenting
o his faither, tae comfort his mourning;
tho smaa solace wis that tae his regret
whilk wis sae huge, but tae his estate
accordit weill that sic thingis suld be
whan aa wichtis micht rue on him tae see.
Some o Eneas' feiris busilie
flakes[3] tae plait thaim presses by and by

---

[3] flakes: hurdles, wicker frameworks

and o smaa wickers for tae build a bier
o souple wandis and o brownis[4] sere,
bund wi the sinnons or the twistis slee
o small ramail or stobs o aikin tree.
Thir beds buildit, or funeral litters,
sic tombs as for deid corpse effeirs,
wi green burgeouns and branches fair and weill
thay gan owreheild, and stentis every deal;
amid the whilks, o bluims upo a bing
strewit fu hie, thay laid this Pallas ying,
liggin thareon as seemly for tae see
as is the fresh flouers' shinin beauty,
newly pullit up frae his stalkis small
wi tender fingirs o the damisel,
or the saft violet that daes freshly shine,
or than the purpour flouer, hait jacinthine;
wham altho the erd, his mither, wi sap,
him nurish nocht, nor comforts on her lap,
yit than his schene colour and feigure glaid
is nocht aa went, nor his beauty defade.
Eneas syne twa robes furth gart fold
o rich purpour and stiff burde[5] o gold,
whilk umquhile Dido, Queen o Sidones,
o sic laubour fu busy than, I guess,
as at that time tae please him wunner glaid,
wi her ain haundis tae him wrocht and made,
woven fu weill, and brusit[6] as rich weeds,
o costly stuff and subtle gowden threids.
And wi the tane o thir fu dolorously
Eneas cled the ying Pallas' body,
tae be his final and his last honour.
His lockis and his hairis the self hour,
whilks war for tae be brint in aises cauld,
intae the tither habit did he fauld.
Abuve aa this, rewardis mony ane,
y-conquest in this battle Laurentane,
in haill heaps wi him haes he send,
and bade thay suld tak guid keep and attend
tae lead the prey per order pompouslie.

---

[4] brownis: ?

[5] burde: border

[6] brusit: embroidert

Feil horses als he gave thaim by and by,
wi wappons eik, and ither precious gear,
that he haed reft his faemen in the weir.
The preisoners alsae, wham he haed tak,
he sent wi haundis bund behinnd thair back,
whilks, at the obsequies or interment,
tae the infernal ghaistis suld be sent,
and wi thair bluidis shed, as wis the guise,
the funeral flame strinkle in sacrifice.
He bade the capitains and the dukes all,
in sign o trophy or pomp triumphal,
gret perks[7] bair o treen[8] sapling that square is,
cled wi the armour o thair adversars,
tae write and hing thareon baith aa and some
the names o thair enemies owrecome.
Furth led wis the unsely Acoetes,
owreset wi age, and sorra micht nocht cess;
nou bluidyin his ain breist wi his fists;
nou wi his nails his face rentis and brists;
and aft doun fallis spauldit on the erd,
wi mony gowl, and a fu peitious rerd.
And furth war led rich cairtis for the naince,
besprent wi bluid o the Rutulianes.
And efter cam Aethon, his weirly steed,
dispulyiet o his harnessing and weed.
Weepin he went for wae, men micht hae seen,
wi gret tears flodderit his face and een.
Ane bare his helm, anither bare his spear;
for the remains o his harness and gear,
sic as his rich girdle, and coat armour,
Turnus victor bereft him in the stour.
Furth haudis syne the dreary companie
o Trojans, and Tyrrhene dukes thaim by;
and waefu Arcades, in sign o dolour, weirs
shields reversit, and doun turnit thair spears.
And efter that, per order, by and by,
thay been furth passit every companie,
Eneas than gan stinten, and abaid,
and wi a peitious regret thus he sayed:
"The horrible battles o thir samen weirs
til ithers' funeral womenting and tears

---

[7] perks: poles

[8] treen: wuiden

caas us frae thence. We may nocht follow thee,
thine interment for til behaud and see.
Adieu for aye, Pallas, beluvit best!
Fareweill forever intil eternal rest!"

Nae mair he sayed, but went taewart New Troy,
enterin tharein wi tearis o annoy.

Chaipter III

> *Hou Eneas untae the Latins gave*
> *twelve days o respite the deid corpse tae grave.*

By this war come frae King Latin's ceity
ambassadors, wi branch o olive tree,
beseekin favours and benevolence:
that he wad suffer tae be cairried frae thence
thae corpses deid, whilks on the fieldis broun
lay strewit here and thare, wi swourd bet doun,
and thaim restore again, o his gentré,
tae suffer thaim begraven for tae be;
assurin him, thare micht be led nae weir
on vanquished fowks that lifeless micht nocht steir;
and prayit spare thair people at sic mischance,
whilom cleipit his freins and acquaintance.
Whan that Eneas, heind, courteous, and guid,
thair petition sae reasonable unnerstuid,
as man that wis fulfillit o bounty,
thair haill desire fu gledly grantit he,
and further eik untae thaim thus he sayed:

"O Latin fowks, whit misfortune unglaid
haes you involved in sae unhappy weir,
that ye chase us away, your freindis dear?
Desire ye peace but for thaim that been lost
by martial fate, and slain intae this host?
And I, forsuith, til aa that leivin be
wad gledly grant the samen, I say for me.
Ne'er hither haed I comen, war nocht, perfay,
intae this steid the Fates hecht for aye
our restin place providit and herbrie;
nor nae weirfare wi your people lead I.
But your king haes our confederance upgive,

and raither haes setten aa his belief
on Turnus' vassalage and his hie prowess;
tho mair equal and gainand war, I guess,
tae this Turnus, the brekker o our peace
til adventure himsel tae dee in press.
Gif he pretends in battle wi a brand
tae end the weir, or Trojans o this land
for tae expel, here seemed him unner shield
wi wappons tae reconter me in field,
that nane but ane o us war left leivand,
whase life God list withhaud, or his richt hand.
Nou hauldis on, and aa the lifeless banes
and corpses o your wretchit ceitizens
dae birn, and beiry efter your ain guise,"
says Eneas, the Trojan ware and wise.

Than o his speech sae wunnerit war thay,
kept thair silence, and wist nocht whit tae say;
and aither taewarts ithers turns, but mair,
and gan behaud his fellae in a stare.
The eldest man amang thaim, finally,
cleipit Drances, that haed fu gret envy
at ying Turnus, aa wey tae him infest
for auld malice or o crime manifest,
begouth tae speak and answer thus again:
"Oh huge gret is thy fame, thou duke Trojane,
but faur gretter aa out we may aspy
thy deeds o armis and thy chivalrie.
Wi whit luvings equal may I compare
thee tae the gods in heiven abuve the air?
Whither sall I first extol, and wunner in thee,
thy gret gentrice and sae just equity,
or thy gret force and laubour bellical?
Gledly, forsuith, nou hamewart beir we sall
untae our native boundis and ceity
thir sae gret signis o humanity;
and, gif that ony chance can finnd the way,
we sall dae fully aa that e'er we may
thee tae conjoin wi King Latin in hy.
Lat Turnus whaur him list gae seek ally.
And further eik weill likes us at aa
tae help til raise this fatal massy waa,
and for tae beir upo our shouthers war joy
thir stanes gret tae this new wark o Troy."

Thus sayed Drances, and aa the remanent
tharetae adheres wi haill voice and consent.
Twal days o truce thay band, tae staunch debate,
for tae keep peace and weiris sequestrate.
Than throu the wuidis and thir holtis hie
Trojans and Latins samen, he and he,
whaur-sae thaim list wanderis but dangeir.
The heich eshis, sounds thare and here
for dintis rude o the sherp steelit aix,
doun weltit are wi mony grainin strakes;
the fires reikin tae the starns on hie;
the meikle sillis[9] o the warryn tree[10]
wi wedges and wi proppis been divide.
The strang-goustin cedar is aa to-schyde;[11]
nor cease thay nocht upo the jargin wains
the gret aikis tae turse away at aince.

Chaipter IV

The King Evander complained sair and waryit,
whan his son Pallas deid wis tae him cairryit.

Than Fame wi this, as fast as she micht spring,
as messenger o sae gret womenting,
flaw furth, and aa wi murning fillis she
Evander King his palace and ceity;
whilk late tofore haed shawin that Pallas
in Latium landis sae victorious was.
Nou says she, "Lo! is he brocht on bier!"
The Arcadies rushed tae the ports infeir,
and every wicht in haundis hint as tyte[12]
a het firebrand, efter the auld rite,
in lang order and rabble, that aa the streets
o shinin flames leamis bricht and gleits,
while aa the large fields o the licht
micht severally be reckoned at ane sicht.

9	sillis: bauks, beams
10	warryn tree: knotty tree, aik (only here, translatin Latin *robur*, hard wuid, aik)
11	to-schyde: aathegither split
12	as tyte: right away

The Trojan routis, on the tither hand,
wi thaim adjoins thair fowkis sair weepand;
wham-as the matrons beheld on sic wise
sae dulefully wend tae the King's palice,
the dolorous toun in every street and way
wi peitious skrikes and gowling fillit thay.
Than wis nae force Evander micht refrein,
but in amiddis thaim wi gret disdein
he rushis, pleinin on waefu manneir,
and fell on grouf[13] abuve deid Pallas' bier,
weepin and wailin as his hert wad brek;
embracit him, but nae word micht he spick;
and scarce at last wi gret difficulty
the conduits o his voice war lowsit free.
Whan he micht speak, than thir his wordis wis:

"This is nocht thy last cunnand, son Pallas.
Thou promised nocht sae untae thy faither dear,
but at thou suld pass mair warily in weir,
and nocht in danger o the cruel Mart.
Owre weill I wist, wi hermis at my heart,
whit adventure, and o hou meikle micht
til ony young man, the first field in ficht,
wis gret desire o new luve or glory,
and hou sweet wis renown o chivalry.
Alas! the first commencement and assays
tae young men been in weir fu fey always;
and richt hard been the first enteachment
o hasty battle tae thaim been nocht acquent.
My vowis nor my prayers gret and smaa
war nocht accept tae nane o goddis aa.
Thou my blissed spous, deceased ere nou,
fu happy o that deid in faith wis thou,
that tae this sorra nocht preservit was!
But by the contrar I, alas, alas!
owreleivit haes my fates profitable,
and am alive as faither miserable;
wham, wad God, in yon samen mortal weirs
Rutulians haed owrewhelmit wi thair spears,
that, follaein tae the field my feirs o Troy,
I micht hae yauld this saul fu o annoy,
sae that this funeral pomp, whilk here is wrocht,

---

13   on grouf: flat on the face

my body, and nocht Pallas', hame haed brocht!
Nor bid I nocht you, Trojans, tae argue
o amity and alliance bund o new;
nor our richt hauns and promise, whilkis we
in freindship knit and hospitality –
this misfortune is mine o auld thirlage,
as tharetae debt-bund in my wretchit age.
But haed this hasty deid, sae undigest,
hae sufferit but my son a stound tae lest,
while o Rutulians he haed slain thousands,
and investit the Trojans in thair lands –
that is tae say, in Latium or Lavine –
weill likit me that he haed endit syne.
And further eik, Pallas, my son sae dear,
nae mair richly cud I thee lay on bier,
nor wi mair worship list me inter thee,
than is providit be ruthfu Enee,
by michty Trojans and princes Tyrrhene,
for aa the Tuscan menyie as here is seen,
gret trophy and rich spulyie hither brings,
on perkis richly cled wi thair armings,
wham thy richt haun in field haed put tae deid.
But, thou Turnus, in this samen steid
amangis ithers here suld thou hae be,
in form and mainer o a stock o tree,
gif ye o age haed been equal and peers,
and baith alike comen tae your strenthy years.
But nou, alas! I, fey unhappy wicht,
whaurtae delay I Trojans frae the ficht?
Pass hame in haste, and remember tae say
thir my desires tae your prince, I you pray!
Evander says that thy richt haun, Enee,
is aa the cause that he delays tae dee,
or that this hatesome life sustain he wald,
sen nou is lost his son Pallas the bauld.
Say til him that he oblished is o debt,
baith tae the son and the faither, tae set
yon Turnus' slauchter for our recompense.
Tae thee Eneas only, but offence,
and tae fortune, remains this journey yit,
whaurwith thou may thankfully be acquit.
Tell him, nae lust tae life langir seek I.
Unleisome war sic pleisure I set by,

but for a thraw[14] desire I tae lest here,
Turnus' slauchter and deid wi me tae beir,
as gled tidings untae my child and bairn,
amang the ghaistis law in scuggis dern.

Chaipter V

*Here aither pairty takkis busy cure
the deid bodies tae grave in sepulture.*

The mean season Aurora raised her licht,
richt comfortable for every mortal wicht,
rendering again the opportunity
o laubour and o wirking, as we see.
The prince Eneas, and the King Tarchon,
gret bingis haes o treeis mony one
upbuildit, by the bowin coast's bay.
Thither everyane did cairry, but delay,
efter thair elders' guise, untae that steid
the corpses o thair freindis that war deid,
as for tae dae thair observance o debt;
and thare-unner the smoky fire haes set,
while that the heivens hie did wauxin dirk,
involvit wi the reeky stewis mirk.
And thrice on fuit aa samen every man
in shinin armour about the fires ran;
and thrice the waefu funeral ingles thay
circled about on horseback in array,
wi gowling and wi voices miserable;
while that o tricklin tearis lamentable
the fieldis strewit war in every place,
armours aa wet wi weeping, and thair face.
The clamour o the men and trump's stevin
gan springen up on hicht untae the heiven.
Syne comes some, and in the fire did sling
the weirly weedis, spulyie, and arming,
rent frae the Latins slain intae the weir;
as helmis, swourdis and rich shieldis sere,
bridles, and aa thair steedis' trappours fair,
the hasty hurlin chariot wheelis square.[15]

---

[14]   thraw: moment

[15]   square: solid, weill-made

And ither some kest in the fire sic gear
as weill-bekent the corpse wis wont tae wear,
thair ain wappons, and thair unsely shields,
whilk micht thaim nocht defend intae the fields.
Fu mony carcass o thir oxen gret
about the fires war brittent and dounbet,
and busteous boukis o the birsit swine.
Owre fieldis aa bereft, frae every hine,
thay steik the beasts, and swackis in the fire;
endlang the coastis aa than birnin schire;
and gan behaud hou that thair feiris brent,
observin weill the gleidis hauf out-quent,
and eik the aises hauf brint o the deid;
nor may thay thence be harlit o that steid,
while at the heiven owrewhelmit the daurk nicht,
that gainand is for fiery starnis bricht.

And, naetheless, the Latins lamentable
in places sere fires innumerable
upbuildit haes; and some wi waefu rerd
feil corpses deep bedelves unner erd;
and some alsae in cairtis hae thay sent
tae tounis[16] in the fieldis adjacent;
and some alsae war sent tae the ceity,
tae be interred as thaim accordit be.
The remanent aa samen assembelt owreane,
but nummer and but order, everyane,
o corpses slain in huge heap birn thay.
And thus, on aither sides, the hieway
and large fieldis did aft o fires shine;
as that the thrid day's licht efter syne,
the daurk nicht removed frae the sky,
the aises deep, murnin wi mony a cry,
doun did thay cast, and scrapes out at aince
the het emmers and the birselt banes;
and yit aa warm, uncuilit, suin thay have
bedelven thaim, and in the erd begrave.

But, certes, than renews the womenting
within the michty burgh o Latin King.
The rumour rase and murmur principally
o bewailing aa out the maist pairty.

---

16   tounis: fermtouns

The waefu mithers and matrons weeps here,
the eildmithers,[17] and eik the sisters dear.
Thare micht be heard wi dulefu breistis greet
the ying babbies wailin on the street,
that haed thair faithers slain this hinder day,
cryin, ochone! alas! and wallaway!
Thay curse and wary fast this vengeable weir,
and Turnus' wedlock bans[18] wi mony a tear.
Aa in ae voice thay cry, desirin he
suld undertak the battle and melée
and fecht alane tae mak end o this thing,
as he the whilk pretends tae wield the ring
o Italy wi honour principal,
desirin that he suld be lord o all.

The brim Drances aggreges[19] weill this thing,
and buir on haun bauldly before the King
nane but this Turnus challenge wad Enee:
Turnus only tae fecht desires he.
And, by the contrar, mony sensiments[20]
for Turnus shaws evident arguments.
O Queen Amatha the gret authority
deckis and defends him wi wordis slee;
and his gret fame and actis triumphal
his quarrel did sustain agin thaim all.

Chaipter VI

Before King Latin and his council indeed
Venulus shaws response o Diomede.

Abuve aa this, lo, the ilk stound anon
thir messengers, aa trist and waebegone,
returnit hamewarts intae thair maist need
frae the gret ceity o Sir Diomede;
reportin answer, that aahaill wis lost
thair lang travail and maist sumptuous cost.

---

[17]   eildmithers: guid-mithers, mithers-in-law

[18]   bans: curses

[19]   aggreges: exaggerates

[20]   sensiments: opeenions

Shortly, thay haed duin thare naething at docht.
The rich giftis nor gowd availit nocht,
for aa thair large requestis and prayeirs,
tae help the Latin people in thair weirs.
Behuvit thaim tae seek ither supplie,
or tae mak peace wi Trojan prince Enee.

Hearin thir wordis, this auld Latin King
failis aa courage, wi gret lamenting,
for patently the goddis' wraik,[21] him thocht,
shew that by fate Enee wis thither brocht,
and manifest micht o gods him did sustein –
that shew the new graves before thair een.
Whaurfore, a gret council assembles he,
and callis the chief leaders o his menyie,
chairgin thay suld in his palace convene
untae the ryal chymmis. Than bedene
thay flock sae fast that every wey wis hid.
This ancient king did set him doun amid
the sceptred men, as first and principal,
but naething seemin gled o cheer at all.
Than the ambassat, that wis returned again
frae Diomede's ceity Aetolian,
he bade dae shaw the credence that thay brocht,
per order haill thair answer, failin nocht.
Silence wis made, ilk man his tung held than,
and Venulus, o thaim the grettest man,
begouth for til obey the King's charge,
and shew his credence plainly furth at large:

"Oh ceitizens, we hae vissyit Diomede,
and seen thae strenths by thaim o Arge indeed
upbuildit in the bounds o Italie.
The weys thither we hae met by and by,
and escapit aa dangers by the gate,
altho our journey wis nocht fortunate.
We hae tuichit that samen dochty hand
by wham o Troy destroyed wis toun and land;
whilk nou as victor, in the fieldis plain
beside the skirtis o the Munt Gargane,
within bounds o Japygia sulyie,[22]

---

[21] wraik: persecution

[22] sulyie: soil

that nou on days Apulie cleipen we,
upraisit haes the ceity Argyripas,
wham frae his native people named he haes.
Frae that we entert war in his presence,
and for tae speak wis give us audience,
the giftis and rewardis present we;
our credence, our estate, and our kintrie
declarit plain, and wha wi weir us socht,
and whit occasion haed us thither brocht.
He heard us weill, and on a freindly wise
thus answer made wi wordis ware and wise:

'Oh fortunate fowk, whaur Saturn reignit sae,
ye ancient people o Ausoniae,
whit misadventure and unkindly heat
you steiris frae your lang rest and quiet,
provokin you tae moven, raise, and steir,
sae perilous, uncouth, and unthrifty weir?
For every ane o us that did offence
in Troy's boundis wi swourd and violence,
or cruel haundis set for til invade
King Priamus, and o his realm degrade;
(I leave untauld aa thae that in the field
by Troy's waas haes swelt unner shield,
or that the fluid o Simois by the toun
drounit in streamis warpis up and doun)
owre aa the warld o us haill the remains
been punished sair wi unrehearsable pains,
and sufferit haes aa mainer o turment.
Fu weill knawis my wordis, whit I meant,
the sorrafu constellation o Minerve,
whilk causit mony dochty man tae sterve;
and on the coastis o Euboica
the rockis beiris witness yit alsa,
and the muntain Caphareus, God wot,
that vengeance teuk and wraik upo our flote.
Frae that weirfare and cursit chivalrie
we chasit are tae sindry coasts, faur by
our native boundis and auld heritage.
Lo, Menelay, ane o the chief barnage,
and Atreus' son, y-cleipit Atrides,
tae Proteus' pillars, hait pyramides,
constrainit is in exile for tae wend.
Ulysses alsae, as fu weill is kenned,

bewavit is widewhaur owre aa the sea,
sae that the Cyclops o Etna saw he.
Whit suld I tell o Neoptolemus,
that itherwise tae name is hait Pyrrhus,
the hard mischance and tinsell[23] o his ring?
Or hou agin Idomeneus the King
his kindly gods and kintrie did rebel,
and him gan o his native realm expel?
Or hou the Locres, Ajax Oileus' host,
nou daes inhabit the waste Libyan coast?
Syne he himsel, the gret Agamemnon,
the King o Myce, and chief leader of one
o aa the Greekis' hostis in battel,
ha! shame tae say! foulily befell,
that by the hauns o his ain wife
the first nicht in his palace lost his life,
and he that vanquished Asia lies deid –
the slee adulterer occupies his steid.
The goddis eik sae faur did me envie,
that in my native land ne'er sall I spy
my chaste spousage, like as before haes been,
nor Calydon my realm, o crimes clean.
And nou alsae, a grisly thing tae see!
A selcouth monster,[24] lo, betid haes me.
My feiris lost, wi plumes in the air
as thaim best likes are fleein owre aawhere.
Alas, o my fowkis the vengeable wraik!
Transformed in foules, wanders by the lake,
and o thair lamentable and waefu sounds
the large coastis dins and redounds.
Thir mischiefis for my trespass and crime,
I may traist, haes betid me sen that time
that I, witless and sae reckless, perfay,
the heivenly bodies durst wi swourd assay,
and wi smert wound wis owre presumptuous
tae violate the richt haun o Venus.
Solist nae mair,' quo he, 'persuade me nocht
that tae sae dangerous battles I be brocht
efter the bettin doun o Troy's waas.
Wi the Teucrans, whit chance that e'er befaas,
I'll nae mair debates mak nor weirs.

---

[23]   tinsell: loss

[24]   selcouth monster: byordnar phenomenon

Nor o our auld strife thir hunner years,
that sae mischievous wis and bad tae see,
may I gledly remember nou,' sayed he.
'Thae giftis rich, and mony fair presands,
whilks ye tae me haes brocht furth o your lands,
return and beir untae the Prince Enee.
Contrar his keen dartis else staun hae we,
and haun for haun matchit him in ficht.
Believe me as expert, hou stout and wicht
is he aither in battle place or field,
and hou sternly he raises up his shield,
or wi hou gret a thud in the melée
a lance taewarts his adversar thraws he.
Further,' he sayed, 'I certify you alsae,
that, gif the foresaid grund o Phrygiae
twa ither sic men fostert haed or breed,
the ceities aa o Arge micht sair hae dreid,
and the affspring o Dardan easilie
micht in our realms arrivit by and by,
sae that Greece suld hae murnit, every toun,
the fates auld reversit upside doun.
Aahaill the stop, resistance, and delay
made at Troy wallis, while the siege thare lay,
wis by the hauns o Hector and Enee.
The Greekis' conquest lang time, traistis me,
by thaim wis stintit, upo sic manneir
that it prolongit wis while the tenth year.
Aither o thaim in bounty and courage
excellent war, and fu o vassalage;
aither o thaim maist sovereign and dochty
in deeds o arms, prowess, and chivalry –
but this Enee wis first, aa out, express
o ruth, compassion, and o gentleness.
Tharefore aa samen adjoinis your richt hands
in firm alliance o concord, and sic bands
by ony wise see ye obtain,' quo he,
'for, gif thay stert til armis in melée,
be waur wi thaim for til debate, I rede.'

Maist noble King o Kingis, in this steid
his answer haes thou heard, as I hae tauld,
and tuichin this gret battle whit he wald."

Chaipter VII

> *The* King *propones wi Enee tae tak peace incontrar Turnus; tharetae persuades Drances.*

Scarce haed the messengers thir wordis sayed,
whan aa the Latins, trubbelt, fu unglaid,
frae haun tae haun whisperis fast and rounds,
on diverse wise deemin wi murmur sounds;
like as the swift watter streamis clear
some time routin, men on faur may hear,
whaur it is stoppit wi the stanes round,
that o the river's bruit and broken sound,
bristin on skellies owre thir dammit linns,
the bankis endlang aa the fluidis dins.
But efter that thair muidis measit wer,
thair waverin wordis staunchit and sic beir,
wi reverence first blissin the goddis' micht,
the King thus carpis frae his throne on hicht:

"Oh Latin people, forsuith I wad aagate,
and sae had been faur better, weill I wait,
fu lang ere nou advisit haed we be
tuichin the common weill and maiters hie,
and nocht at sic a pynt, upo this wise,
our council tae assemble and tae advise,
whan that our faes and adversars are boun
for tae besiege the wallis o our toun.
Oh ceitizens, we move and leads at hand
a weir inopportune, whilk is ungainand,
againis fowks o god's clan descend,
that been invincible, and weill can defend,
sae that nae bargain may thaim irk nor tire;
nor tho thay vanquished war, baith man and sire,
may thay desist, nor withdraw the melée.
Gif ony hope or confidence haed we
in chivalry o the Aetolians,
whilks in Naples wi Diomede remains,
and for thir men o armis thither send,
dae aa sic traist awa, and you defend.
Lat every man in his ainsel hae hope.
But hou feeble sic traist is, ye may grope,
and eik before your een clear may ye see
in hou gret peril and perplexity

aa ither maiters lieis nou or stauns –
aa sic thingis been brayed[25] amang your hauns.
I will accuse nor argue nou nae wicht.
Aahaill the force or strenth micht be in ficht
exercit wis, I wat; sen aa the flouer
and puissance o this realm did strive in stour.
Nou sae it is that I will briefly end,
and in short wordis mak untae you kenned
the doutsome purpose in my mind remains.
Attendance gie, and harkis aa at aince.
I hae, beside Tiber the Tuscan fluid,
an auld field unprofitable and rude,
faur streikin wast tae the bounds whaur remains
the Sicil people, whilks cleiped are Sicanes.
The fowk Auruncan and o Rutuly
this grund saws fu unthriftily,
wi sherp ploos and steel sockis sere
thae hard hills hirstis[26] for tae aer,[27]
and on thir wild holts harsk alsae
in faint pasture doth thair beasts gae.
Aa that kintrie and band o hillis hie,
sae fu o rocks' pinnacles, as we see,
lat it be give for amity and concord
tae the Trojans, and Eneas thair lord.
Syne offer thaim equal treaty conding,
and, as our peers, dae caa thaim in this ring;
aa samen lat thaim dwell here by and by,
gif thay hae sic desire tae Italie.
Dae lat thaim build thair ceity wallis square.
But gif sae be that thay list elliswhere
tae ither coasts or people for tae wend,
thair dwellin place for aye tae apprehend,
and possible be that o our boundis thay
may sae depairt, and frae thence wend away;
twice ten ships lat us build again
o strang timmer and trees Italiane,
and gif thay wad complete ma[28] in this land,
the stuff lieis aa ready by the strand.

---

[25] brayed: crummlit

[26] hirstis: ridges

[27] aer: ploo

[28] gif thay wad complete ma: gin thay wad fill mair (Latin *seu pluris complere valent*)

O thair shippis the nummer and manneir
lat thaim command, and we sall furnish here
the airn graith, the warkmen, and the wrichts,
and aa that tae the shippis langs[29] o richts.
And further eik it likes me," quo he,
"tae beir my wordis tae this Prince Enee,
and tae confirm our freindship and our peace,
a hunner gay ambassadors, but lees,
o grettest bluid o the Latin menyie,
and in thair hauns reik furth the peacable tree;
and beir him giftis and rewardis large,
o gold and ivor mony sum and charge,
the chair or saet accordin for the ring,
our robe ryal, ensenyies o a king.
Advise hereon amang you for the best,
and help tae bring our feeble weill tae rest."

Ane Drances than upstuid, and speak began –
the whilk Drances wis the self man
that, as we sayed hae lately here tofore,
wis richt molest tae Turnus evermore;
wham the renown o Turnus and glory
prickit fu sair wi lurkin hid envy.
O mobles rich and plenteous wis he,
and maist expert in speech and wordis slee;
but o his haundis intae battle steid
fu cauld o courage, dowf as ony lead,
and intae counsels giein he wis hauld
a man nocht indigest, but wyce and cauld;
but a sedition or a brek tae make
sae maisterfu, tharein wis nane his maik.
The noble kinrent o his mither's side
made him fu gret o bluid, and fu o pride;
his faither wis uncertain and unknaw.
And up he sterts in this ilk thraw,
wi thir words Turnus tae owrecharge,
aggregin on him wrath and malice large.

"Oh dochty King, thou asks counsel," sayed he,
"o that maiter whilk, as seems me,
is naither daurk nor doutsome, but fu clear
that misters[30] nocht our advices been here.

---

[29] langs: belangs

The people haill grants that thay wait
whit fortune shawis, and in whit estate
our maiters stauns; but thay are arch tae shaw,
whisperin amang thaim, thay staun sic awe.
But cause him gie thaim liberty tae spick,
dae wey his boast, at thair braith may outbrek –
I mean o him, by whase unhappy weird,
and frawart thewis, nou deid on the erd
sae mony chief chieftains and dukes lies.
Forsuith, I sall say furth aa mine advice,
altho wi brag and boast, or wappons, he
me doth await, and menace for tae dee –
for by his deedis may we see express
this ceity hailly plungit in distress,
whiles that he haes made him tae assay
the Trojans' strenth, and stall sae suin away,
haein assurance tae withdraw and flee,
and intae arms daes boast the heivens hie.
But, oh thou aa thare best and ryal king,
tae aa thir giftis eikis but ae thing:
untae thir presents, and wyce wordis sere,
that tae Trojans thou haes bid say and beir,
eikis ae gift, and lat ne'er deemit be
the busteousness o ony may daunt thee,
but that thy dochter, oh thou faither guid,
untae yon worthy prince o gentle bluid
be gien, tae be thy son-in-law, iwis,
as he that worthy sic a wedlock is;
and knit up peace, but mair disseverance,
wi that eternal band o alliance.
And gif sae gret raddour[31] or dreid hae we
within our mindis or our breists," quo he,
"that, for Turnus, we daur nocht dae sic thing;
than lat us for the weillfare o this ring
beseek him tharefore, and wi haill intent
require him at he wad grant his consent,
sae that the King, at his free volunté,
micht uise and dae his proper duty,
and, for the weill public o this land,
desire that he naewise tharetae gainstand.
Oh Turnus, heid and causer verily

---

[30] misters: needs

[31] raddour: fear

o thir mischiefis gret in Italy,
whaurtae sae feil syse in plain perils nou
thir silly wretchit ceitizens warps thou?
Nane hope o weillfare hae we in this weir.
For peace hailly we aa thee requeir,
thegither wi Livinia, the schene may,
whilk is the pawn or pledge, this daur I say,
o peace tae be keepit inviolate.
And I forsuith, whilk, as by thy consait,
thou feignis thine ill-willer for tae be,
and for the common weill, sae mot I thee,[32]
sae for tae come I refuse nocht, guid brither;
but lo me here, nou foremaist o aa ither
humilly thee beseekin. I requeir,
hae mercy, lord, o thine ain freindis dear;
lat be thy stout mind, gae thy wey but lack,
wi ane mair strang rebutt and drive aback.
Deid corpses bet doun enew hae we seen.
Our large fieldis and boundis aa between
left desolate and waste o in-dwellers.
But gif thy fame and gret renown thee steers,
gif in thy breist sae hie courage and micht
thou haes conceivit, thinkin thee sae wicht;
and gif that on sic wise this hauld ryal
suld be thy dowry, and rich gift dotall[33]
thou beirs in hert, and is tae thee sae dear –
dae unnertak this thing, and end the weir.
Address thy body bauldly, and nocht spare
for tae reconter alane thine adversar,
tae that intent, that Turnus aa his life
may wield the King's dochter tae his wife;
sae that we, dowf o courage as the lead,
be nocht doun strewit in the fieldis deid,
in companies unbeiryit or bewailit.
But thou, that haes in field sae feil assailit,
gif ony strenth thou haes or hardiment,
or martial prowess steerin thine intent
for thy kintrie – agin thee, for his richt,
behaud thy fae provokin thee tae ficht,
yonder aa ready tae mak his pairty guid.
Delay nae mair, but manfully gae to't."

---

[32]   sae mot I thee: sae micht I thrive, I sweir

[33]   dotall: belangin a tocher

Chaipter VIII

Turnus, at Drances' speech commovit sair,
richt subtly alleges the contrair.

The fierce muid o Turnus, this bauld sire,
at sic saws kennelt het as fire;
sichin richt sair deep in his breist onane,
thir words pronounces wi a peitious main:

"Drances," sayed he, "forsuith e'er haes thou been
large and too meikle o speech, as weill is seen.
Nou, whan the battle desires wark at haun,
the council sittin, first thou daes upstaun.
But nocht wi wordis suld the court be filled,
set thou be gret tharein, and fu ill-willed,
wi hautane wordis fleein frae thee here,
whan thou assoverit art o aa dangeir,
sae lang as that our strenthy wallis guid
our enemies debarrit daes exclude;
or while the fosses o our forteress
rinnis nocht owre o bluidy spate, I guess.
Tharefore trump up, blaw furth thine eloquence,
as thou wis wont tae dae. Mak thy defence.
But than thou may, Drances, by mine advice,
me tae reproach o fear and cowardice,
whan that thy richt haun intae battle steid
sae mony heaps o Trojans haes laid deid,
and whan thou taikenit haes sae worthilie
wi sign trophial the fieldis as hae I.
Fu eith it is for til assay, and see
whit may our spreity force in the melée;
and, as fu weill is knawen tae us eik,
our faeis been nocht faur frae hence tae seek,
but plant about the wallis o our toun.
Againis thaim gae mak us ready boun.
Why dwellis thou and tarries thus aa day?
Whither, gif thy martial deeds, as thay war aye,
intae thy windy clatterin tung sall be,
and in thae coward feet, ever wont tae flee?
Says thou I wis repulsed and drive away?
Oh maist unworthy wicht, wha can that say?

Or me justly reproachen o sic lack,
that I rebuttit wis or dung aback?
By me whan thou behaud micht Tiber fluid
bolden and rin on spate wi Trojan bluid;
and aa the faimil o Evander King
brocht untae grund aahaill and his affspring,
and the Arcads confoundit and owreset,
wi mony ma in armis I dounbet?
The grisly Bitias, and Pandarus his brither –
thay are expert gif I fled ane or ither;
and eik thae thousan saulis on a day
as victor I tae Hell sent hyne away,
whan that I wis inclusit at distress
amid mine enemy's waas and fortress.
Thou says, in weir nae hope is o weillfare.
Oh witless wicht! Pronounce that, and declare
sic chance betide yon Dardan capitan,
and spae sic thing untae thy deeds ilkane.
And further eik, sen thou art mad become,
cease nocht for tae perturble aa and some,
and wi thy felloun raddour thaim tae fley.
The feeble michtis o yon people fey,
intae battle twice vanquished shamefully,
spare nocht for til extol and magnify;
and, by the contrar, the puissance o Latin King
dae set at nocht, but lichtly,[34] and dounthring.
Nou the noble Myrmidon capitains
quakes in arms for fear o the Trojanes;
and nou Tydeus' son, Diomedes,
aghast is, and Larissian Achilles;
and Aufidus, the swift flowein riveir,
rins countermont[35] frawart the sea for fear.
And while alsae this ilk shrewed wicht,
that is contriver o mony wickit slicht,
feignis him fleyit or abashed tae be,
that he daur nocht chide furth incontrar me,
than wi his dreid and slee contrivit fear
my crime aggreges he on his manneir.
Desist, Drances, be nocht abashed, I pray,
for thou sall never loss, shortly I thee say,
by my wappon nor this richt haun o mine,

---

34   lichtly: disparage

35   countermont: uphill

sic a peevish and caitiff saul as thine.
Nay, lat it dwell wi thee, as best may gain,
within that wretchit cors, and thare remain.
Nou, oh thou gret faither and prince sovereign,
tae thee and thy council I turn again.
Gif thou list naething traisten, nor affy[36]
intae our armis nor our chivalrie;
gif that we be o help aa desolate,
and haill at unner[37] intae this last debate;
destroyit for aye, and nae help may mak,
for that our host wis aince driven aback,
and fortune haes nae return nor regress –
lat us beseek for peace at sic distress.
Mak him request tae rue upo our harms,
and rax him furth our richt haun bare o arms.
Houbeit, oh! wad God, in this extreme need,
that onything o courage or manheid
remainit, as wis wont wi us tae be!
Abuve the lave thaim worthy thinkis me,
maist fortunate in fates martial,
and excellent in hie courage owre all,
whilk wilfully, as that thaimselfin wad,
at thay no sulden sic mischief behaud,
fell deid tae grund by fatal happy weird,
and wi thair mouth aince bit the erd.
But gif we hae riches and mobles sere,
and ne'er-assayit yit fresh young pouer,
and, in our helping, o Italians
ceities and peoples abounds and remains;
or gif that alsae tae the Trojan side,
wi effusion o bluid and woundis wide,
this victory betid is – traistis me,
thay hae as feil deid corpses as hae we.
Gif this tempestuous traik o the battle
on baith the haufis is aa-out equal,
why failyie we sae shamefully our micht
intae the first entry o the ficht?
Why quakes thus our members up and doun,
before the bluidy blast and trump's soun?
For time, feil syse, and eik the variant chance
o our unstable life hung in balance,

---

[36] affy: lippen, trust

[37] at unner: suppressit

reducit haes fu mony unlikely thing
tae better fine[38] than wis thair beginning;
and fortune interchangeable, wi blinkis quent
fu mony ane deceivit haes and shent,
syne efter in a thraw, this weill I wait,
restorit thaim again tae thair firm state.
I put the case, set the Aetolians,
wi Diomede and the people Arpanes,
list nocht come in our helping nor supplie;
yit than the bauld Messapus weill will be,
and the happy Tolumnius alsae,
wi aa thae ither dukes mony ma,
that frae sae feil peoples been hither sent.
And nae little renown, by mine intent,
follaes the chosen fowks o Italie,
nor thaim that dwells in Laurent fields hereby.
Hae we nocht eik the stalwart Camilla,
o the faimil and kinrent o Volsca,
leadin thair armit hostis and stern fields,
in burnished plate arrayed and shinin shields?
But gif the Trojan people, every ane,
desires me tae fecht in field alane,
gif that be pleasin untae thee, Sir King,
and I sae faur, efter Drances' meaning,
gainstands the common weill – intae that case,
that shame sall ne'er betide me in nae place,
for victory me hates nocht, daur I say,
nor list sicwise withdraw thir haundis twae,
that I refuse suld tae assay onything
whilk micht sae gret belief o weill inbring.
Wi stout courage agin him wend I will,
tho he in prowess pass the gret Achill;
or set in case sic armour he wears as he,
wrocht by the hauns o God Vulcanus slee.
Tae you, and King Latin my faither-in-law,
I, Turnus, here, wham fu weill ye knaw
naething behinnd, nor tae be repute less
tae nane o aa our elders in prowess,
this saul and life, the whilk sae weill I lufe,
doth promise and avows for your behuif.
Thay say, alane me challenges Enee;
and I beseek gret God he challenge me.

---

[38] fine: end

Nor bid I nocht that Drances dear aby
ocht wi his deid, whaur that apposite am I;
nor – whither this turn tae gods' wrathfu wraik,
or hardiment and honour – we unnertake
naething at aa thareof sall be his pairt.
The chance is mine. I will it nocht astert."

Chaipter IX

During this disputation, as is sayed,
Enee his host about the toun haes laid.

While thay thus at gret altercation wer
amang thaimself in doutsome thingis sere,
Eneas aa his host and haill armie
haes raisit, trumpin[39] tae the toun in hy.
A messenger cam rushin in wi haste,
amid the routis ran as he war chased,
that wi huge rumour and a fearfu din
fillit anon the King's ryal inn,
and wi gret dreid the ceity stuffed aawhaur;
shawin hou that thair faeis comen war
in plain battle arrayit, tae conclude,
the Trojan barnage frae Tiber the fluid,
wi ordinance o Tuscan that did spreid
in forefront aa the large fieldis on breid.
Anon the people's herts affrayit wer,
and commons' breists perplexit aa for fear.
In some, the grief and ire did fast abound,
raisit wi braithfu stangis fu unsound,
and wi a felloun dreid aa on steir
thay hint tae harness, and cries efter thair gear.
"Harness, harness!" aa the young ceitizens
wi fellon bruit and noise shoutis at aince.
The feeble and ageit faithers, waebegone,
gan plein and weep wi mony a peitious groan.
In every pairt the gret clamour and cries
in diverse opinions rase up tae the skies;
nane itherwise than as some time we knaw
the flicht o birds fordinnis the thick shaw,
or than the rawk-voiced[40] swannis in a rabble,

---

[39] trumpin: assemblin at the soun o the trumpet

soundin and swouchin wi noise lamentable
endlang the bemin[41] stanks and streamis clear
o Padusa, sae fu o fishes sere.
Turnus, that fand his time sae oportune,
nou bauldly says he, "Ceitizens, hae duin.
Dae *caa* your council, takkis advisement,
sittin at ease ilkane say his intent;
carpis o peace, and rues it nou, lat see,
whan that thay yonder invades your kintrie,
your mortal faes enarmit you tae assail."
Nae mair he sayed, but stertis up sans fail,
and o the chief palace issued furth in hy,
thus carpin tae the nobles, stuid him by:

"Gae tyte, Volusus, tae the bannereirs
o the Volscans, and thaim that standarts beirs.
Chairge thaim thair ensenyies for tae raise on hicht,
and in thair armour address thair men tae ficht.
And ye, Messapus, Coras, and your brither,
the horsemen aa enarmit, ane and ither,
convoyis furth untae the fieldis braid,
a pairty o the ceitizens," he sayed.
"Dae stuff the entries, and the ports defend.
Some tae the toueris and waa-heids ascend.
The remanent o aa our haill menyie,
whan I command, lat thaim set on wi me."

Anon owre aa the ceity, by and by,
upo the wallis rin thay than in hy.
The King Latin his council, fu unglaid,
and gret maiters whilks he begunnen haed,
left and deferrit while anither day,
trist in his mind, and trubbelt o that delay;
and mony weys himsel he accusit,
that he sae lang haed sleuthit[42] and refusit
tae receive gledly the Trojan Enee.
Repentin sair, for weill o his ceity,
that he haed nocht requirit him and draw
ere than, tae be his maich and son-in-law.

---

40   rawk-voiced: raucus

41   bemin: resoundin

42   sleuthit: delayed

Some than, thair ceity entry for tae keep,
before the portis delves trenchis deep.
Some tae the yettis weltis wechty stanes,
and some gret jysts and sillis[43] for the naince.
The bass trumpet wi a bluidy soun
the sign o battle blew owre aa the toun.
The wallis than thay stuffit round about
wi diverse sorts o mony sindry rout,
baith wifes, bairnis, childer, men, and page –
nae kind o state wis sparit than, nor age.
The hiest pynt and latter resistance
caaed every wicht tae laubour and defence.

The Queen alsae, Amata, furth gan hauld
untae the temple and Pallas'[44] sovereign hauld,
borne in her chair, and walkin her about
o matrons and noblewemen a rout.
Offerings and giftis brocht wi her she haed.
Neist haun her went Lavinia the maid,
the cause o aa this herm and waefu tene,
that doun for shame did kest her lusty een.
The matrons enters in the God's presence
and smokes the temple wi sweet vapour and cense,
and ruthfu voices warpis loud on hie.
As suin as thay attainit the entry,
"O thou," sayed thay, "Pallas armipotent,
Tritonia cleipit, maid, and president
o battle and o weiris every one,
wi thy virginal haundis brek anon
yon Trojan reiver's wappons and his spear.
Himsel as tyte doun tae the grund thou beir.
Unner our portis and our wallis hie
doun warp him deid, that we that sicht may see."

---

[43]   sillis: bauks, beams

[44]   Pallas's: the goddess Pallas Athene's

Chaipter X

Here Turnus and Camilla gan devise
practicks o weir, the Trojans tae surprise.

Turnus himsel, as fierce as ony gleid,[45]
fu busily addressit on his weed,
desirous o the battle and bargain.
Intil a close cuirass Rutulian
by than his body weill embraced[46] haed he;
his burnished armour, awfu for tae see,
wi limbis clasped in plates gilt wi gold,
and heid aa bare; yit, as himselfin would,
his deidly brand he beltis by his side;
and, shinin aa o bricht gowd, fast gan glide
throu-out the palace ryal here and thare,
rejoisit in his mind, as tho he war
in firm belief for til owreset his fae.
and on sic wise gan walken tae and frae,
wi hert hingin on the jolly pin;[47]
as, some time, daes the courser stert and rin,
that broken haes his band, furth o his stall;
nou gaes at large out-owre the fieldis all,
and hauds taewart the studdis in a rage,
whaur meirs rakes in thair pasturage;
or than untae the deep rinnin riveir,
whaur he wis wont tae drink the watter clear,
he sprentis furth, and fu proud wauxis he,
heich streikin up his heid wi mony a neigh;
out-owre his spaulds and neck lang, by and by,
his lokkerit mane shakkin wantonlie.
Siclike this Turnus seemis, whaur he went
and, as he braidis furth upo the bent,
the maid Camilla comes him again,
accompanit wi her hostis Volscane.
Before the portis doun lichtis the Queen,
wham aa the rout haes followit bedene
descendin frae thair horses easilie.
Syne on sic wise this leddy spak on hy.

---

[45] gleid: burnin coal
[46] embraced: encircled
[47] wi hert hingin on the jolly pin: in a blythe muid

"Turnus," says she, "gif ony hardy wicht
may traist or assure in thair ain micht,
I unnertak, and daur promise, alane
tae match in field the hosts Eneadane,
and bauldly daur reconter in melée
aa the horsemen o the Tuscan menyie.
I thee require, suffer me tae assay
wi my retinue and thir haundis twae
the first danger in battle, ere I stent.
Bide thou behinnd on fuit in ambushment,
and keep the wallis o this toun," she sayed.
Turnus his een haes fixit on this maid,
that weirlike wis, and awfu on tae see,
syne on this mainer tae her answers he:

"Oh thou virgin, glory o Italie,
whit thankis yield or render thee may I,
or whit may I refer o thy renown?
But, sen thou art tae aathing ready boun,
surmountin aa in courage sovereign,
nou at this time o sic laubour and pain
grant me my pairt, sae that on aither side
betwix us twae the bargain be divide.
Hark, I sall shaw ye mine advice," quo he.
"Yon detestable and mischievous Enee,
as that the rumour shuirly haes made kenned,
and as my spies shaws, wis thither send,
a certain horsemen, licht armed for the naince,
haes sent before for tae foray the plains.
Himsel, ascends the hie band o the hill
by wentis strait and passage sherp and wull,
shape on our ceity for tae come privilie.
Tharefore a prattik o weir devise will I,
and lie at wait in quiet ambushment
at aither peth's heid or secret went.
In the howe slack, by yonder wuid's side,
fu dern I sall my men o armis hide.
Set thou upo the Tuscan horsit rout,
wi pensells sembelt samen, wi a shout.
The stalwart Messapus wi thee sall gae,
the Latin barnage, and the brether twae,
thay captains come frae Tiburtine ceity,
wi aa thair ordinance and haill menyie.

Tak thou the cure wi thaim tae rule and steer
aahaill that ryal army intae weir."
Thus sayed he, and wi sic wordis at short
Messapus tae the ficht he did exhort,
and aa his feiris syne, every captain,
and syne taewart his adversars is gane.

Thare lay a valley in a cruikit glen,
gainand for slicht til ambush armit men,
wham, wunner narra, upo aither side
the bewis thick hamperis and daes hide
wi scuggis dern and fu obscure, perfay,
whaurthrou thare streiked a road or a strait way,
a narra peth, baith outgang and entry,
fu sherp and shrewit passage wunner slee;
abuve the whilk, upo the hill on hicht,
whaur men may spy about a weill faur sicht,
thare lies a plain tae the Trojans unknaw;
but, wha sae list taewart that steid tae draw,
it is a stelling place[48] and sover herberie,
whaur host in stail[49] or ambushment may lie,
whither men list the bargain tae abide
aither on the richt haun or on the left side,
or on the hicht debate thaim for the naince,
and on thair faeis welt doun wechty stanes.
Thidder young Turnus held and did ascend,
as he that aa the passage weill bekenned.
The place he teuk, and fu privy, unknaw,
liggis at wait unner the dern wuid shaw.

Chaipter XI

*Hou that Opis wis doun frae Diane send,
and o whit kin Camilla wis descend.*

The mean season, Latona's dochter Diane,
within her saet o heivens sovereign,
the swift Opis, a nymph, ane o her feirs,
a haly virgin o her sort mony years,

---

[48] stelling place: beild
[49] stail: ambush

tae her callis, richt dolorous and unglaid,
and, sichin sair, tae her sic wordis sayed:

"Oh virgin dear, lo nou, Camilla gaes
tae cruel battle agin her mortal faes,
and, aa in vain, wi her intae sic weirs
our wappons and our armour wi her beirs.
I thee declare and certifies," quo she,
"abuve aa ither fu dear is she tae me;
nor this luve, suithly, is nocht comen o new,
nor yit o late in Diane's breist upgrew,
and wi a haisty sweetness moved my spreit,
but o auld kindness lang time unforleit.[50]
For whan her faither, Metabus the King,
wis throu envy expelled his ancient ring
o Privernum, and for the cruelty
o his people fled frae that ceity,
wi him he bare this young infant sae dear,
tae be his fellae in exile, and playfeir,
and efter her mither's name, hait Casmilla,
Camilla haes cleipit, a letter tane awa.
Before him in his bosom he her bare,
and socht untae the wilsome holtis hair.[51]
His cruel faeis wi thair wappons keen
him umbeset on aa pairtis in tene.
Wi armit men and wageours[52] the Volscanes
sae near aamaist bylappit him at aince
thare wis nae passage whaur away tae flee.
For lo! amid the went whaur ettelt he,
Amasenus, that river and fresh fluid,
abuve the braeis bullert as it war wuid.
Frae the cluddis wis brist sic spate o rain,
the river flowes owre the large plain.
He, dressin him tae swim, at the bank side
for luve o the young bab must need abide,
and, for his dear burden dreidin sore,
ilk chance in haste did rowe in his memore.
And scarce this sentence prent intae his mind,
his dochter for tae close within the rind

---

[50] unforleit: unforsaken

[51] holtis hair: hoary wuids

[52] wageours: mercenaries

and stalwart sapling or bark o cork tree;
for in his haun the self time haed he
a busteous spear, per case, baith stith and stour,
as he that wis a worthy warriour.
The shaft wis sad and sound, and weill y-bake.[53]
Y-wimpled in this bark than did he take
his young dochter, and wi his ain hand
amiddis o this lance fu shuirly band;
whilk taisin wi his richt haun suin on hie,
untae the heiven abuve thus carpis he:

'Oh blissit maid Latonia, owre aawhere
o wild forestis the inhabiter,
I, faither, here profess servant tae thee
this tender youngling, bund untae this tree,
fleein his faeis – throu the skyis, lo,
knit tae thy shaft, lawly beseekis sho.
Receive her, leddy, and testify, God wait,
as thine, aahaill untae thee dedicate,
whilk nou thou sees stauns in danger,
committit tae the windis and the air.'

Thus sayed he, and anon wi a swack
his gardy[54] up haes bendit faur aback,
and threw the spear wi aa his force and micht.
The streamis soundit o the shaft's flicht.
Owre this fierce river, tae the further brae,
this fey unsely bab, young Camillae,
flaw knit untae this whirrin shaft o tree.
But this Metabus, whan that he did see
the gret press o his faeis come sae near,
nae langir dwelt, but swam throu the riveir;
and, comen tae his purpose blythe and glaid,
the spear anon, sae buckelt wi the maid,
in present untae the thrinfauld Diane,
furth o the gressy sward he haes uptane.
Nae rural biggins, nor yit nae strang ceity,
wad him receive within thair wallis hie,
nor, tho thay wad him tae herbry hae tane,
his fierce mind couth nocht subdue tae nane;
sae that, in mainer o hirds in pasturage,

---

53 y-bake: baked, i.e. fire-haurdent
54 gardy: foreairm

on wild muntains he wonit aa his age;
whaur that his dochter, amang bussis ronk,
in dern slades[55] and mony scroggy slonk,[56]
wi milk he nourished o the beastis' wild,
and wi the pappis fostert he his child
o savage stud meiris in that forest.
Aft times he thair breistis milkit and pressed
within the tender lippis o his get.
And, frae the child micht fuit tae erd set,
and wi her soles first did mark the grund,
wi dartis keen and heidis sherply grund
her fistis and her haundis chairgit he;
and at her shouther buckelt haes on hie
a proper bow and little arrow case.
And for her gowden garland or heid lace –
insteid eik o her side[57] garment or pall –
owre the shouthers, frae her neck doun withal,
the grisly tiger's skin o rent[58] did hing.
The self time yit she but tender youngling
thir dartis and the tackles swift lat glide;
and aft about her heid the ilk tide
wad warp the stringis o the stout staff-sling,
whaurwith feil syse tae grund deid wad she ding
the cran o Thrace, or than the white swan.
For nocht she wis desired wi mony a man,
and mithers feil throu the tounis Tuscane
desirit her thair guid-dochter, in vain;
for she only, fu firm in her intent,
o Diane, Goddess o Chastity, stuid content,
and list tae haunt ever in wuids wi me,
the darts shuiten, and luve virginity,
remainin incorrupt and a clean maid.
I wad forsuith, at this time she abaid,
and haed nocht hastit tae sic chivalry,
for tae molest the Trojans' stout army;
but that ane o my feiris she suld be,
as she that is at aa time dear tae me.
Hae duin anon, thou nymph Opis," she sayed.

55	slades: dells
56	slonk: howe
57	side: lang
58	o rent: valuable

"Wi wickit Fates sen bestad is yon maid.
Thou slide doun frae the heiven, and that in hy;
the Latin fields thou vissy and aspy,
whaur, in the waefu battle and melée,
tae an unhappy chance betaucht is she.
Tak thir dartis, and suin out o my case
that ilk revengeable arrow thou out-raise.
Wha-e'er wi wound daes hurt or violate
her haly body untae me dedicate,
whither he be Trojan or Italiane,
aa is in like, that he anon be slain,
and wi his bluid mine offence dear aby.
Mysel tharefter the ruthfu corpse in hy
amid a boss clud sall cairry away,
unspulyiet o her armour or array,
and her begrave, reduced tae her kintrie,
in sepulture fu glorious," sayed she.
Than Opis lichtly o the heivens glade,
throu-out the skyis souchin fast doun slade,
piercin the air wi body aa owreshroud
and deckit in a wattry sable cloud.

Chaipter XII

Hou that Eneas wi his haill pouer
taewart the ceity wallis drawis near.

During this while, the Trojan pouer aa
approaches fast taewart the ceity waa,
the Tuscan dukes and horsemen routs aahaill
arrayed in battle, every ward and stale.[59]
Owre aa the plainis brays the stampin steeds,
fu galyeard[60] in thair bards[61] and weirly weeds,
upo thair strait-borne[62] bridles brankin[63] fast,
nou thrimpin[64] here, nou thare, thair heids gan cast.

---

[59] stale: diveision
[60] galyeard: gallant
[61] bards: horse armour
[62] strait-borne: close-fittin
[63] brankin: prancin
[64] thrimpin: jostlin

The large grund worth grisly on tae see
o steel wappons and sherp spearheidis hie;
and, as the fire, aa birnin shane the fields
o bricht armour, heich helmis, and braid shields.
Agaiinis thaim alsae anon appears
the bauld Messapus, valiant in weirs.
The agile Latin people wi him was,
and Duke Catillus, wi his brither Coras,
and eik the wing o Volscan people in field
wi the stout wench Camilla unner shield.
And furth thay streik thair lang spearis weill faur,
drew in thair arms wi shaftis chairged on faur,
taisit up darts, tackles, and fleein flanes.
The conter or first to-come for the naince
fu ardent waux, and awfu for tae see,
the men birnin tae join in the melée,
and furore grew o steeds steerin astray.

Nou thay approachen samen in array
within an arrow shot on aither side;
syne made a little stop, and still did byde,
raised up a shout, bade, "On thaim!" wi a cry,
while bruit and clamour fordinnit the sky.
Thair fierce steedis did for the bargain shear.
On aither hauf thay mak a weirlike feir,[65]
and tharewithal at aince on every sides
the dartis thick and fleein tackles glides,
as doth the shooer o snaw, and wi thair flicht
daurkent the heivens and the sky's licht.

Tyrrhenus than, ane o the Tuscan rout,
and Aconteus, a Rutulian fu stout,
thegither sembelt, wi thair spearis ran,
tae preive the first faa samen, man for man.
Thay meet in melée wi a felloun rack,[66]
while shaftis aa to-schulders[67] wi a crack.
Thegither dushes the stout steeds at aince,
that aither's conter frushit ither's banes.
And Aconteus, like tae the thunner's blast,

---

[65] feir: array

[66] rack: shock o impact

[67] to-schulders: aathegither splinters

smite frae his saddle a faur wey wis cast;
or like a stane warpit frae the engine,
that aa to-frushit doun he did decline,
wi sic rebound and ruin wunner sair
that he his life haes sparpelt[68] in the air.

Aa suddenly the Latins teuk affray,
and gave the back bedene, and fled away,
thair shieldis owre thair shouthers kest behinnd,
and tae the toun spurris as fierce as wind.
The Trojans did pursuen on the chase,
and fast invades thaim Prince Asilas.
Whan thay approachen tae the portis near,
the Latin people returns aa in fear,
thair weill-dauntit horse neckis wheeled about,
syne gave a cry, and on thaim wi a shout.
The tither pairty than haes tane the flicht,
lat gae the bridle, and fled in aa thair micht;
like as the flowein sea, wi fluidis rude,
nou rushes tae the land as it war wuid,
and on the skellies at the coast's bay
upswackis fast the faemy wawis gray,
and wi his jaupis covers in and out
the faur sands owre the bay about;
nou wi swift faird gaes ebbin fast aback,
that wi his bullerin jasches[69] and out-swack
wi him he souks and drawis mony stane,
and leaves the strandis shauld and sandis plain.
The Tuscan fowk the Latins on sic wise
untae the ceity wallis chasit twice;
and twice thairsel did flee and gie the back,
wi shieldis at defence behinnd thaim swack.
But tharefter the thrid assay thay mak,
the hostis samen joinit wi a crack,
that every man haes chosen him his feir;
and than, forsuith, the grainis men micht hear
o thaim that sterven and dounbetten been,
that armour, wappons, and deid corpse bedene,
and steedis thrawin on the grund that welts,
middelt wi men whilk yauld the ghaist and swelts,

---

[68]   sparplet: dispersed

[69]   jasches: dashes (only here)

bedowen[70] lay fu deep in thair ain bluid.
The stour increases furious and wuid.

Orsilochus, a Trojan, wi aa his force
dresses his lance at ane Remulus' horse –
for him tae meet he stuid a mainer fear.
The heid remained unner the horse's ear.
The steed enragit for the cruel dint,
and lances up on hicht as fierce as flint,
as he that wis impatient o his wound,
that Remulus doun weltis on the ground.
Catillus, ane o the brether Tiberine,
Iollas dounbet, and tharefter syne
the gret Herminius, wunner big o cors,
but faur bigger o courage and o force;
whase heid and shouthers nakit war and bare,
and on his croun but lokkerin yalla hair.
And tho he nakit wis, and void o gear,
nae wound nor wappon micht him aince affear.
Forgain the spears sae busteous bluimit he,
that this Catillus' stalwart shaft o tree
throu-girdis baith his braid shouther banes,
and wi the dint stuid shakkin aa at aince;
transfixit sae, and piercin every part,
it doubles and renewis the man's smart.
The blackent deidly bluid on aither side
furth rushes out o warkin woundis wide;
the swourdis bathit waux in bargain reid;
feil corpses killit in the field fell deid,
and caucht a dochty end tae swelt in ficht,
by hurtis feil for tae maintain thair richt.

---

[70]   bedowen: drookit

Chaipter XIII

Hou Camilla her faeis doun gan ding,
and vanquished Aunus, for aa his fair fleeching.

The awfu maid Camilla the ilk tide,
wi case o arrows tachit[71] by her side,
amid the slaughter and melée upo her foen[72]
proudly prances like a wench Amazon,
that, for tae haunt the bargain or assay,
her richt pap haed cut and brint away.
And nou the souple shaftis bauldly she
on aither sides thick sparples and lat flee;
nou, nocht irkit in battle stith tae staun,
a stalwart aix she hintis in her haun;
upo her shouther the gilten bow Turcase,
wi Diane's arrows clatterin in her case.
And gif that sae betid intae that ficht
her feiris gave the back and teuk the flicht,
intae the chase aft wad she turn again,
and, fleein, wi her bow shuit mony a flane.
About her went her walit stalwart feirs,
the maid Larina, and Tulla young o years,
and Tarpeia, that stoutly turns and swacks
wi the weill-steelit and braid-billit axe –
Italians born; wham the noble Camilla
haed tae her luving and honour depute swa,
tae been her servants in gainand time o peace,
and in battle tae staun by her in press.
Like as o Thrace the wenches Amazons
dinnles the fluid Thermodoön for the nonce,
as in thair paintit armour dae thay ficht,
aither about Hippolyta the wicht,
or by the weirlike maid Penthesile,
rowein her cairt o weir tae the melée.
The wemen routis bauldly tae the assay,
wi felloun bruit, gret reverie,[73] and deray;
furth hauldis samen owre the fieldis suin,
wi cruikit shieldis shapin like the muin.

---

[71]   tachit: attachit

[72]   foen: faes (wi Chaucerian Inglis endin)

[73]   reverie: din

Douglas' translation o Virgil's Eneados modrenised

O thou stern maid Camilla, whit sall I say,
wham first, wham last, thou smate tae erd that day?
Or hou feil corpses in the battle steid
thou laid tae grund, owrethrew, and put tae deid?
Wi the foremaist, Eunaeus, that wis ane,
son tae Clytius; whase braid breistbane
wi a lang stalwart spear o the fir tree
throu-smitten tyte and piercit suin haes she.
He caais owre, furth boakin streams o bluid,
and wi his teeth eik, shortly tae conclude,
the bluidy erd he bit; and, as he swelts,
upo his wound aft wriths, tummles, and welts.
Abuve this neist she eikis ither twae,
Liris, and ane Pagasius alsae;
o wham the tane, that is tae say, Liris,
as that he forrat stoopin wis, iwis,
tae hint his horse's rein that gan tae funder,
and the tither present, tae kep him under,
furth straucht his feeble airm tae stint his faa;
tae grund thegither rushit ane and aa.
And tae thir syne the son o Hippotes,
Amastrus hait, deid she adjoined in press;
and leanin forrat on her lance o tree,
Tereas and Harpaltcus chases she;
pursuin eik fu busteously anon
the bauld Chromys, and strang Demophoön.
Hou feil dartis wi her haun kest this maid,
as mony Trojans deid tae grund she laid.

Ane Ornytus, a hunter, faur on raw,
in armour and in cognisance unknaw,
rade on a courser o Apulia throu the field.
His braid shouthers weill cled war and owreheild
wi a young bul's hide newly aff hint;
his heid covert, tae sauf him frae the dint,
wis wi a hideous wolf's gapin jows,
wi chaftis braid, white teeth, and busteous pows.
Tae mak debate, he held intil his hand
a rural club or culmas[74] insteid o brand;
and, whaur he went amid the routs, on hie
abuve thaim aa his haill heid men micht see.

---

[74] culmas: sabre

Camilla him at mischief haes on-set.
She bare him throu, and tae the grund dounbet;
nor nae gret courage, forsuith, wis that, nor micht,
for aa his rout tofore haed tane the flicht.
But further eik this foresaid Camillae,
wi mind unfreindly, gan thir wordis say:
"Thou Tyrrhene fellae, whit? weened thou tae be
in wuidis chasin the wild deer?" quo she.
"The day is comen that your proud wordis het
a wumman's wappon sall resist and debate.
And, nocht-the-less, nae little renowné
frae thence thou sall dae turse away wi thee,
and tae your faithers' ghaistis blythely shaw
that wi Camilla's glave thou art owrethraw."

Incontinent this maiden efter this
slew Orsilochus, and ane that hait Butis,
twa biggest men o body and o banes
o aa the host and fellaeship Trojanes.
But this ilk Butis, staunin her before,
out-throu the neck did she pierce and bore,
betwix the haubrek and the helm in hy,
whaur that his hause she did nakit aspy;
for owre his left shouther hang his shield.
But this Orsilochus fled her in the field,
and gan tae trump[75] wi mony a turnin went;
in circles wide she drave him owre the bent,
wi mony a curse and jowk, about, about –
whaure'er he fled she follaes in and out;
and at the last she haes owretak the man,
and throu his armour aa, and his harnpan,
her braid pole-axe, raised sae on hie,
wi aa her force and micht syne strikes she.
As he besocht for grace wi gret request,
she doubelt on her dints, and sae him pressed,
wi feil woundis his heid haes tort and rent;
his harnis het owre aa his veisage went.

Than Aunus' son (whilk alsae Aunus hait)
on case betid approach in the debate
taewart this maid, and, as suin he her saw,
abashit huves[76] still for dreid and awe.

---

[75] trump: trick

Intae the Munt Apenninus dwelt he,
amang Ligurian people o his kintrie;
and nocht, forsuith, the lackest[77] warrior,
but forcy man, and richt stalwart in stour –
sae lang as Fates suffert him in ficht
tae excerse prattiks, juperty, or slicht.
This Aunus, frae that weill perceivit he
nae wey tae flee nor eschew the melée,
nor micht escape the Queen, stuid him again.
Than he begouth assay her wi a trane,[78]
and wi a slee deceit thus first he sayed:
"Whit honour is til a stout wench or maid
for til assure and traist in a strang horse?
Lea thy swift steed, and traist in thine ain force.
At nane advantage, whan thou list tae flee,
licht on this plain, and haun for haun wi me
address us tae debate on fuit alane.
Thare sall thou see, thare sall thou knaw onane,
whamtae this windy glore, voust, or avaunts,
the honour, or, wi pain, the luving[79] grants."
Thus sayed he. But she than, as het as fire,
aggrievit sair, inflamed in felloun ire,
alicht, and tae her mate the horse betaucht.
At his desire anon on fuit upstraucht,
wi equal armour boden wunner licht,
the drawen swourd in haun that shane fu bricht,
and unabashed abaid him in the field,
habilyiet only but wi a white shield.
The young man, weenin wi his slee deceit
he haed beguilit her by his conceit,
about his bridle turned but mair delay,
and at the flicht sprent furth and brak away,
and feil syse lat the horse' sides feel
the sharp airn spurris prick upo his heel.
"Oh," quo the maid, "thou fause Liguriane,
owre wanton in thy proud mind, aa in vain.
Oh variant man, for nocht perfay," quo she,
"haes thou assayed thy kintrie craftis slee.

76	huves: stauns still (on horseback)
77	lackest: maist inferior
78	trane: trick
79	luving: praise

Deceitfu wicht, forsuith I tae thee say,
thy slicht and wiles sall thee nocht beir away,
nor haill-scarth hyne dae turse thee hame frae us
untae thy faither's hous, the fause Aunus."
Thus sayed the wench untae this ither sire,
and furth she sprent as sperk o gleid or fire;
wi speedy fuit sae swiftly rinnis she,
by-passed the horse's rink, and furth gan flee
before him in the field wi gret disdain,
and claucht anon the courser by the rein;
syne set upo him bauldly, whaur she stuid,
and her revengit o her fae's bluid;
as lichtly as the happy goshawk, we see,
frae the hicht o a rock's pinnacle hie
wi swift wingis pursueis wunner sair
the silly doo heich up intae the air;
wham finally he clippis at the last,
and loukit in his punces sairis[80] fast,
thristin his tallons sae throu her entrails
while-at the bluid abundantly furth rails,[81]
and, wi her beak deplumin, on aa sides
the licht downis up tae the skyis glides.

Chaipter XIV

Tarchon, gret chieftain o the Tuscan host,
the fleein fowks tae turn again gan boast.

The Faither o Gods and Men wi diligent een
haes aa her deedis unnerstaun and seen,
and, situate in his heivenly hous on hie,
induces and commoves tae the melée
Tarchon, o Tuscans principal lord and sire,
in brethfu stoundis[82] raisit brim as fire;
sae that amid the fu mischievous ficht,
the gret slauchter and routs takin the flicht,
on horseback in this Tarchon bauldly drave,
wilfu his people tae support and save;

---

[80] sairis: injures

[81] rails: gushes

[82] brethfu stoundis: angry times

the wardis aa o every natioun
wi admonitions sere and exhortatioun,
and diverse wordis tysts tae fecht, for shame,
cleipin and caain ilk man by his name,
while thay that driven war aback and chased
relieves again tae the bargain in haste.

"Oh Tuscan people, hou happens this?" sayed he,
"That ye sall e'er sae doilt[83] and bowbarts[84] be,
unwroken[85] sic injuries tae suffer here!
Oh, whit be this? Hou gret a dreid and fear,
hou huge dowfness, and shamefu cowardice,
haes umbeset your minds upo sic wise,
that a wumman alane, and thus belive,[86]
upo sic wise sall scatter you and drive,
and gar sae large routs tak the flicht?
Whaurtae beir we thir steel edges in ficht?
Or whit avails tae haud in haun, lat see,
for nocht thir wappons, gif we a wife sall flee?
Ye war nocht wont tae be sae lidder[87] ilkane
at 'nicht battles' and warks venerian;
or whaur the bouin trumpet blew the spring,
at Bacchus' dance tae gae in carolling,
syne gae tae feast at table, and sit at dess,
see cuppis fu, and mony denty mess.
Thare wis your lust, pleisure, and appetite.
Thare wis your busy cure and your delight,
whan that the happy spaeman, on his guise,
pronounced the festal haly sacrifice,
and the fat offerings did you caa on raw
tae banquet amid the dern blissit shaw."

And, wi that word, amidwart the melée,
ready tae sterve, his horse furth steeris he,
and awfully anon wi aa his main
rushed upo Venulus, stuid him again;
and wi his richt airm gan his fae embrace,

83	doilt: dowf
84	bowbarts: neep-heids
85	unwroken: unavengit
86	belive: immediately
87	lidder: slack

sicwise he did him frae his horse arace,[88]
and wi huge strenth syne did him couch and lay
before his breist, and bare him quite away.
The Tuscans raised a clamour tae the sky,
and Latins aa thair een about did wry.
This Tarchon, ardent as the fiery levin,
flaw furth swift as a foule up taewart heiven,
beirin wi him the armour and the man;
and frae his spear's pynt aff brak he than
the steelit heid, and syne searches aa airts,
everilk entry, and aa the open pairts,
whaur he micht finnd intae sae little stound
a place patent tae gie him deid's wound.
And, by the contrar, Venulus, fu wicht,
made aa debate and obstacle at he micht,
and gan his haun frae his throat aft times chop
wi aa his strenth, his violence tae stop;
like as, some time, the yalla eagle by sicht
the edder hintis up and cairries on hicht,
syne, fleein, in her feet strainis sae fast
that aft her punces out-throu the skin daes thrast;
but the serpent, woundit and aa to-shent,
in lowpit thrawis wriths wi mony a sprent,
her spruttelt scales up-set grisly tae see,
wi whislin mouth streikin her heid on hie;
altho she wreel, and sprinkle, bend, or skip,
ever the sairer this ern[89] strains his grip,
and wi his bouin beak rents grievously,
samen wi his wings soursin in the sky;
nane itherwise this Tarchon turses his prey
throu-out the Tiburtine routs gled and gay.
The people Tuscan, whilom come frae Lyde,
seein the example and prosper chance that tide
o thair stout duke, follaes his hardiment,
and wi a rush samen in the bargain sprent.

Whan-as ane Arruns, by his mortal fate
untae mischievous deid predestinate,
circles at the wait, and aspies about
the swift maiden Camill, o aa the rout
in honest feat o armis maist expert,

---

[88]   arace: pu doun

[89]   ern: eagle

and best betaucht tae shuit or cast a dart.
He seekis by whit weyis or fortune
tae finnd the fashion and time opportune
maist easily this leddy tae assail;
and aa the wentis and rinkis, sans fail,
this furious maid held midwart the melée,
the samen gate and passage hauldis he,
and privily her fuitsteps did aspy.
And whaur she did return wi victorie,
wi fuit backwart frawart her adversar,
this ilk Arruns wis fu ready thare,
and theftuously anon the same wey he
withdrew his pace, and held on her his ee,
lurkin at wait, and spyin round about,
nou this to-come, nou that onset, but dout,
at every pairt this peevish man o weir,
and shuke in haun his uneschewable spear.

Chaipter XV

*Arruns the priest slays Camilla by slicht,
syne cowartly anon takkis the flicht.*

Per chance that tide Chloreus, o gret estate,
a spiritual man blissit and consecrate,
that tae Cybele some time priest haed be
a weill lang space, yond in the melée,
habilyiet richly and fu glorious, shane
in pompous armour and array Phrygiane.
Furth drives he the faemy steirin steed,
wi weirlike bardis cled, and sover weed
o cuirbulyie[90] or ledder wi gilt nails,
couchit wi plate o steel as thick as scales;
and he himsel, in broun sanguine weill dicht
abuve his uncouth armour bluimin bricht,
shaftis he shot and tackles wrocht in Crete,
wi Lycian bow nokkit wi hornis meet,
and clatterin by his shouther for the weir
his ganyie[91] case and gowden awblasteir.[92]

---

[90] cuirbulyie: leather byled hard
[91] ganyie: arrow
[92] awblasteir: cross-bow

The helm o gowd shane on the priest's heid.
O saffron hue, betwix yalla and reid,
wis his rich mantle, o wham the forebreist laps,
rattlin o bricht gowd wire, wi gilten traps
or cordis fine wis buckelt wi a knot.
O needlewark aa brusit[93] wis his coat.
His hosen shane o wark o Barbary
in portraiture o subtle brusery.
This man only o aa the meikle rout
the maid Camilla follaes fast about.
Whether sae it wis that Trojan armour she
list hing in temple for memore o trophy,
or than desirit this wanton huntress
in gowden attire herselfin tae address,
whilk she in field bereft her adversar,
throu-out the host unwarly went aawhaur,
blinnd in desire this Trojan tae assay,
in wummanly appetite ardent o this prey,
this precious spulyie and array sae proud,
whaurwith, as sayed is, wis this priest y-shroud.

This foresaid Arruns liggin at the wait,
seein this maid on flocht at sic estate,
chooses his time that wis maist opportune,
and taewart her his dart addressit suin.
Wi voice express his prayer thus made he:
"O bricht Apollo, sovereign god maist hie,
o haly Munt Soractis the warden,
wham principally we worship every ane;
wham-tae the fiery smoke o cense, we see,
bleezes in the kennelt bings o fir tree;
as we that worships thee wi obeisance,
by support o thy devote observance,
aft wi our fuitsteps and our nakit soles
doun thringis feil het cinners and fiery coals;
grant me, Faither aamichty, nou I pray,
wi our wappons this shame tae dae away.
I ask nae trophy, nor the pompous weed
o this maid dounbet or repulsed in deid,
naither bid I thareof spulyie nor renown –
my ither deedis syne mot mak me boun
tae report honour and laud efter this.

---

[93]   brusit: embroidert

But at this time I byde nae mair, iwis,
sauf that this wench, this vengeable pest or traik,[94]
be bet doun deid by my wound and smert strake,
and syne that I may tae my kind ceity
but ony glore return alive," quo he.
Phoebus him heard, and grantit tae fulfil
o his askin a pairty, at his will;
but for the tither pairt, suith tae say,
he lat dae wave wi the swift wind away,
consentin that he suld dounbet and slay
by hasty deed the awfu Camillae,
but, at his kintrie haill-scarth hamewart brocht
suld see him efter that, he grantit nocht;
and in the cloudy blastis o the sky
that voice and wordis flaw away in hy.
Sae that, as fast as frae his haun, that stound,
thirlin the air this tackle gave a sound,
the routis gan advert and takkis tent,
turnin thair sichtis, ilk wicht, wi a blent
taewart the Queen, thair leddy, this Camill.
But she nane heed nor tent haes tane tharetil,
naither o the hasty motion o the air,
nor yit the birrin sound this flicht made thare,
nor yit perceived this awfu shaft o tree
descendin swiftly frae the heiven on hie
while that the lance her smate and hurt, perfay,
whaur that her pap wis shorn and cut away,
and wedged deep within her coast stuid
furth soukis largely o this maiden's bluid.
Her complices aa samen in this need
stert tae thair leddy in affray and dreid,
and suin thay claucht and lappit in thair erms
this Queen, that funderin wis for her smert herms.
But first o aa, for fear and fell affray,
this Arruns fled fu fast and brak away,
wi blytheness middelt haein painfu dreid,
for he nae langir durst intae this need
assure for tae debate him wi his spear,
nor yit abide the virgin's wappon, for fear.
And like as that the wild wolf in his rage
knawin his recent feat and gret outrage,
whan that he haes some gret young oxen slain,

---

[94]   pest or traik: pestilence or plague

or than werryit the nowt hird on the plain,
tofore his faes, wi wappons him pursue,
anon is he tae the heich munt adieu,
and hid himsel fu faur out o the way.
His tail, that on his rig before times lay,
unner his wame lats faa abashitlie,
and tae the wuid gan haste him intil hy;
nane itherwise Arruns, that fleyit wicht,
fled, and belive withdrew him out o sicht;
content only tae gie the back and flee,
amang the thickest press him hid haes he.
And this Camilla, stervin the ilk stound,
the shaft haes pullit o her deidly wound
wi her ain haun; but yit amang the banes
the sherp steel heid fixt tae the ribs remains,
in a fu deep wound and a grievous sair.
Aa pale and bluidless swarfis[95] she richt thare,
and in the daith closes her cauld een.
The ruddy colour, umquhile as purpour schene,
blackent, and fades quite out o her face;
and, yauldin up the ghaist in the ilk place,
untae ane o her damisels and feirs,
cleipit Acca, that haed been mony years
only maist traist, and held in special
tae Camilla abuve the ithers all,
that knew aahaill the secrets o her hairt,
wi wham her thochtfu cures wad she pairt,
that time she spak, and sayed on this manneir:

"Acca, Acca, my leif sister dear,
untae this hour I hae duin at I micht,
but nou this dolorous wound sae haes me dicht,
that aathing dims and mirkens me about.
Gae fast away and hy thee o this rout;
shaw Turnus thir my last commands," quo she.
"Bid him enter in ficht insteid o me,
and frae the ceity thir Trojans drive away.
Adieu forever! I hae nae mair tae say."

Samen wi that word the reinis slip lat she,
and slade tae grund, nocht o free volunté.
Than the cauld daith and last stoundis mortal

---

95   swarfis: faints

the spreit dissolvit frae the cors owre all.
Her souple craig inclinin and neck bane,
bowed doun her heid that wis wi daith owretane.
Furth sprent her airmis in the deid-thrawing,
and frae her kest her wappons and arming.
The spreit o life fled murnin wi a grain,
and wi disdain doun tae the ghaists is gane.

Chaipter XVI

Opis the nymph wi dartis o Diane,
Camilla tae revenge, haes Arruns slain.

A huge clamour that tide did rise on hicht,
that seemit smite the gowden starnis bricht.
The bargain wauxis mair cruel and het
whaur that the stout Camilla wis dounbet.
For aa the routis o the bauld Trojanes,
the Tyrrhene dukes sembelt aa at aince,
and eik Evandrus' wardis o Arcades,
samen in the press thair adversars invades.

But Opis than, the nymph, that weill nearby
by thrinfauld Diane sent wis tae espy,
sat a lang space upo a hill's hicht,
and unabashit did behaud the ficht.
Syne tharefter on faur she gan aspy,
adjoined whaur-as thir younkers raised this skry:
wi shamefu daith owretane, Camilla the maid.
She weepit sair, and pleinin thus she sayed,
sobbin fu deep law frae her breist within:

"Alas! virgin, too meikle, and that is sin,
too meikle aa out sae cruel punishing
haes thou suffert, certes, for sic a thing,
because thou haes enforced wi aa thy micht
for til annoy the Trojans in this ficht.
Whit profits thee in bussis thine alane
tae hae servit sae lang the blissed Diane?
Or by thy side, or than on shouther hie,
sae lang our quivers tae hae borne?" quo she.
"And, naetheless, but honour in this steid
thy Queen haes nocht thee left in pynt o deid;

nor this thy slauchter but remembering
amang aa people sall nocht be, nor meining;
nor sall thou nocht that shame suffer, traist me,
for tae be tauld thou suld unwroken be.
Whae'er wi wound haes shent or violate
thy fair body, tae Diane dedicate,
he sall repent the time that e'er thou sterved,
and wi his daith aby, as he haes served."

Unner the muntain law thare stuid fuit-hot
a bing o erd, upheapit like a motte,
containing the cauld aises and brint banes
o auld Dercennus, King o Laurentanes,
owreheild wi aiken trees and bewis rank.
Thither this goddess, hastin doun the bank,
hersel haes cairryit, and thare huves still;
and frae this knowe's hicht, or little hill,
abides this ilk Arruns til aspy.
And frae she him perceives glidin by,
in rich armour shinin wunner bricht,
and aa in vain, proud, wanton, gay, and licht,
"Why haudis thou awaywart sae?" quo she.
"Dress hithermair thy fuitsteps taewart me.
Nou comes hither tae perish and tae sterve,
and caucht duly, as that thou haes deserve,
thy reward for Camilla's deid, perdee.
On Diane's dartis, ha! suld sic ane dee?"
And wi that word, like a stout wench o Thrace,
the swift gilt arrow shuke out o her case,
and, richt amoved, her hornit bow haes bent,
whaurin anon the tackle up is stent;
syne hales up in ire and felloun haste,
while that the bow and nokkis met aamaist.
And nou her haundis raxed hit every steid –
hard on the left neive wis the sherp steel heid,
the string, up-pu'ed wi the richt haun infeir,
went by her pap aamaist untae her ear.
Arruns anon the motion o the air
samen wi the whustlin o the tackle square
perceivit haes, and eik the dint at aince.
The deidly heid throu-girt his body and banes.
His feiris aa haes him forget alane,
whaur-as he swelt wi mony a waefu grain,
and in an uncouth field haes left him deid,

bedove in dust and pouder, wull o rede.
Syne Opis wi her wingis swift gan flee
abuve the skyis heich in the heivens hie.

Chaipter XVII

Acca tae Turnus shaws Camilla's chance –
her airmy fled, and left aa ordinance.

The swift army and active rout, wi this,
o Camilla fled first the field, iwis,
for thay haed lost thair leddy and captain.
The puissance haill and hostis Tiburtane,
affrayit, aathegither gave the flicht.
The back haes tane Atinas bauld and wicht;
the chieftains brak array and went thair gate;
the banners left aa blout[96] and desolate;
socht tae warrant[97] on horseback, he and he,
frawart thair faes, and held tae the ceity.
Nor nane o them, sae mate[98] and sae aghast,
the fierce Trojans whilk thaim assayit fast,
untae the deid and mischief did invade,
wi wappons aince tae stinten made a braid;[99]
nor thaim sustain nor yit resist thay micht,
but aa at aince samen teuk the flicht,
and on thair weary shouthers wi gret shame
thair big bowis unbent haes tursit hame;
and the stout steedis wi thair huifis' sound
wi swift rinkis dindelt the dusty ground.
The black stour o pouder in a stew
as daurk as mist taewart the wallis threw.
On the barmkin abuve, and turrets hie,
the wemen beat thair breists – wis ruth tae see –
raisin at aince a waefu wifely cry,
went tae the starns and thirlit throu the sky.
And wha micht foremaist, wi swift course haes thaim set
tae brek in at the open patent yett,

96	blout: barren
97	warrant: saufety
98	mate: checkmatit, beat
99	braid: attack

the routis o thair enemies, mixed owre-ane,
upo thaim rushes, and owrethraws mony ane;
nor thare escape thay nocht the wretchit daith,
but in the portis yauldis up the braith,
steikit amid thair native wallis hie,
and amang houses whaur sover seemed thaim be.
A pairt closit the entry and the ports;
nor tae thair feirs, nor yit nane ither sorts,
the yettis listen[100] open, nor mak way;
nor, tho thay aft beseeken thaim and pray,
durst thaim receive within thair wallis square.
A duilfu slaughter anon uprises thare
o thaim in armis stuid the ports tae defend,
and thaim wi glaves war killit and made end.
The sons furth shet,[101] that peity wis tae seen,
before thair weepin waefu faithers' een.
Some in the howe fossie war tummelt doun,
sae thick thaim cummers the press thrang tae the toun.
Some hasty and unwarely at the flicht,
slacks thair bridles, spurrin in aa thair micht,
gan wi a ram-race tae the portis dush,
like wi thair heidis the hard bars tae frusch.
The mithers eik and wemen aa bedene,
frae time Camilla killit hae thay seen,
knawin thare wis extreme necessity,
wi aa debate stuid on the wallis hie,
sic thing tae dae that time and tak on hand,
the perfit luve thaim caucht o thair kind land,
and aa aghast dartis and stanes doun threw;
the sillis square and heidit stings enew,
and perkis[102] gret wi birslit ends and brunt,
fu hastily doun swackis, dunt for dunt;
and, for defence o thair kind wallis hie,
offert thairsel wi the foremaist tae dee.

In the meanwhile, as Turnus at the wait
lay in the wuid, fast by the passage strait,
aa the maist cruel tidings fills his ears,
for Acca shaws tae him and aa his feirs

---

100   listen: list, want tae (wi Chaucerian Inglis endin)
101   furth shet: shut out
102   perkis: poles

the huge affray, hou the battle wis gane,
the Volscan hosts destroyed, and Camill slain,
thair noisome faes increasing furious rage,
and by thair prosper Mart's vassalage
discomfist aa his hostis, every rout,
that nou the ceity wallis stuid in dout.
He wauxis brain[103] in furore bellical,
sae desirous o deedis martial;
for the hard fates and strang michtis he
o the gret Jove wad that it sae suld be.
The hill's heich he left whaurat he lay,
and frae the dern wuids went away.
And scarcely wis he passit out o sicht,
in the plain field comen aa at richt,
whan that the Prince Enee wi aa his men
haes entert in and passit throu the glen,
and owre the swire,[104] shawis up at his hand,
escape the dern wuid, and won the even land;
sae that baith twa wi thair haill routs at last
in aa thair speed held tae the ceity fast.
And nae lang space thair hostis war in sunder,
but that Enee the fieldis reik, like tinder;
o dusty stour perceivit a faur way,
and saw the Latin routis ride away;
and fierce Eneas, wirker o his harms,
Turnus perceivit alsae ride in arms.
The dinning o thair horse' feet eik heard he,
thair stampin steirage, and thair steedis' neigh.
Incontinent thay haed tae battle went,
and in the bargain preived thair hardiment,
nocht war, as than, the rosy Phoebus reid
his weary steeds haed doukit owre the heid
unner the streamis o the ocean sea,
reducin the daurk nicht; thay micht nocht see.
Aahaill declinit haed the day's licht.
Tae tentis than before the toun ilk wicht
bounin tae rest, aa thay that war without,
and delves trenches aa the waas about.

---

[103]   brain: brain-wud, furious

[104]   swire: pass

The Prologue o the Twalt Buik

Dionea, nicht hird, and watch o day,
the starnis chasit o the heiven away;
Dame Cynthia doun rollen in the sea;
and Venus lost the beauty o her ee,
fleein ashamed within Cyllenius'[1] cave.
Mars onbydrew,[2] for aa his grunden glave;[3]
nor frawart Saturn, frae his mortal sphere
durst langir in the firmament appear,
but stall aback yond in his region far
behinnd the circulate warld o Jupiter.
Nyctimene,[4] affrayit o the licht,
went under covert, for gane was the nicht,
as fresh Aurora, tae michty Tython spous,
issued o her saffron bed and ever hous,
in crammasin cled and grainit[5] violet,
with sanguine cape, the selvage purpourate,
unshut the windaes o her large hall,
spreid owre wi roses, and fu o balm ryal,
and eik the heivenly portis crystalline,
upwarpis braid, the warld tae illumine.
The twinklin streamers o the orient
shed purpour sprangs wi gowd and azure ment,[6]
piercin the sable barmkin[7] nocturnal,
beat doun the skyis' cloudy mantle wall.
Aeos the steed, with ruby hames reid,
abuve the seas lifts furth his heid,
of colour soir, and some deal broun as berry,
for tae alichten and gled our hemispherie,
the flame outbrastin at his neis thirlis,[8]

---

[1]   Cyllenius: Mercury

[2]   onbydrew: withdrew

[3]   glave: swourd

[4]   Nyctimene: i.e. the houlet

[5]   grainit: dyed

[6]   ment: minglet

[7]   barmkin: battlement

[8]   neis thirls: nostrils

sae fast Phaeton wi the whip him whirlis,
tae roll Apollo, his faither's, gowden chair,
that shroudeth aa the heivens and the air;
while shortly, wi the bleezin torch o day,
habilyiet in his leamin fresh array,
furth o his palace ryal issued Phoebus,
wi gowden croun and veisage glorious,
crisp hairs, bricht as chrysolite or topace,
for whase hue micht nane behaud his face;
the fiery sperkis brastin frae his een,
tae purge the air, and gilt the tender green,
defundin[9] frae his siege[10] ethereal
gled influent aspectis celical.
Before his regal hie magnificence,
misty vapours upspringin, sweet as cense,
in smoky sop o dank dews wak,[11]
moch halesome stoves[12] owreheildin the slack,[13]
the aureate fanes[14] o his throne sovereign
wi glitterin glance owrespreid the ocean,
the large fluids leamin aa o licht
but wi a blenk o his supernal sicht.
For tae behaud, it was a glore tae see,
the stabelt windis and the caulmit sea,
the saft season, the firmament serene,
the loun illuminate air, and firth amene.
The siller-scalit fishes on the greit[15]
owrethwart clear streamis sprinklin for the heat,
wi finnis shinin broun as synoper,[16]
and chisel tail, stourin here and thare.
The new colour alichtenin aa the lands,
forgain thir stanners[17] shane the beryl strands,
while the reflex o the diurnal beams

---

[9]   defundin: pourin doun
[10]   siege: saet
[11]   wak: damp
[12]   moch halesome stoves: muggy halesome vapours
[13]   slack: glen
[14]   fanes: pennants
[15]   greit: gravel
[16]   synoper: a reid colour
[17]   stanners: gravel beds

The Prologue o the Twalt Buik

the bein bankis kest fu o variant gleams
and lusty Flora did her bluimis spreid
unner the feet o Phoebus' sulyeart[18] steed.
The swardit soil embrowd[19] wi selcouth hues;
wuid and forest obumbrate[20] wi thair bews,
whase blissfu branches, porturate on the grund,
wi shaddas schene shew rockis rubicund:
touers, turrets, crenels, pinnacles hie
o kirkis, castles, and ilk fair ceity,
stuid paintit, every fyal,[21] fane and stage
upo the plain grund, by thair ain umbrage.
O Eolus' north blastis haein nae dreid,
the sulyie[22] spreid her braid bosom on breid,
Zephyrus' comfortable inspiratioun
for til receive law in her barm[23] adoun.
The corn's crappis and the bere's new breird
wi gledsome garment revestin the erd;
sae thick the plantis sprang in every piece,
the fieldis ferlies o thair fructuous fleece.
Busy Dame Ceres and proud Priapus,
rejoicen o the plainis plenteous,
plenished sae pleasin and maist properly,
be nature nourished wunner nobilly.
On the fertile skirt-lappis o the ground,
streikin on breid unner the circle round,
the variant vesture o the venust[24] vale
shrouds the scherald[25] fur, and every faill
owrefret wi fulyies[26] o feigures fu diverse.
The spray besprent wi springin sprouts disperse
for caller humour on the dewy nicht,
renderin some place the gress piles[27] thair hicht

18	sulyeart: pale
19	embrowd: embroidert
20	obumbrate: shaddaed
21	fyal: finial
22	sulyie: soil, erd
23	barm: bosom
24	venust: bonny
25	scherald: turf
26	fulyies: leafs
27	piles: blades

as faur as cattle, the lang simmer's day,
haed in thair pasture ett and knip away;
and blissfu blossoms in the bluimit yaird
submits thair heids in the young sun's safeguaird.
Ivy leaves rank owrespreid the barmkin waa;
the bluimit hawthorn cled his pikes aa;
furth of fresh burgeons the wine grapes ying
endlang the trellis did on twistis hing.
The loukit[28] buttons on the gemmit trees
owrespreidin leaves o nature's tapestries;
saft gressy verdure efter balmy shouers,
on curlin stalkis smilin tae thair flooers,
behauldin thaim sae mony diverse hue,
some pers,[29] some pale, some burnet and some blue,
some grece,[30] some gules,[31] some purpour, some sanguine,
blanchit or broun, fauch yalla mony ane,
some heivenly coloured in celestial gree,
some wattery-hueit as the haw wawy sea,
and some depairt in freckles reid and white,
some bricht as gowd wi aureate leaves lyte.
The daisy did on breid her crounel small,
and every flooer unlappit[32] in the dale.
In battill[33] gress burgeons the banwart[34] wild,
the clover, catcluke,[35] and the camomild,
the fleur-de-lis[36] furth spreid his heivenly hue,
flouer dammis[37] and columbine blank[38] and blue.
Sere downis smaa on dandelion sprang,
the ying green bluimit strawberry leaves amang;
jimp gillyflooers, thair roan leaves unshet,
fresh primrose, and the purpour violet.

---

[28] loukit: lockit

[29] pers: bluish

[30] grece: aff-white? (literally gray)

[31] gules: heraldic reid

[32] unlappit: unfoldit

[33] battill: lush

[34] banwart: gowan

[35] catcluke: bird's-foot trefoil

[36] fleur-de-lis: iris or lily

[37] flouer dammis: Auricula, drumstick primrose

[38] blank: white

The rose knops, teetin furth thair heid,
gan chip, and kythe thair vermil lippis reid;
crisp scarlet leaves some sheddin, baith at aince
kest fragrant smell amid frae gowden granes.
Heivenly lilies, wi lockerin tappis white,
opent and shew thair crestis redemite;
the balmy vapour frae thair silken craps
distillin halesome sugarate honey draps;
and siller shackers[39] gan frae leaves hing,
wi crystal sprangis[40] on the verdure ying.
The plain pouderit wi seemly settis[41] sound,
bedyte fu o dewy pearls round,
sae that ilk burgeon, scion, herb and flouer
waux aa enbalmit o the fresh liquour,
and bathit het did in douce humours flete,
whaurof the beeis wrocht thair honey sweet,
be michty Phoebus' operatiouns,
in sappy subtle exhalatiouns.
Forgain the comin o this prince potent,
redolent odour up frae ruitis sprent,
halesome o smell as ony spicery,
traicle, drugs, or electuary,[42]
syrups, sowens, sugar and cinnamom,
precious inunctment, salve or fragrant pome,[43]
aromatic gums or ony fine potion,
must, myrrh, aloes or confection.
A paradise it seemit tae draw near
thir galiart gairdens and ilk green herbeir.
Maist amiable wauxes the amerant[44] meads.
Swans swouchs throu-out the risp and reeds,
owre aa thir lowis[45] and the fluidis gray,
searchin by kind a place whaur they suld lay.
Phoebus' reid foule his coral crest gan steir,
aft streikin furth his heckle, crawin clear,

---

[39]	shackers: trummlin dewdraps
[40]	sprangis: gleams
[41]	settis: plant cuttins
[42]	electuary: medicinal syrup
[43]	pome: pomander
[44]	amerant: emerald
[45]	lowis: lochs

amid the wortis and the ruitis gent,
pickin his meat in alleys whaur he went;
his wifes, Toppa and Pertelock, him by,
as bird aa time that hauntis bigamie.
The paintit poun,[46] passin wi plumes gim,[47]
kest up his tail, a proud pleasant wheel rim,
y-shroudit in his fedram bricht and schene,
shapin the prent o Argus' hunner een.
Amang the brounis o the olive twists,
sere smaa foules wirkin crafty nests,
endlang the hedges thick, and on rank aiks,
ilk bird rejoicin wi thair mirthfu maiks.[48]
In corners and clear fenesters o gless
fu busily Arachne weavin wis,
tae knit her nettis and her wabbis slee,
tharewith tae caucht the midge and little flee.
Sae dusty pouder upstours in every street,
while corbie gaspit for the fervent heat.
Unner the bewis been in lusty vales,
within fermance[49] and parkis close o pales,
the busteous buckis rakes furth on raw;
herdis o hartis throu the thick wuid shaw,
baith the brockets, and wi braid burnished tines;
the spruttelt[50] calves soukin the reid hinds;
the young fawns follaein the dun daes;
kids skippin through rons[51] efter raes.
In lesours[52] and on leyis little lambs
fu tait[53] and trig socht bleatin tae thair dams.
Tidy kye lowes; veals by thaim rins;
aa snug and sleekit worth thir beasts' skins.
On saut streams waux Doryda and Thetis,
by rinnin strands, nymphis and naiades,
sic as we cleip wenches and damisels,

---

[46] poun: peacock

[47] gim: smert

[48] maiks: mates

[49] fermance: confinement

[50] spruttlet: spottit

[51] rons: thickets

[52] lesours: pastures (text has *lyssouris*)

[53] tait: jimp

in gressy groves wanderin by spring wells;
o bluimit branches and flouers white and reid
plaitin thair lusty chaplets for thair heid.
Some sing sangs, dances leads, and rounds,
wi voices shill, while aa the dale resounds.
Whaursae they walk intae thair carollin,
for amorous lays doth aa the rockis ring.
Ane sang, "The ship, sails owre the saut faem,
will bring thir merchants and my leman hame."
Some ither sings, "I will be blythe and licht;
mine hert is lent upo sae guidly wicht."
And thochtfu luvers roumis tae and frae,
tae less thair pain, and plein thair jolly wae,
efter thair guise, nou singin, nou in sorrow,
wi herts pensive, the lang simmer's morrow.
Some ballads list endite o his leddy,
some leives in hope, and some aa utterly
despairit is, and sae quit out o grace,
his purgatory he finnds in every place.
Tae please his luve some thocht tae flat[54] and feign,
some tae haunt bawdry and unleisome[55] mein;
some rouns[56] tae his fellae, thaim between,
his merry stouth and pastance[57] late yestreen.
Smilin says ane, "I couth in privity
shaw thee a bourd." "Ha! Whit be that?" quod he,
"Whit thing?" "That must be secret," sayed the tither.
"Guid Lord! misbelieve ye your verra brither?"
"Na, ne'er a deil, but harkis whit I wad:
thou maun be privy. Lo, my haun uphaud,
than sall thou walk at even." Quod he, "Whither?"
"In sic a place here wast, we baith thegither,
whaur she sae freshly sang this hinder nicht.
Dae choose thee ane, and I sall quench the licht."
"I sall be there, I hope," quod he, and leuch.
"Yea, nou I knaw the maiter weill eneuch."
Thus aft divulgit is this shamefu play,
naething accordin tae our halesome May,
but raither contagious and infective,

---

[54] flat: fleech, flatter
[55] unleisome: unlawfu
[56] rouns: whispers
[57] stouth and pastance: theft and recreation

and repugnant that season nutritive,
whan new courage kittles aa gentle herts,
seein through kind ilk thing springs and reverts.
Dame Nature's minstrels, on the tither pairt,
thair blissfu bay intonin every airt,
tae bete[58] thair amours o thair nicht's bale,[59]
the merle, the mavis and the nichtingale,
wi mirry notes mirthfully furth brest,
enforcin thaim wha micht dae clink it best.
The cushat croods and perches on the rice;[60]
the starling changes diverse stevins nice;
the sparra chirmis in the wall's clift;
gowdspink and lintwhite fordinnen the lift;
the cuckoo gales, and sae whitters the quail;
while rivers rerdit, shaws and every vale,
and tender twistis trimmelt on the trees,
for birdis' sang and bemin o the bees.
In warbles[61] douce o heivenly harmonies,
the larks, loud releshin[62] in the skies,
luves thair liege wi tones curious,
baith tae Dame Nature and the fresh Venus,
renderin hie lauds in thair observance,
whase sugarit throatis made gled hertis dance
and aa smaa foules singis on the spray:
"Welcome, the lord o licht and lamp o day;
welcome, foster o tender herbis green;
welcome, quickner o flourished flouers schene;
welcome, support o every ruit and vein;
welcome, comfort o alkin fruit and grain;
welcome, the birdis' bield upo the breir;
welcome, maister and ruler o the year;
welcome, repairer o wuidis, trees and bews;
welcome, depainter o the bluimit meads;
welcome, the life o everything that spreids;
welcome, steirer o alkin bestial;
welcome be thy bricht beamis, gleddin aa;
welcome, celestial mirror and aspy,[63]

58	bete: relieve
59	bale: sorra
60	rice: twigs
61	warbles: text has *wrablis*
62	releshin: singin

attechin[64] aa that hauntis sluggardie."
And wi this word, in chaumer whaur I lay,
the nynt morrow o fresh temperate May,
on fuit I sprent intae my bare sark,
wilfu for til complete my langsome wark,
tuichin the latter buik o Dan[65] Virgil,
whilk me haed tarryit aa too lang a while,
and tae behaud the comin o this king,
that was sae welcome til aa warldly thing,
wi sic triumph and pompous courage glaid,
than o his sovereign chymmis, as is sayed,
newly arisen in his estate ryal,
that by his hue, but orloger or dial,
I knew it was past fower hours o day,
and thocht I wad nae langir lie in May
less Phoebus suld me losinger[66] attaint,
for Procne[67] haed, ere than, sang her complaint,
and eik her dreidfu[68] sister Philomene[69]
her layis endit, and in wuidis green
hid herselfin, ashamit o her chance,[70]
and Aesacus[71] completes his penance
in rivers, fluidis, and on every lake,
and Peristera[72] bids luvers awake.
"Dae serve my leddy Venus here wi me.
Learn thus tae mak your observance," quo she.
"Intae mine hert's leddy's sweet presence,
behauldis hou I benge[73] and dae reverence."
Her neck she wrinkles, tracin monyfold,
wi plumes glitterin, azure upo gold,

63	aspy: spy
64	attechin: accusin
65	Dan: don, sir
66	losinger: sluggard
67	Procne: i.e. the swallow
68	dreidfu: fu o dreid
69	Philomene: i.e. the nichtingale
70	her chance: i.e. whit chanced tae her (her rape by her brither-in-law)
71	Aesacus killt hissel efter a lass dee'd that he wis chasin; he wis chynged tae a watter bird.
72	Peristera: i.e. the doo
73	benge: boo

renderin a colour betwix green and blue,
in purpour glance o heivenly variant hue.
I mean our ain native bird, gentle doo,
singin in her kind, "I come hither tae woo,"
sae pricklin her green courage for tae crood
in amorous voice and wooer soundis loud,
that for the dinnin o her wanton cry,
I irkit o my bed, and micht nocht lie,
but gan me bliss, syne in my weedis dress,
and, for it was ere morrow, or time o mess,
I hint a scripture and my pen furth teuk,
syne thus begouth o Virgil the twalt buik.

Explicit scitus prologus
whaurof the author says thus:

The lusty crafty preamble, *Pearl o May*,
I thee entitle, crounit while doomsday,
and aa wi gowd, in sign o state ryal,
must been illuminit thy letters capital.

The Twalt Buik o Eneados

Chaipter I

Turnus, perceivin the Latin people fail,
promits Eneas alane him tae assail.

Whan Turnus knew the Latin people haill
irk o the weir, and saw thair courage fail,
by the frawart adversities o Mart,
whilk war tofore unwroken and stout o heart,
and thocht the time requires him, but abaid,
for tae complete the promise he haed made,
seemin as taewarts him than every wicht
tae that effeck addressed thair leuk and sicht;
than, unrequirit, by insatiable desire
langin tae fecht, and birnin hait as fire,
fu hie raisin his courage and his cheer,
he gan amid the audience appear,
fierce as a wild lion yond in Thrace,
by the hunter woundit in the chase,
whan the smert strake in his breist aa fast is,
for ire the lokkers o his neck upcastis;
than first beginnin tae raise his stern muid,
rejoisit o the battle, fierce and wuid,
unabashitly rashin the shaft in sunder,
and on the man liggin at wait thare unner,
him tae revenge, wi bluidy mouth daes bray.
Nane itherwise feired[1] Turnus the ilk day,
smitten sae brim in fervent violence,
that aa commovit in the King's presence
on this manneir begouth tae speak and say:

"Thare sall in Turnus be fund nae delay;
and aa for nocht yon cowart Eneadanes
thair promise and thair wordis comes agains,
willin retreat thair behestis and saws.
Sae sall thay nocht. We will nane sic laws:
I sall thair fauseheid resist and gainstand,

---

[1] feired: behavit

and fecht contrar thair chieftain hand for hand.
Thou ryal prince and faither, King Latine,
dae sacrify and confirm this convine:
for aither sall I wi thir haundis twa
yon ilk Trojan, forhouer[2] o Asia,
dae put tae deid, send doun tae Hell," quo he;
"lat Latin people sittin by tae see
hou, mine alane wi swourd in thair presence
I sall revenge and end our allers[3] offence;
or than, gif sae betide he win the gree,
lat us aa vanquished tae him subject be,
yield him the croun endurin term o life,
and lat him joice Lavinia tae his wife."

King Latin than wi sad and digest mind
tae him answers, and sayed upo this kind:
"Oh dochty younker, excellent o courage,
hou faur as by thy forcy vassalage
my feeble age thou doth exceed," quo he,
"as faur mair diligently pertains me,
and gainand is, tae counsel and provide,
and examine every chance may betide,
as I that haes in pairt a mainer fear,
by lang experience knawin the douts o weir.
Thou wields Daunus thy faither's realm and land,
and feil ceities conquest wi thine ain hand;
tharetae thou haes alsae a gentle hert,
liberal and free, and in weir maist expert,
and King Latin haes gowd tae gie thee eik.
Perfay, eneuch ithers, nocht faur tae seek,
o maidens been unwed in Latium wide,
and in the Laurent fieldis here beside,
o bluid and freindship naething mis-seemand,
but worthy tae be queen o ony land.
Thole me, I pray thee, aa deceit duin away,
thir wordis wheen o wecht tae thee til say;
and samen prent thir sawis in thy wit.
Unleisome is I suld in wedlock knit
my dochter til auld wooers o this land,
that her tofore haed askit in sic band:
aa the spaemen and goddis' revealing

---

2   forhouer: deserter

3   our allers: o us aa

declarit plain that wis unleisome thing.
And naetheless, I, vanquished clean but weir,
for luve o thee my spous's kizzen dear,
owrecomen by her waefu tears and syte,[4]
aa mainer bandis nou haes broken quite;
and frae my son-in-law, fu wrangouslie,
his spous untae him promised reft hae I,
and faurer, on him moved a wickit weir.
Sinsyne in whit chance I staun and dangeir,
and hou fierce battles nou pursueis me,
fu weill thou wat and sees, Turnus," quo he,
"and hou huge travail thou haes tholed and pain,
as principal maist dochty capitan.
Lo, twice in battle vanquished hae we be,
and nou scantly within our waaed ceity
the hope and weill o Italy defends;
nou o our recent bluid, as notourly kenned is,
the fluid o Tiber wauxes het again,
and o our huge banes white seemis the plain.
Hou am I steerit thus in purpose sere?
And whither flowe I thus aft thare and here?
Whit mad folly aa to-changes my thocht?
Gif that I ready be and doutit nocht
the Trojans for my freindis tae resaive,
gif sae war Turnus deid war and begrave –
whit! aucht I nocht faur raither end the weir
he bein in prosperity haill and fere?
Whit wad our kizzens, the Rutulians,
or whit wad say the ither Italians,
gif thee I suld thus-wise sae wilfullie,
askin our dochter's wedlock and ally,
expone or offer tae the deid?" quo he:
"Fortune defend that chance at sae suld be!
Behaud the chance o battle variable,
perceive o weir the fickle ward[5] unstable!
Hae ruth and mercy o thy faither auld,
wham Ardea nou, his kintrie, daes withhauld,
dividit faur and disseverit frae thee,
and for thy sake hou waebegone is he."

---

4   syte: sorra

5   ward: ruling, deceision o a court

Thus sayed the King. But the violent courage
o Turnus' hie mind bouit ne'er a stage.
Wha wad wi cure o medicine him mease,
the mair increases and growes his malease.
And efter that he first micht speak again,
thus he began expreme wi wordis plain:

"Oh thou maist sovereign faither, I thee pray,
tae save my honour thou wad dae away
thir cures, thochtis, and solicitude,
for me thou taks; and, shortly tae conclude,
suffer me for tae pledge my daith in wage,[6]
for glorious renown o vassalage.[7]
For we, faither, can swack darts and brandis,
nocht wi feeble but stalwart richt handis,
and o our wounds the reid bluid rushes out.
Tae yonder proud Trojan, cleipit sae stout,
his mither at this time sall be faur tae seek,
whilk goddess wi her subtle slichtis eik
her son, accustomate tae tak the flicht,
wis wont tae deck, and tae hide out o sicht
within a wifely clud, as for a trane,[8]
and heild[9] hersel alsae in shaddas vain."

Chaipter II

*The Queen persuades Turnus frae strife desist
but he for battle gan again resist.*

By than the Queen Amata, aa in fear
o this uncouth and new mainer o weir,
weepin fu sair, aa deidlike, fu o herms,
her son-in-law Turnus hint in hir erms,
that wis sae fervent in his ardent desire.
"Turnus," sayed she, "thou best beluvit sire,
by thir ilk waefu tearis I thee pray,
and by the worship thou aw til Amatae,

---

[6] wage: pledge
[7] vassalage: knichtly courage
[8] trane: trick
[9] heild: conceal

gif ony honour o her or thy kin
tuiches or moves intae thy breist within,
I thee beseek ae thing, mine ain knicht:
desist and cease tae match Trojans in ficht.
Thou only comfort o our feeble eild,
thou art our rest, our weillfare, and our beild,
hae ruth and peity o my waefu bale –
in thy pouer and micht restis aahaill
the worship and empire o King Latin.
His hous and faimil, nou like tae decline,
in thee remains, and is by thee upbore.
I thee assure, and certifies tharefore,
whit adventure in this ficht sall happen thee,
the selfin chance, Turnus, sall betide me.
Samen wi thee, gif thou ends in that strife,
I sall depairt furth o this irksome life,
nor never thrall sall I remain tae see
yon ilk Eneas son-in-law tae me."

Lavinia the maid, wi sair tears smert,
her mither's wordis felt deep in her hert,
sae that the rude[10] did her veisage glowe,
and fu o tearis gan her cheekis strowe.
The fervent fire o shame rises on hie,
kennlin mair large the reid-coloured beauty,
sae that the naitural heat the bluid did chase
owre aa the pairtis o her whitely face;
while that this virgin, in this waefu rage,
sic colours renders frae her fresh veisage,
as wha bespark wad the white ivor Indian
wi scarlet drappis or wi broun sanguine,
or whaur the schene lilies in ony steid
war poudert wi the vermil roses reid.

The hait luve trubbles fu sair the knicht,
that on this maid he fixes aa his sicht,
and aa the mair he birnis in desire
o bargain into armis, het as fire.
Syne tae the Queen Amata, but abaid,
in few words on this wise he sayed:

---

10   rude: reid

"Oh my dear mither, o thy weepin ho![11]
I you beseek, dae nocht, dae nocht so.
Pursue me nocht thus wi your greet and tears.
Nor whan I pass untae thir mortal weirs,
in martial bargain contrary my fae,
dae way[12] tae present me sic taiken o wae.
In Turnus' michtis lieis nocht," quo he,
"the chance o deid tae mak himselfin free.
I say, gif deid this way be tae me shape,
nou may I nocht astert, nor it escape.
For at this time instant my messengeir,
Idmon cleipit, my credence hecht tae beir
nou tae yon Trojan tyrant, rehearsing
my wordis, whilkis likes him naething:
that is tae knaw, tomorrow, as earlie
as bricht Aurora in the orient sky
wi rosy chariot liftis up her heid,
the firmament shroudin in colour reid,
that he move nocht agin Rutulians
his hostis, nor nane airmy o Trojans:
but aither hauf frae battle, for the best,
baith sall Trojans and Rutulians thaim rest;
and lat us twa, this bargain tae conclude,
betwix us only derene wi our bluid,
and intae yonder field, in stalwart strife,
lat aither seek Lavinia tae his wife."

Frae this wis sayed, fast tae his inn he speeds,
and bade anon dae lat him see his steeds.
Behauldin thaim, rejoices he in hert,
tae see thaim staun sae fierce wi courage smert;
whilk kind o horses whilom, as thay say,
Orithyia, the lusty fresh may,
o Athens the king's dochter and heir,
as a maist ryal present, wunner fair,
sent frae her kintrie tae King Pilumnus,
wis foregrandsire untae this ilk Turnus;
the whilk steedis, shapen at aa delight,
exceedit faur the snaw in colour white.
Tae speak o speed, thair swiftness wis untauld,
for thay the windis' blastis for-rin[13] wald.

---

[11]   ho: whoa

[12]   dae way: leave aff

The busy knapes[14] and varlets o his stable
about thaim stuid, fu yape[15] and serviable,[16]
and wi thair howe luifs gan thaim cheer,
did clap and strake thair leinds[17] tae mak thaim steir;
thair lokkerin manes and thair crestis hie
dresses wi trelyies[18] and kaimis honestly.
Frae thence untae his chaumer went he syne;
about his shouthers assays his haubrek fine,
o burnished mail, and shinin richely
o finest gowd and whitely alchemy.[19]
Tharewi alsae his swourd addresses he,
whit wey he wad it uise in the melée.
His sover shield assayis he alsae,
and eik his tymbret helm wi crestis twae.
Whilk swourd wis made untae Daunus his sire
by Vulcanus, the michty God o Fire,
that forged this blade and tempert wi his hands,
het glowein dippit in the Stygian strands.
Syne wi gret force, enarmed in aa his gear,
fu lichtly up he hint his stalwart spear,
whilk than amiddis the haa leanin stuid
up by a pillar huge square and rude;
whilom the spulyie he bereft frae ane
cleipit Actor, a captain Auruncane.
the shaft he sheuk, and brangles[20] lustilie.
Tharetae wi loud voice thus gan he cry:

"Oh nou thou spear, that ne'er failit thy deed
whan I thee caaed tae my desire in need,
whilom thee wieldit Actor, maist dochty knicht;
nou thee in haun uphaudis Turnus wicht.
Nou is the time that I maist mister[21] thee,

13	for-rin: outrin, outstrip
14	knapes: grooms
15	yape: gleg, keen
16	serviable: willin tae serve
17	leinds: flanks
18	trelyies: currykaims or a type o coorse claith
19	alchemy: imitation gowd
20	brangles: brandishes
21	mister: hae need o

for tae dounbet the cors thou grant tae me
o yonder Phrygian, is scant hauf a man,
that wi my stalwart haundis I may than
his haubrek aff his body tae arace,[22]
hackit, and rent, and pierced in mony place;
and in the dusty pouder here and thare
suddle[23] and fyle his crisp and yalla hair,
that are maid crease, and curlis nou sae weill,
y-plait ilk nicht on the warm brooch[24] o steel,
deckit and donk,[25] on his wifely manneir,
o fragrant myrrh and ither inunctments sere."

Wi siccan fury rage chasit is he,
that thus he carpis til a shaft o tree;
and frae the veisage o this ardent sire
the sperkis glides as the het fire,
for very fervour o the fearfu tene
shines and bristis furth o baith his een;
like as the bul, that bargain begin wald,
gies terrible routs and lowes monyfauld,
or than aggrievit, busteous, and furth-borne,
presses his ire tae assay wi his horn,
leanin his spauld tae the stock o a tree,
and wi his dint the wind to-rentis he;
or, for tae mak debate upo the land,
wi his hard clufe upwarpis fast the sand.

In the self time, nae less o courage, Enee,
cled in his mither's armour awfu tae see,
sherpis himsel in furore martial,
raisin his grief for ardour bellical,
and joyous waux o weir tae mak an end
by sic proffer and pointment as wis send.
Syne comforts he his feiris dolorous,
and meased the dreid o sad Ascanius,
declarin thaim the fatal ordinance,
thair destiny, and goddis' purveyance;
and tae the King o Laurentis, Latine,

---

[22] arace: teir awa
[23] suddle: mak clarty
[24] brooch: rod
[25] donk: wattit

tuichin this foresaid treaty and convine,
bade the messengers bare hame but delay
sover answer, as thay desired alway,
and o the peace and trewis,[26] as thay spak,
proclaim articles and laws o contrack.

Chaipter III

> *Juno, knawin Turnus' last day at end,*
> *tae stop the bargain haes Juturna send.*

Scarcely upsprang the neist day follaein,
sheddin the beamis o his bricht mornin
upo the tappis o the muntains hie,
as Phoebus' steedis first o the deep sea
raisit thair heids and neis thirlis on hicht,
owre aa the fieldis blawin the clear licht;
whan that the Trojans and Rutulians
the grund meisures, evens, dichtis, and planes,
unner the wallis o the chief ceity,
thare as the field and fechtin place suld be:
amiddis wham the hearthis up thay set,
whauron the fires suld be made and bet,
and tae the common goddis eik bedene
the altars covert wi the scherald[27] green.
Some ithers brocht the fountain watter fair,
and some the haly ingle wi thaim bare;
wi linen veilis or like aprons licht
thay war arrayit, and thair heidis dicht
in wippis[28] o the haly herb vervain.
The legions than furth haudis tae the plain,
and aa the routis o Ausonians,
that itherwise are hait Italians,
furth thrangis at the portis fu at aince,
wi lances lang and pikes for the naince.
Thither aa the Trojan's wards,[29] by and by,
and Tyrrhene hostis rushes hastilie,

26	trewis: truce
27	scherald: turf
28	wippis: garlands
29	wards: deployments

boden fu weill in noble armour sere;
nane itherwise wi wappons and wi gear
arrayit for the battle aa at richt,
than tho the fury o Mars thaim caaed tae ficht.
Amid the thousans swiftly throu the plains
furth sprentis lustily thair capitains,
in rich purpour arrayed and fine gowd bricht,
Assaracus' sons and Mnestheus wicht,
and on the tither pairt strang Asilas,
and bauld Messapus alsae wi him was,
Neptunus' son, expert in horse daunting.
And efter that the trumpet blew a sing,
than every partiment bouns tae thair stand,
and gan thair spearis stick doun in the land,
set by thair shieldis tae behaud the fine.[30]
The wemen, wedos and the matrons syne,
desirous for tae see the bargain stout;
o childer and o commons mony a rout
that couth nae wappons weild, nor armour weir,
wi the unwieldy ageit fowk infeir,
clamb on the hicht and heidis o the touers;
the wallis aa and houses' riggins flouers;[31]
and some abuve upo the portis hie
ascendit are tae behaud the melée.

But Juno than doun frae the hicht, iwis,
o the muntain that Alban cleipit is
nou in our days (set than this hill's down[32]
haed naither name, honour, nor renown)
she did behaud amid the fieldis plain
aither battles and the hostis twain,
baith o the Trojans and the Laurenties,
and King Latinus' ceity eik she sees.
Anon tae Turnus' sister up on hie,
that cleipit wis Juturna, carpis she.
This goddess tae that haly nymph – maistress
o wellis, stanks, and routin streams express;
whilk honour Jove, the King o Heivens hie,
her gave for the bereft virginity –

---

[30] fine: conclusion

[31] flouers: adorns

[32] down: hie grund

sayed, "Oh thou nymph, worship o fluidis clear,
that tae my saul is held maist leif and dear,
thou knawis weill, I thee preferrit aye
tae aa the ithers damisels, perfay,
o Latin kintrie, whit-sae-e'er thay wer
that wrangously ascendit or drew near
the bed unprofitable o Jupiter maist hie;
and gledly eik hae I nocht stakit thee
intil a pairty o the heiven alsa?
Hark nou thy sorra, thou Juturna,
and wyte me nocht but I thee warnit have.
Turnus and thy chief ceity hae I save,
sae lang as that the Fates suffert me,
and while Weird Sisters sae tholit tae be;
but nou I see that young man haste, but fail,
tae match in field wi fates unequale.
The latter day and term approaches ne[33]
o fatal force and strangest destiny.
Naither this bargain yonder on the green,
nor confederation may I see wi een.
Pass thou on, for thy dear brither germane
gif thou daur suffer ony mair dreidfu pain.
Tae thee this seemis and pertains," quo she,
"gif that, per chance, ony better may be,
or eft betide untae yon caitiffs kenned."

Scarce had Juno thir wordis brocht tae end,
whan that the nymph Juturna bedene
plenty o tearis furth yett frae her een.
Her fair white breist, thare as she did staun,
thrice or fower times smate wi her ain haun.
Saturnus' get, this Juno, says, "Thae tears
naewise tae this time pertains nor effeirs.
Haste thee, gif that thou can by ony way
withdraw thy brither frae the deid away;
or than dae mak the hostis baith on steir,
provoke the battle, and thaim move tae weir,
and this convine and treaty, new consaive,
dae brek, disturb, and wi the wind bywave.
I sall thee warrant, and the worker be
tae mak thee bauldly unnertak," quo she.

---

[33] ne: nigh

On this wise Juno gan this nymph exhort,
and left her haill in weir and dout, at short,
wi mind fu trist, waebegone, and unsound,
fu deep smitten wi the sorrafu wound.

Chaipter IV

Here follaes the sacrifice and prayeir,
first o Eneas, syne King Latin infeir.

In the meantime, the kings o aither rout
frae thair ceities and strenthis issues out.
Amid a fower-wheeled chair Latin that thraw,
wi huge pomp by steedis fower wis draw,
whase hairis and his temples war weill dicht
wi ryal croun o fine gowd burnished bricht,
whauron stuid turrets twal, like beamis schene,
as it a rich enornament haed been
o clear Phoebus, that wis his grandsire hauld;
neist wham furth roweit wis Prince Turnus bauld,
within a twa-wheeled chariot o delight,
that drawen wis wi steedis twa, milk-white.
In aither haun held he, in feir o weir,
the braid heid branglin on the javelin spear.
The faither Eneas alsae furth withal,
o Roman lineage the original,
upo the tither hauf cam thaim again,
wi burnished shield that bricht as starnis shane,
and heivenly armour leamin aa o licht.
Beside him rade Ascanius the sweet wicht,
that seemit weill, til every man's doom,
anither guid belief and hope tae gret Rome.
Furth cam the priest, whamtae accordit mak
the sacrifice o concord and contrack,
in vestment clean, for sic religion wrocht,
and a young birsit swine before thaim brocht,
wi a roch twinter sheep samen infeir,
whase oo or fleece wis never clip wi shear.
The beastis furth haes tursit this ilk sire
ontae the altar bleezin o het fire.
The princes than, whilks suld this peace makken,
turnis taewarts the bricht sun's uprisin,

wi the saut melder in thair haundis raith.[34]
The foreheids o thir beastis' tappis baith
thay clip and meisure, as than wis the guise,
and cuppis fu o wine in sacrifice
about the altars yettis he and he.
Wi drawen swourd syne the ruthfu Enee
his orison furth made, and thus he sayed:

"Oh thou bricht sun, wi thy schene beamis glaid,
be witness nou til my behest, I pray;
and this ilk grund mot testify whit I say,
for wham sae gret pain and adversity
I suffert hae feil syse on land and sea;
and thou aamichty Jove hear my prayeir.
Saturnus' dochter, thou his spous sae dear,
nou mair benign than thou wis o before,
sweet goddess, hear me nou, I thee implore;
and gentle Mars nou takkis tent heretil,
that withhaudis and writhis[35] at thy will
every battle, strife, weirfare, or debate,
unner thy hie pouer deificate.
Aa fluids I caa, fountains, and streamis clear,
and aa manneir o reverend goddis sere
abuve the heiven y-dread and starnit sky;
and you eik, blissit wichts, I testify,
that unner erd or law in Hell doun been,
or in the faemy seais' streamis green,
gif sae betide, that faas the victory
tae Turnus on the Ausonian pairty,
it is convenient, and we grant tae flee,
as vanquished fowk, till Evandrus' ceity.
Ascanius sall as tyte thir fields withdraw,
nor Eneadans ne'er, frae the ilk thraw,
againis you sall rebel nor move weir,
nor wi nae wappons eft this kintrie dere.[36]
But gif sae beis, Mars our God glorious
the victory and owrehaun grantis us –
as I believe faur raither sall befaa,
and that as tyte confirm mot goddis aa

---

[34]   raith: eident

[35]   writhis: twists

[36]   dere: herm

throu the gret michtis o thair deity –
gif that sae fair fortune betides me,
no will I nocht command Italians
tae be subject, nor obey the Trojans,
nor yit this realm desire I nocht tae me,
but aither o our people mot gae free,
unthrall, unvanquished, in laws aa evenlie
confederate in perpetual ally.
The worshippin o gods in sacrifice
I sall thaim lairn and teach at my device.
My faither-in-law, the King Latinus here,
must rule the people baith in peace and weir.
My faither-in-law, as sovereign lord and sire,
durin his life must bruik solemnit empire.
Suffer my Trojans than, as we are boun,
for me tae build a strenth and wallit toun,
and tae this ceity, whaur we sall dwell at hame,
lat the maiden Lavinia gie the name."

Thus first Eneas sayed; and efter syne
upo thiswise him follaes King Latine,
behauldin taewart heiven whaur he did staun,
and tae the starns upheaves his richt haun:

"By this ilk erd, seais, and starnis hie,
I sweir in likewise untae you, Enee,
and by Latona's birth or twinnis twa,
the bricht Apollo, and chaste Diana,
and by the double-frontit Janus, and all
the puissance o the goddis infernal,
and by the daurk sanctuary, black as sable,
o grievous Pluto, that god revengeable;
the hie Faither abuve mot hear my cry,
that daes wi thunner sic concord ratify.
I tuich thir altars, and ingle present," quo he,
"and testifies ilk godly majesty
sall never time, season, nor day betide,
tae brek this peace on the Italian side,
nor this confederance aince pairt in twae,
whit wey that e'er happens the maiter gae;
nor nae mainer o violence, boast, nor awe,
sall onywise me tharefrae withdraw,
but firm and stable aa sall hauden be.
Altho the erd wad middle wi the sea,

and wi deluge or inundation shent
cover and confound aither element;
or tho the Heiven in Hell resolve wald,
our promise sall inviolate be hauld;
like as this ilk sceptre wand ye see,
(per chance that time a sceptre in haun bare he)
sall never burgeon, nor spreid branches lyte,
naither rank leafs, nor blossom o delight,
sen it is aince, in wuid thare as it grew,
law frae his stock hard by the ruitis hew,
and wantis nou his mither o nourishing;
for aa the scions and twistis wont tae spring
or growe tharefrae, as ye may see perfay,
wi edge luimis[37] been sned fu quite away.
Umquhile a growein tree, thare it did staun,
that nou thus by the crafty warkman's haun
enclosit is and covert lustily
in burnished gowd and finest alchemy,
and gien our forefaithers o Latin land,
as sceptre ryal, for tae beir in hand."

Wi wordis sic, and firm relatioun,
this final shuir confederatioun
aither princes haes confirmit and sworn,
amid thair nobles staundin thaim beforn.
Syne, efter thair auld ceremonies and guise,
the beasts duly addressed for sacrifice
thay brittent hae amid the flames reid,
and rentis out, ere thay war fully deid,
the entrails o aa thir beasts yit alive;
syne furth o plates or balances belive
wi paisit[38] flesh plenished the altars large,
thareon bestowin in heapis mony a charge.

But than begouth anew this ilk bargain
seemin tae the Rutulians, every man,
tae be a richt unevenly enterprise;
and diverse rumour gan in thair breists rise,
wi mony sindry deeming and consait.
He thinkis thus, and he anither gait;
and aye the nearer and mair diligentlie

---

37 edge luimis: edged tuils
38 paisit: laden

at thay the maiter conseider and espy,
weill thay perceive and behauldis, sans fail,
thir champions war nocht o strenth equale.
And untae this opinion the ilk thraw
helpit meikle, that wi still pace sae slaw
this Turnus musin taewart the altar passed,
and it lawly adorned wi face douncast,
wi cheekis wauxen lean, tae thair seemin,
whauron the saft baird newly did furth spring,
as aa too young wi sic ane tae hae deal,
thay thocht his veisage aa becomen pale.

Chaipter V

Hou Juturna by slicht and enchantment
brekkis the peace, and hasty battle sent.

And efter that this ilk communing
thus wauxin mair and mair, by mony a sing
Juturna his sister did persaive,
and saw the common vulgar hertis wave
in diverse sentence and intentis sere.
Than in amid the routis drew she near,
in form and likeness o Camertis bauld,
o noble bluid comen and lineage auld,
and o his faither the bruit and renowné
wis magnified in worship wunner hie.
Tharetae himsel maist dochty chevalier
in deeds o armis and in feat o weir.
Amid the hostis this wise did she thring,
nocht inexpert tae convoy sic a thing,
and diverse rumours in the press skails she,
syne siclike wordis carpis apon hie:

"Oh Rutulians, ashame ye nocht for fear
intae sae gret a peril and dangeir
a silly saul tae put in adventure,
that for you aa sall underlie[39] sic cure?
Whither are we nocht equal in our intent
tae the Trojans in nummer or hardiment?
Lo, aa the Trojans and Arcadians

---

[39]　　underlie: submit tae

before us here arrayit on the plains.
The fatal puissance is haill in this steid,
and the Tuscans that Turnus haes at feid.
Sae few thay been, ye may behaud and see,
that gif we list mak onset, traistis me,
the hauf o aa our menyie, gret and small,
sall nocht finnd yonder a fae tae match withal.
Yon Turnus, tae the gods abuve fu straucht –
tae whase altars him vowit and betaucht –
he haes for you, as that ye see," sayed she,
"wi fame eternal sall up-hieit be
as evermair alive and maist name-couth,[40]
carpit and sung in every man's mouth;
whan we, as thralls, leave sall our native land,
and untae proud tyrants, haes the owrehand,
sall be compelled as lordis till obey,
that nou, thus sleuthfully, sae faint and fey
huves still on thir fieldis, as we war deid,
and for oursel list shape for nae remeid."

Wi siclike words the mindis and consait
o the younkeris wis inflamit hait;
and mair and mair nou, aa the field about,
the murmur creepis out-throu every rout;
sae thay whilks ere desirit peace and rest,
and for the common weill thocht it wis best
tae mak end o the bargain on this wise,
are altert haly in anither advise;
for nou desire thay battle, but abaid,
prayin God this contract had ne'er been made,
and has compassion caucht in hert, but fail,
o Turnus' chance, seemin sae unequale.

This self time eik haes Juturna, iwis,
anither gretter wunner eiked tae this,
and heich up frae the heivin before thaim plain
a taiken haes she shawn auguriane;
sic a sign, that nane ither tae that intent
wis mair effectuous nor convenient
tae trubble Italian minds, and mak thaim rave,
and wi fause demonstration tae dissaive.
For Jove's foule, the ern,[41] cam soarin by,

---

[40] name-couth: kenspeckle

fleein up heich taewart the bricht reid sky,
before him chasin a gret flicht or host
o foules that did haunt endlang the coast,
whilk on thair wingis, sair dreidin his wraik
skrims here and thare wi mony spraich and craik;
while suddenly this eagle wi a source,[42]
as he taewarts the fluidis made his course,
dispeitiously intil his punces he
haes claucht a swan excellent o beauty.
Than the Italians upo aither side
raisit thair minds tae see whit suld betide;
and suin the ither foules heich in the sky
turnit again, wi mony scream and cry
tae chase and tae assail thair adversar –
a wunner thing tae see! Up in the air
the licht thay daurken wi thair pennis thick,
and throu the skies wi mony a strake and pick,
samen in a sop, thick as a clud, but baid,
thair fae thay did assailyie and invade,
sae lang, while that by force he wis owreset,
and o the hivvy burden sae mate and het
that his micht failed, and o his cruikis rude
the eagle lat his prey faa in the fluid,
and up amang the cluddis flaw away.

Than the Rutulians aa, fu gled and gay,
wi huge bruit and clamour loud onane
salust this sign or taiken augurian;
syne sped thair haun, and made thaim for the ficht.
And, first o ither, Tolumnius the wicht,
that wis a spaeman and diviner slee:
"Yea, this wis it; yea, this wis it," quo he,
whilk aft I vissyit[43] and desired by and by.
This guid taiken I receive and ratify,
and knaws the goddis' favour in our supply.
Rutulians, hint your wappons, and follae me,
wham nou yon wavengeour,[44] yon ilk strangeir,
affrayis sae wi his unworthy weir,

---

[41] ern: eagle
[42] source: upwart swoop
[43] vissyit: saw
[44] wavengeour: vagabond

like til unwieldy foules on the coast;
and our marches wi force and meikle boast
invades, robbis and spulyies, as ye see.
He sall, for fear, suin gie the back and flee,
mak sail anon, and haud forever away
throu the deep sea outowre the fluidis gray.
Tharefore ye sall aa samen, wi ane assent,
assemble nou your routis here present,
and intae field defend, as men o main,
your King Turnus he be nocht reft and slain."

Thus sayed he, and wi that word als sae fast
taewart his faes forgainist him did cast
a weirly dart anon wi aa his birr.
The sover shaft flaw whustlin wi a whirr,
thare-as it slides shearin throu the air,
uneschewable, baith certain, lang, and square.
Samen wi this, uprises for the naince
a huge noise and clamour aa at aince;
wi sic affray and hideous din and beir
the wardis aa and hostis war on steir;
that, for the rerd and deray, het in ire
the hertis kennles o every bauld sire.
Furth flaw the tackle, richt owre forgain his face,
thither, as for the ilk time stuid, per case,
nine brether germane, fresh and ying o age,
nane in thair host mair seemly personage,
wham the true faithfu wife Tyrrhene ilkane
bare till her spous Gylip Arcadiane;
o wham this dart hit ane, thare he did stand,
a guidly springald, a fair young galland,
richt shapely made, in armour shinin bricht,
and at the middle markit him fu richt,
whaur-as the woven girdle or tisch
abuve his navel wis beltit, as we see,
and smate him even intae the samen place,
near whaur the buckle his sides did embrace;
throu-girt his body wi a grievous wound,
and spaldit him[45] stark deid upo the ground.
But than his bauld brether in a rout,
wud-wrath for wae, some hintis swourdis out,
some claucht in haun the dart wi the steel heid,

---

[45] spaldit him: laid him flat

and in thair blinnd fury, fu o feid,
rushed on thair faeis wi a fearfu braid;
againis wham tae resist and invade,
the routis o the army Laurentanes
ran tae reconter thaim; and than at aince
again assembelt, as a spate o fluid,
the Trojans and the Tuscans wrath and wuid,
wi thaim o Arcad in arrayit fields,
wi burnished armour and thair pentit shields;
upo sic wise that aa, wi ane assent,
caucht haill desire tae fecht upo the bent,
and tae derene in field wi bitin brand
the haill maiter. Some shot doun wi thair hand
the altars markit for the sacrifice.
Belive owre aa the lift up seemit rise
the fell tempest o dartis shot and flanes,
sae thick as ony shouer o sherp hailstanes.
As did increase this flicht o steelit heids,
fu grievous grew the bargain in aa steids.
Some ran tae the wine flagons for gret ire,
and some hint up the furnace fu o fire.

The King himsel, Latinus, for the affray
fled tae the ceity, and tursed wi him away
his gods and his maumentis,[46] driven aback
wi a shamefu rebutt and meikle lack;
left the concord unduin, nocht brocht til end.
Some bridles steeds, and cairtis up did bend,
and some in haste wi a lowp or a swack
thaimsel up-castis on the horse's back,
and war aa ready in the stour at hand
wi drawen swourd and nakit burnished brand.

Messapus, fu desirous in the press
for til confound the treaty and the peace,
a king Tyrrhene, Aulestes, in that steid,
wi king's ensenyies and wi croun on heid,
affrayis sair; at him drivin his steed.
The tither drew away for fear and dreid,
and backwarts faas on his shouthers and croun,
unhappily, upo an altar doun,
whilk stuid per case behinnd him on the land.

---

[46]   maumentis: idols

Messapus than, fu fierce, wi spear in hand,
upo him drave, tho he besocht him fair,
and wi his shaft, that wis as rude and square
as it had been a caber or a spar,
doun frae his stout courser, naething scar,[47]
smate him a grievous wound and deidly bit,[48]
and syne thir wordis sayed: "Ha! art thou hit?
Ha! that thou haes. This is, by mine advice,
tae our gret gods mair gainand sacrifice."
Italians, hurlis on him in a flote,
spulyiet his corpse, his members yit aa hot.
Corynaeus than, that wis a stout Trojane,
tae meet ane Ebusus, cam him again,
that wad hae smit him wi a busteous dint,
and on an altar a birnin schyde haes hint,
and gan it richt amid his veisage steer,
that bleezed up his lang baird o hair;
whilk, scaudit thus, a strang fleur[49] did cast.
And further, this Corynaeus als sae fast
rushed on his fae, thus fire-fanged and unsaucht,[50]
and wi his left haun by the hair him claucht,
syne wi his knee him possed wi sic a plat,
that on the erd he spauldit him aa flat,
and wi his stiff stock swourd in sic estate
throu baith his sides at the first dint him smate.
And Podalirius wi drawn swourd list nocht cess
Alsus the hird tae pursue throu the press,
whilk rushes aback for fear, his life tae save,
in the vanguard throu mony a pyntit glave;
but, whan he saw his fae sae near invade
that he naewise micht eschew nor evade,
upheisit he his braid aix rude and square,
and ackwartly strake at his adversar,
whilk frae amid his foreheid, near his croun,
untae his chin the edge did carven doun,
that faur on breid his armour, whaur he stuid,
wis aa besprent and blandit fu o bluid.
Than Podalirius the hard rest did oppress,

---

[47] scar: blate
[48] bit: wound (literally bite)
[49] fleur: smell
[50] unsaucht: confused

or cauld and irny sleep o daith's stress;
and up the braith he yauld intae thair sicht,
wi een closit in everlestin nicht.

Chaipter VI

Enee sair woundit o the field did pass,
in whase absence Turnus mair cruel was.

Than the ruthfu and patient Eneas,
behauldin hou aa wrang the gemm did pass,
his richt hand, unenarmed, tae stint thair feid
furth streikis, and uncovert haes his heid,
and cries and cleipis on his people tho:
"My freindis dear, whither nou hurl ye so,
ilkane againis ither? Hou may this be?
Whit haes moved this hasty discord?" quo he.
"Oh staunch your wrath for shame, or aa is lorn!
The peace and concord nou is tuiched and sworn,
and the articles and the lawis ding
appointit up, and promised everything.
O debt and richt I aucht upo this land
alane Turnus reconter, hand for hand.
Suffer me perform my derene by and by,
and dae away aa dreid and villainie.
I sall wi my haun suin mak firm and stable
our appointment, forever unvariable;
for this ilk sacrifice violate in this steid
sall render anon Turnus tae me deid."

Amid sic saws, as he thir wordis sayed
for tae assuage thair mind, but mair abaid
a whirrin arrow, lo, wi feathert flicht
at swift randoun did in his thee bane licht.
Uncertain frae whit haun that it wis sent,
whit kin o shot, nor o whit instrument,
the hie glore o sae notable a deed
is hid, that nane knew wha it did, but dreid,
nor wist wha wrocht had tae the Rutulians
sae gret worship and luving for the naince;
whither it betid on case and adventure,
or o some god by disposition shuir;

nor never person efter, he nor he,
did him avaunt he woundit had Enee.

Whan Turnus aa the chieftains trubbelt saw,
and Eneas, sair woundit, him withdraw,
than, for this hasty hope as het as fire,
tae mell in fecht he caucht ardent desire.
He askis horse and harness baith at aince,
and hautanely in his cairt for the naince
he skippis up and musters wantonlie,
furth sprentin throu the fieldis by and by,
and at his will, whaursae him list tae be,
wi his ain haun the reinis rules he.
And drivin furth thus intae his ire,
laid feil corpses deid and mony bauld sire;
down strewin eik unner fuit in the plain
diverse ithers yit thrawin and hauf slain,
aither wi his cairt the routs he drave away,
or, as thay teuk the flicht for gret affray,
casting spears and dartis sherp hint he,
and lat thaim thick amang his faeis flee.
Sicwise as bluidy armipotent God Mars,
beside his frosty fluid Hebrus in Thrace,
fu hastily bounin tae battle field,
makkis gret bruit and clattering wi his shield,
whan he list moven weir maist chivalrous.
Furth steirs his steedis, fierce, and furious,
whilk fleeis furth sae swith wi mony a stend
outowre the plainis at large whaur thay wend,
that thay for-rin and gaes before alway
Zephyrus and Notus, swiftest winds twae;
and, wi the din o thair feet and his cairt,
aa Thrace grainis untae the further pairt.
About him walkis as his godly feirs,
Dreid wi pale face, Debate, and mortal Weirs,
the Wrath, and Ire, and eik fraudfu Dissait
liggin unner covert at ambushment or await.
Turnus siclike, as cheery, proud, and licht,
amid the battle chases tae the ficht
his steedis, reikin o sweit whaur thay rade,
and sae bauldly his faeis did invade,
wi sic slauchter, that peity wis tae see;
and sic deray has made in the melée,
that his swift steedis' huifis, whaur thay went,

spanged up the bluidy sperkis owre the bent,
while bluid and brain, in abundance furth shed,
middelt wi sand unner horse feet wis tread.
For he, ere nou, haes dounbet Sthenelus,
and killit eik Thamyris and Pholus –
the foremaist twa he slew matchit at haun;
and this Pholus, as he faur aff did staun.
On faur eik slew he o Imbrasius
the sonnis twa, Glaucus and Jasus,
wham this Imbrasius fostert had, baith twa,
intae the faur kintrie o Lycia,
and thaim instruckit haed fu equally
in feat o arms, and tae haunt chivalry;
aither till assail before, or yit behinnd,
or wi swift horse for til for-rin the wind.

Yond, in anither pairt, amid the field
the fierce Eumedes walkis unner shield,
whilk wis the son and heir, as that thay tell,
o ageit Dolon valiant in batell.
The name he bare o his foregrandsire wicht,
but the strang hauns and stout courage in ficht
o his ain faither, this Dolon, he bare,
whilk at Troy umquhile, as the siege lay thair,
ane wis o sae stout courage and hie will
that he durst ask the chariot o Achill
tae his reward, for that he sae bauldlie
the Greekis' tentis teuk on hand tae aspy.
But the son o Tedeus, Diomede,
anither fashion haes him quit his meed
for sae stout undertakin, and him slew;
and yit for aa his renown, proved enew,
nocht durst aince pretend, for aa his deeds,
that he wis worthy tae wield Achill's steeds.
But tae our purpose: this foresaid Eumedes
as Turnus did behaud yond in the press,
on the plain field thare as he did ride,
first weill a faur wey at him lat he glide
a fleein dart; and furth wi that, richt thare,
gan stint his horses and his whirlin chair,
and ferily[51] did leapen frae his cairt,
and suin upo his adversar astert,

---

[51] ferily: smertly

whilk than wis fell tae grund, and hauf-deal deid;
syne wi his fuit doun thrist in the ilk steid
his fair neck bane, and out o his richt hand
richt austernly has he thrawen the brand,
whilk shinin bricht intae his throat he wet,
and tharetae eiked thir wordis wunner het:
"Oh thou proud Trojan, liggin thare at grund,
nou may thou meisure the field at thou has fund.
Lo *here* the bounds, lo *here* Hesperia,
whilk thou tae seek in weirfare wis sae thra.
This is the bounty thay sall beir away
that daur wi wappons or armour me assay!"

Tae him infeir alsae haes he laid
wi a sherp casten heid, but mair abaid,
ane Butis, and efter him ane Chloreus;
syne Sybar, Dares, and Thersilochus,
and Thymoetes, a man o fu gret force,
casten frae his staffage,[52] skeich and heidstrang horse.
And as the blastis wi thair busteous soun
frae Munt Edon in Thrace comes thuddin doun
on the deep Sea Aegean fast at hand,
chasin the fluid and waws tae aither land,
and whaur the winds assails, the suith tae say,
the cluddis fleeis fast owre the heivin away;
the samen wise, whit wey at Turnus went,
the routis redd him plain room on the bent,
and aa the hostis fast aback did flee;
for, wi sic force and faird furth drives he,
his busy movin tymbral, every airt,
chases the wind and air forgain his cairt.

Phegeus, a Trojan, seein Turnus aa mad
sae instantly assail wi strakes sad,
nae langir micht him thole, but wi bauld hairt
himsel kest in the wey tae meet his cairt;
and he the reinis in his richt hand hint,
syne writhit haes about, or e'er he stint,
the faemy mouthis o the hasty steeds.
And as this dochty man, sae guid at needs,
thus hung, and harlit wis in every airt
by the limmouris[53] and hames o the cairt,

---

[52] staffage: thrawn

that he his body micht nocht keep nor heild,
tae cover wi his armour and his shield,
the spear him follaes wi sherp heid and braid,
and rent his haubrek o double plies made;
hurt his body some-deal, nocht fully sound,
piercin the hide and made a little wound.
He nocht-the-less, agin his fae furth sprent,
wi his braid shield or tairget e'er up-stent,
and in his haun held drawn the burnished blade,
cryin for help his adversar til invade;
wham than, alas, gret peity wis tae see!
the whirlin wheel and speedy swift aix-tree[54]
smate doun tae grund, and on the erd lay plat.
And, as he fell, Turnus follaes wi that,
and e'en betwix the helm gan him arace
and umaist[55] roll or hem o his cuirass;
smate aff his heid cleanly wi his brand,
and left the corpse like a stock in the sand.

Chaipter VII

*Nae man's cure nor craft o chirurgeon
micht heal Eneas, but Venus' medicine.*

And as Turnus thus in the battle steid
wi the owrehand sae feil corpse laid deid,
the meanwhile Mnestheus and traist Achates
haes led the bauld Eneas o the press,
Ascanius ying wi thaim in company,
and tae the tentis brocht him aa bluidy,
wi steppis slaw furth stalkin aa infeir,
leanin ilk pace on a lang pyntit spear.
Wud-wrath he worths, for disdain and dispite
that he no micht his feirs succour as tyte.
He writhis, and enforces til outdraw
the shaft in-broken, and the heid with-aa.
He askis help at aa thare staunin by,
whit wis the nearest wey and maist readie;

---

[53]   limmouris: shafts
[54]   aix-tree: axle
[55]   umaist: outermaist

and bade thay suld wi a sherp knife that tide
shear doun the wound, and mak it large and wide;
ripe tae the boddom weill, and tak guid tent
tae search the hirns[56] whaur that the heid wis went,
that thay micht haste thaimsel, but mair delay,
tae the battle, for tae stint this effray.

Nou wis thare than new present in the press
Iapyx, that wis son o Iasides.
Abuve aa ithers tae the God Phoebus he
wis best beluved and hauden in dainté;
wi whase favour umquhile strangly caucht,
this God Apollo gledly has him taucht
his crafts and his offices, by and by,
o divination or o augurie,
the music tones tae play on harp richt slee,
and for tae shuit and lat swift arrows flee.
But this Iapyx, for til prolong, perfay,
his faither's fates, whilk as bedrel[57] lay
before his yett, o his life in despair,
had leifer hae knawn the science and the lear,
the micht and force o strenthy herbis fine,
and aa the cunning o uise o medicine,
and wi sic secret craftis privily
tae lead his life and time mair easily.
Eneas staundis bitterly chidand,
leanin upo a busteous spear in hand,
amid gret confluence o thir childer ying,
and eik his son Ascanius sair weeping;
but he naething him movit at thair tears.
Than this Iapyx sage and auld o years,
wi habit shapen on chirurgeon mak,
uproweit weill and wimpelt faur aback,
richt busily wi his naet haundis twae
begouth for til exam, and til assay
the wound wi mony crafty medicine,
and mychty herbs taucht by God Apolline;
but aa for nocht his travail and his pain.
Aft wi his richt haun searches he in vain
tae ripe the outgate o the wound sae wide,
and for tae seek the shaft on every side,

---

56   hirns: neuks
57   bedrel: somebody bed-ridden

wi his twiners[58] and grippin turkas[59] slee
tae thrist the heid, and draw furth, pressis he;
but for nae chance that ever betide may,
wad fortune dress his haun the sover way;
naething avails his crafty medicine,
nor ocht him helps his maister Apolline.
And nou the grisly dreid, aye mair and mair,
owre aa the fieldis walkis here and thare.
Nearer drawis the peril and affray,
sae that aa daurkent waux the clear day
o dusty pouder, in the heivin did staun.
The horsemen aa approaches fast at haun,
that dartis thick amid the tentis fell.
Waefu clamour wi mony cry and yell
went tae the skies o young men, focht in field,
and thaim that swelt, sair woundit unner shield.

Venus his mither than, this pain tae mease,
caucht ruth and peity o hir son's dis-ease,
and frae the wuid o Munt Ida in Crete
up haes she pullit *dictam*,[60] the herb sweet,
o leaves rank, ripened, and wunner fair,
wi sproutis, sprangs, and veinis owre aawhere,
as that we see on sic verdure springin,
and on the tap a purpour flouer curlin.
Sic gresses guid been naewise unknaw
tae the wild beastis, whan that, ony thraw,
thay wi the fleein arrow been owretak,
the heid stickin aither in side or back.
Thither brocht Venus this herb; and she wis shroud,
baith face and body, in a wattery cloud.
And wi the herb alsae middelt haes she
the haillsome thrifty watter, wunner slee,
that frae hir bricht lippis she yett in hy,
and tempers and enbalmis privelie
the plaister tharewith, strinklin aa owre ane
the haillsome juice o herb ambrosiane,
and the weill smellin herb hait *panaces*.[61]

---

[58]　twiners: pincers (Small's fuitnote gies this frae anither MS; this text has *wynris*)

[59]　turkas: pincers

[60]　dictam: a herb, *Origanum dictamnus*, dittany o Crete (Latin *dictam*)

[61]　panaces: panacea

This ancient chirurgeon, Iapes,
wi sic watter or juice, that he nocht knew,
the wound meases, and saftent haes o new.
And suddenly the pain vanished as clean
o his body as tho it had been
but a dirling or a little stound.
Aa bluid staunchit and stuid in the deep wound.
Tharewith baith heid and shaft cam out drappand,
but ony pu follaein o man's hand,
that strenth and force o new tae mak debate
restorit war untae thair auld estate.
"Harness, harness, bring him hither in hy!
Why staun ye sae?" Iapyx gave a cry.
And wi this word againis thair faes he
haes first thare spreit inflamit tae melée.
"Eneas," quo he, "I mak you shuir,
throu man's micht wis never wrocht this cure,
nor by nae maister craft o medicine.
Thou art nocht healit by this haun o mine,
but by some gretter god, fu weill I see,
the whilk tae gretter works preserves thee."

Eneas than, desirous o bargain,
his limbis, in leg-harness gowd-begane,[62]
claspit fu close, and did himsel array;
bade speed in haste, for he hatit delay.
He sheuk and brangelt fast his spear that tide;
and efter his active shield wis by his side,
couchit fu meet, and on his back fu thick
seizit his cuirass or his fine haubrek.
Ascanius ying tenderly the ilk place,
wi aa his harness belapped, did embrace,
and throu his helm's ventale[63] a little wee
him kissit haes. Syne on this wise sayed he:

"Oh thou my child, dae learnen, I thee pray,
virtue and verra laubour til assay,
at me, whilk am thy faither, as thou wait.
Desire tae be chancy and fortunate
as ither princes whilks mair happy been.
Nou sall my richt haun thy quarrel sustein,

---

62   gowd-begane: gilt
63   ventale: visor

and thee defend in battle by and by,
tae mak thee pairt's-man o gret seignorie.
Dae thou siclike, I pray thee, mine ain page,
as fast as thou comes tae perfit age.
Remember hereon, and revolve in thy mind
thy lineage, thy forebearis, and thy kind.
Example o prowess in thee steirs freins before,
baith faither Eneas and thine uncle Hector.

Chaipter VIII

Juturna guides her brither's cairt richt slee
frawart the battle, he suld nocht match Enee.

Whan this wis sayed, furth at the portis hie,
shakin in haun a gret spear, issued he.
Wi him alsae tae the field rushes out
Antheus, Mnestheus, and a fu thick rout.
Aahaill the barnage flockis furth at aince;
left void the toun and strenth wi wasty wanes.[64]
Than wis the plain owreset, wha cam behinnd,
wi dusty stew o pouder, made folk blinnd,
and, for stamping and fell dinning o feet,
the erd movit and trimmelt every street.

Turnus, upo the pairty owre richt forgain,
perceivit thaim thus steirin throu the plain.
Thaim saw alsae the people Ausonianes,
and the cauld dreid for fear ran throu thair banes.
First o the Latins aa, this ilk maid
Juturna thaim knew, and wis nocht glaid.
She heard the soundis and the fell deray,
and quakin fast for fear haes fled away.
But this Eneas, fu bauld unner shield,
wi aa his host drave throu the plain field,
and wi him swiftly bringis owre the bent
a rout coal-black o the stew whaur he went;
like as the bub or plague o fell tempest,
whan that the cluddis brekkis east or west,
drives by force throu the sea tae the land;
daein the carefu husbands unnerstand

---

[64]   wasty wanes: empty dwellins

the gret mischief tae come and felloun wrack,
whilk, wi sair hertis quakin, "Alack, alack!"
says, "lo, yon bub sall strike doun growein trees,
dounbet our corns, and by the ruit up-heize,
and faur on breid owreturn aa daes upstand.
Hark! hear the souch comes brayin tae the land."
On siclike wise this ilk chieftain Trojane
the corsy, paisand[65] Osiris haes slain.
Mnestheus killt Archet, and Achates
beheidit haes the wicht Epulones.
Gyas dounbet Ufens, the gret captain.
Doun fell alsae the gret augurian,
Tolumnius himsel, that the ilk day
threw the first dart his faeis till assay.
Uprises than the clamour, and a scry
whilk seemit wend untae the starnit sky.
Thare course about than the Rutulians
haes tane the flicht, and gave the back at aince,
scattert throu-out the fieldis, here and thare,
while stour o pouder upstrikes in the air.
But the chieftain, this valiant Enee,
dedeignit nane dounbet as thay did flee,
nor thaim invade that met him face for face,
altho thay focht wi wappon, swourd or mace;
but throu the thickest sop o dust in hy
only Turnus went tae seek and aspy,
and him alane, accordin the treaty,
he askis and requires intae melée.

Wi dreid hereof the mind wis smitten so
o Juturna, the verra virago
(whilk term tae expone, by mine advice,
as a wumman exercin a man's office),
amid the lyams[66] and the theatis thare
doun swackis she Metiscus the cairter,
that Turnus' chair had for tae rule on hand,
and left him liggin faur yond on the land,
frae the cairt limmours[67] warpit a gret way;
and she, insteid, his office did assay,

---

[65] corsy, paisand: big-boukit, slaw-movin

[66] lyams: traces

[67] limmours: shafts

and wi her haundis about writhis she
the flexible reins frawart the melée,
beirin the likeness in aa mainer thing
o Metiscus' voice, person, and arming.
As feil wrinkles and turnis gan she mak
as daes the swalla wi her plumes black,
fleein and searchin swiftly thare and here
owre the gret ludgins o some michty herr,
upo hir wingis skimmin every side
thir heich haas, been fu large and wide,
gaitherin the smaa morsellis east and west
tae beir her birdis cheepin in thair nest –
nou intae gowsty porches daes she flee;
nou by the donky stankis soundis she.
In siclike wise this Juturna belive
throu-out the hostis gan the horses drive,
circlin about wi swift faird o the cairt
the fieldis owre aawhaur in every airt,
and shew hir brither Turnus in his chair,
nou brawlin in this place, nou voustin thare;
nor by nae wey wad she suffer that he
assemble haun for haun suld wi Enee,
but fled him faur, and frawart him held aye,
writhin her cairt's course anither wey.

In nae less haste Eneas on the bent
his wheels turnis and writhis mony a went.
The man he searches throu the affrayed routs,
and on him caas wi loud cry and hie shouts.
And as feil syse as he his een kest
upo his fae, aa times he him addressed
tae chase him wi swift course throu the melée,
on horse that seemit rin as foule doth flee.
But ever as aft Juturna anither airt
awaywart turns and writhes her brither's cairt,
and thus Eneas remains aa on flocht
in sindry motion o ire, but aa for nocht.
Alas! no knaws he nocht nou whit tae do.
Diverse thochtis, and sere conceitis, lo,
his mind in mony contrar purpose sent.
And as he thus wis trubbelt in intent,
Messapus, that on case wis nearhaun by,
and in his left neive hauldis aa readie
twa souple casting spears heidit wi steel,

o wham that ane fu soverly and weill
taewart Enee addressit lat he glide.
Eneas huvit still the shot tae abide,
him shroudin unner his armour and his shield,
bouin his hoch, and stuid a little on heild;[68]
and, naetheless, this spear, that sharply share,
o his basnet[69] the tymbral quite doun-bare,
and smate away the crestit tappis hie.
Than mair in grief and ire upgroweis he,
seein him chasit wi deceit and slicht,
whan that he haes perceivit in his sicht
Turnus' horses driven anither airt,
awaywart turnin sae feil syse his cairt.
Than mony times loud did he testify
gret Jupiter, hou that sae wrangouslie
he wis injurit, and constraint tae ficht.
Tae witness drew he als, wi gret unricht[70]
the altars o confederance violate;
and nou at last, fu furious and hait,
the midwart o his enemies did invade.
Wi prosper chance o battle, sae unglaid
and terrible tae his faeis wauxis he,
that haill, but ony difference o degree,
aa gaes tae wrack; for nae man list he spare.
A cruel slauchter he haes raisit thare.
Aa kind o wrath and brethfu ire nou he
lat slip at large, but bridle, wi reins free.

Chaipter IX

*Here follaes o the slauchter monyfauld
made by Turnus and by Eneas bauld.*

Whit god sall nou me teachen tae indite
sae mony woundis and this carefu syte?
Or wha me learn in metre tae declare
sae feil and diverse slauchters as wis thair,
and gret decease o dukes in that steid,

68	on heild: crouchin
69	basnet: helmet
70	unricht: injustice

owre aa the fieldis strewen liggis deid,
wham every ane samen his course about
nou dounbet Turnus, nou Eneas stout?
Oh Jupiter, wis it pleasin tae thee,
wi sae gret motion o crudilité,
aither people suld rush on ither in press,
whilks efter suld be ane in etern peace?

Eneas first, that tarryit nocht too lang,
smate ane Sucron, a Rutulian strang.
A grievous wound he hit him in the side.
Throu-out his ribbis gan the stiff swourd glide;
piercit his coast and breist's conduit in hy,
thair-as the fatal daith is maist hastie.
This bargain first fermit Trojans tae staun,
that lang ere fled Turnus frae haun tae haun.
Than Turnus has rencontert in the press
Amycus, and his brither Diores,
wham, frae thair horses on the grund dounbet,
on fute in field strangly he umbeset,
and the foremaist wi a lang stiff spear
smate deid, and wi a swourd the tither infeir;
syne baith thair heidis hackit aff in hy,
and at his cairt thaim hangis by and by;
the bluid tharefrae drappin, turses away.
The self stound Eneas at ane assay,
or ane onset, haes killit Tanaus,
Talon alsae, and the stout Cethegus.
Syne, efter thaim, he killit in the press
the sad and aye sorrafu Onites,
renowned o Thebes' bluid, and the affspring,
descendin doun frae Echion the King,
and o his mither born, Peridia.
This ither chieftain, Turnus, killit twa,
that brether war, and out o Lycia send,
Apollo's kintrie, Trojans tae defend.
And efter thaim ane Menoet haes he slain,
a young man that wis born an Arcadane,
that aa his days ever hatit the melée,
but aa for nocht, for he must need thus dee.
About the Lake o Lern and fluidis gray
his craft wis for tae fishen every day.
A puir cot hous he held, and bare him law.
Rewardis o rich fowks war tae him unknaw;

His faither aered[71] and sew a piece o field,
that he in hire-gang held tae be his beild.

And like as that the fire war new upbet,
and in some dry witherit wuid up-set,
baith here and thare, at diverse pairtis sere,
amid the soundin busses o laureir;
or whaur the faemy rivers, reid on spate,
hurls doun frae the month[72] a large gate,[73]
wi hideous bruit and felloun faird at aince,
thare-as thay rin owreflowein aa the plains;
ilkane destroyis, wastes, and drives away
aa that thay finnd before thaim in the way –
nae slawer baith this Turnus and Enee
hurlis and rushes fierce throu the melée.
Nou, nou, the brethfu ire and felloun thocht
within thair mindis boldens aa on flocht,
and thae breistis, can naewise vanquished be,
nou bristis fu o grief and cruelty.
Nou lash thay at wi bluidy swourdis bricht,
for till mak woundis wide in aa thair micht.

The tane o thaim, that is tae knaw, Enee,
King Murranus – o ancestry maist hie,
soundin the name o his forefaithers auld
owre aa the clan o Latin kingis bauld
observit, man by man, untae his day –
furth o his cairt haes smitten quite away,
and bet him doun untae the erd windflaucht,
wi a gret rock or whirrin stane owre-raucht,
that this Murranus the reins and the theats,
whaurwith his steedis yokit war in threits,[74]
unner the wheelis haes dae weltit doun;
whaur, as he liggis in his mortal swoon,
o his ain steeds abuve him rap for rap
the steirin huifis, stampin wi mony clap,
owre-treadis and doun-thrings thair maister law,
and gan thair lord's hie estate misknaw.

---

[71] aered: plooed
[72] month: muntain
[73] large gate: lang wey
[74] in threits: close thegither

And Turnus haes recontert ane Hyllo,
that rushin hurlit throu the melée tho,
fu fierce o muid and austern o courage.
But this Turnus, for aa his vassalage,
at his gilt haffets a grunden dart did thraw,
that fixed throu his helm the shaft flaw,
piercin his brain, while out brushit the bluid.
Nor thy richt haun, Cretheus sae guid,
thou forciest Greek, comen frae Arcade land,
micht thee deliver frae this ilk Turnus' brand.
Nor aa his gods Cupencus in the plain
micht defend frae Enee, cam him again;
but at his breist wi the steel pynt is met,
that thirlit haes throu aa, and him dounbet,
that naither shield nor obstant[75] plate o steel
this caitiff's breist haes helpit ne'er a deil.
Oh Aeolin, the fieldis Laurentane
haes thee behaud thareon dounbet and slain,
and wi thy braid back in thy rich weed
the grund thou haes bespreid richt faur on breid.
Thare lies thou deid, wham Gregion hosts in ficht
naither vanquish nor tae the erd smite micht,
nor fierce Achilles tae the grund couth bring,
that wis owrewhelmer o King Priamus' ring.
Here war thy methes and thy term o deid.
The hous and faimil or the noble steid
o thy kinrent stant unner Munt Ida,
in the gret ceity o Lyrnesia;
but in the fields o Laurentane sulyie
thy sepulture is made for aye tae be.

Upo this wise the hosts and wardis haill
on aither pairt returnit in bataill,
againis ither tae fecht samen at aince,
aa the Latins and aahaill the Trojanes –
Duke Mnestheus, and the stern Serestus,
and, on the tither hauf, Prince Messapus,
that o gret horse the daunter cleipit wis,
and wi him eik the stalwart Asilas.
The Tyrrhene routis sembelt aa at aince,
and King Evandrus' army Arcadians.
Every man for himsel, as he best micht,

---

[75]   obstant: opposin

at the outrance o aa his force gan ficht.
Nae rest nor tarry wis, thay sae contend,
some tae confounden aa, some tae defend.

Chaipter X

*Hou Eneas siegit the toun again,
and Queen Amata hersel for wae haes slain.*

At this time, the bargain endurin thus,
Eneas' mither, the fairest Dame Venus,
intae his mind she haes put this intent,
tae haud ontae the waas incontinent,
and steer his host the ceity till assay
wi hasty onset and sudden affray,
at gret mischief the Latins tae affear,
whilk o his comin than unwarnit wer.
And as at he held movin tae aspy
Turnus throu sindry routis by and by,
on every side he has casten his ee,
and at the last behauldis the ceity,
sakeless o battle, free o aa sic strife,
but pain or travail, at quiet man and wife.
Than o a gretter bargain in his intent
aa suddenly the feigure did imprent.
He caas Mnestheus and eik Sergestus,
chieftains o his host, and strang Serestus,
and on a little motte ascendit in hy,
whaur suin forgaithered aa the Trojan armie,
and thick about him flocken gan, but baid;
but naither shield nor wappons doun thay laid.
And he amiddis on the knoll's hicht
untae thaim spak thus, hearin every wicht:

"Here I command nae tarry nor delay
be made o my precepts, whit I sall say,
nor see that nae man be sweir nor slaw tae rin.
Till our hasty onset we will begin,
sen Jupiter assists untae our side.
Nou harkis whit I purpose dae this tide:
this day I sall destroy and clean bet doun
o Laurent haill the ceity and the toun,

whilk is the cause o aa our werraying,[76]
and quite confound the King Latinus' ring,
less than thay will receive the bridle at hand,
be at obeisance, and grant my command.
And yon hie turrets, and thae tappis hie
o reekin chimneys yonder, as we see,
I sall mak plain and equal wi the ground.
Whit suld I tarry or delay a stound,
abidin here intae sic plicht?" quo he,
"while Turnus list fecht wi us in melée;
or while that he, anither time again
owrecome and vanquished intae battle plain,
may hae refuge tae this toun tae relieve,
syne efter in field us reconter and grieve?
Oh ceitizens, the heid is this ceity
o our weirfare, and chief o iniquity.
Turse thither in hy the het birnin firebrands,
and wi the bleezin flames in your hands
renewis and require again," sayed he,
"the treaty sworn and promised you and me."

Whan this wis sayed, thay put thaim in array,
thegither aa the ceity til assay.
Thay pingle thrally wha micht foremaist be
wi dour mindis untae the wallis hie.
Knit in a sop, wi gret puissance thay thrist
the ledders tae the waas, ere ony wist,
and hasty fire bleezes did appear.
Some ithers o the Trojans rushed infeir
untae the portis, and the first thaim met
haes killit at the entry and dounbet.
Some ithers shuitis darts, tackles, and flanes,
at thaim whilks on the barmkin heid remains,
that wi the flicht o shaftis here and thare
thay daurkent aa the skyis and the air.
Enee himsel wi the foremaist gan staun
unner the wallis, puttin tae his haun
tae the assault, and wi loud voice on hie
the King Latinus fast accuses he,
drawin the gods tae witness, hou again
he is constrained on force tae move bargain;
and hou at the Italians, thus twice

---

[76]   werraying: making war

at sindry times, shew thaim his enemies;
and how fausely that day thay broken haed
the saicont confederation sworn and made.

Amang the ceitizens, intae gret affray,
upraise discord in mony sindry way.
Some bade unclose the ceity, and as fast
warp up the ports, and wide the yettis cast
tae the Trojans; and thair gret prince Enee
receive as for thair king in the ceity.
Ithers stert tae thair wappons and thair gear,
for tae defend thair toun in feir o weir;
as we may, gif a similitude wale, like
whan that the hird haes fund the beeis' byke,
closit unner a dern cavern o stanes,
and fillit haes fu suin that little wanes
wi smoke o sour and bitter reek's stew;
the bees within, affrayit aa o new,
owrethwart thair hives and waxy tentis rins,
wi meikle din and beming in thair inns,
sherpin thair stangs for ire, as thay wad ficht.
Sae here, the laithly odour rase on hicht
frae the fire bleezes, daurk as ony roke,[77]
that tae the ruifis' tappis went the smoke.
The stanes warpit in fast did rebound,
within the wallis rase gret bruit and sound,
and up the reek aa void went in the air,
whaur-as nae tenements stuid nor houses war.

Betid alsae tae thir weary Latinis,
whilk sae irkit at sic mischief and pyne is,
a chance o misfortune that aa the toun
wi womenting strake tae the boddom doun.
For as the Queen Amata saw thiswise
the ceity umbeset wi enemies,
the wallis kennelt be wi flames' heat,
the fire bleezes abuve the ruifis gleit,
nae Turnus' army comin thaim agains,
nor yit nane hostis o Rutulians;
she fu unhappy, in the battle steid
weenit young Turnus fechtin had been deid;
and than for verra sorra suddenlie,

---

77   roke: clud

her mind trubbellit, gan tae rame and cry
she wis the cause and wyte o aa this grief,
baith crap, and ruit, and heid o sic mischief.
And in hir dolorous fury thus mindless,
aa enragit for dule than did express
fu mony a thing, and ready tae dee withal,
rent wi hir haundis her purpour weed ryal,
and at a hie baulk titt[78] up she haes
wi a loop knot[79] a stark cord or a lesch,
whaurwith hirsel she spilt by shamefu deed.
And frae the Latin matrons, wull o rede,
perceivit haes this vile mischievous wrack,
thay rent thair hair, wi harro! and alack!
Her dochter first beside the deid corpse stauns,
rivin her gilten tresses wi hir hauns;
her rosy cheeks to-tore and scartis she.
Than aa the lave, that peity wis tae see,
o leddies that about the deid corpse stuid,
rentis and ruggs thaimsel as thay war wuid,
that o thair gowling, greeting, and deray,
the large hauld resounds a faur way,
while frae the King's palace enviroun
divulgate went and spreid owre aa the toun
the fey unhappy fame o sic a deed.
Than every wicht tint hert for wae and dreid.
Wi habit rent King Latin on the gate
walks waebegone, astonished o the fate
o his dear spous, and o the ceity syne,
that seemit brocht untae final ruine.
His canous hair, sair moved in his intent,
wi unclean pouder has he aa besprent,
and mony times himselfin haes accused,
that he sae lang had latchit[80] and refused
tae receive gledly the Trojan Enee,
repentin sair, for weill o the ceity,
that he had nocht requirit him and draw
ere than tae be his maich and son-in-law.

---

[78]   titt: pu'd
[79]   loop knot: noose
[80]   latchit: neglectit

Chaipter XI

The Queen's decease frae Turnus clearly wist,
went tae the siege Eneas tae resist.

In the meantime, as warrior unner shield,
Turnus yond at the faur pairt o the field
a few menyie pursuin owre the plain,
whilk at the straggle fled in aa thair main;
some deal ere than wauxes dowf this sire,
seein his horses begin tae sowp and tire,
that e'er the less and less joyous wis he
o thair rinkis and gate throu the melée.
Tharewith the wind and swouchin o the air
this fearfu clamour brocht tae him richt thare,
mixed wi uncertain terror and affear.
The confusion o sound, smate in his ear,
cam frae the ceity, o felloun murmuring,
richt ungled bruit o care and womenting.
"Ha, wae's me!" he sayed. "Whit may this be?
Hou been the waas trubbelt o this ceity
wi sae gret dule and sorra as I hear?
Or hou thus rushes sae felloun noise and beir
and clamour frae the toun at every pairt?"
Thus haes he sayed, and gan dae stint his cairt,
and aa enragit tied the reins aback.
Whamtae his sister than Juturna spak –
as she that wis turnit, as I sayed ere,
in semlant o Metiscus the cairter,
that horses, reins, side rapes, and cairt, did she
rule and direck amidwart the melée –
wi sic wordis she answers him fuit-hait:
"Turnus, lat us pursue Trojans this gate,
whaur victory us shaws the ready way.
Thare been eneuch itheris, by my fay,[81]
for tae defend and weill maintain the toun.
Yon is Eneas, maks the bruit and soun,
that gan invade Italians, as ye hear,
middelt in battle on sic feir o weir.
Tharefore lat us wi cruel haun in this steid
lay as feil corpses o the Trojans deid;

---

[81] by my fay: by ma faith

for wi nae less nummer slain unner shield,
nor less honour, sall thou wend o the field."

Turnus answers: "Oh thou my sister dear,
I knew fu weill at it wis thou, lang ere,
that by thy craft and quent wiles sae slee
our confederation trubbelt and treaty,
and entert in this battle whilk thou wrocht.
And nou, Goddess, thy wiles are aa for nocht.
But wha wis that sent thee frae heivin sae schene,
sae huge sturt and travail tae sustene?
Whether gif thou cam tae that intent tae see
the cruel deid o thy fey brither?" sayed he.
"Whit sall I dae? Lat see. Whaur sall I nou?
Or whit succours promits fortune, and hou?
I saw mysel, before mine een, lang ere,
gret Murranus, wham nane mair leif and dear
untae me wis that leivin is this day,
swelt on the grund, and wi loud voice, perfay,
on me did caa, whaur-as he lay unsound
at erd discomfit wi a grisly wound.
And lo, dounbet and slain in his defence
is nocht alsae the stout captain Ufens,
that he suld nocht our lack and shame behaud?
His corpse and armour daes Trojans baith withhaud.
Sall I als suffer thaim doun the ceity ding?
O our mischief thare rests but that ae thing.
Nor sall I nocht wi this richt hand in hy
confound Sir Drances' langage unworthie?
Sall e'er this grund behaud or see sic lack,
that I sall flee, or Turnus gie the back?
Is it aa out sae wretchit thing tae dee,
that, ere thay stervit, men suld rather flee?
Ye Manes, cleipit goddis infernal,
beis tae me freindly nou, sen that all
the goddis' minds abuve are me contrar.
Be ye benevolent whan that I come thair.
A haly saul tae you descend sall I,
saikless o aa sic crime or villainie,
naewise unworthy namit for tae be
wi my elders and forebearis maist hie."

Scarce haes he sayed, whan, lo, throu the plain
rushin amid his faes, cam him again

ane Saces, muntit on a faemy steed;
and he wis woundit sair, and gan tae bleed
in the face wi an arrow unner the ee,
cryin, "Help, Turnus! By his name, whaur is he?
Turnus," quod he, "in thee and thy twa hauns
the extreme help and latter weillfare stauns.
Hae ruth and peity o thine ain menyie.
Nou, as the thunner's blast, fares Enee
in bargain, sae enraged he daes menace
the chief ceity o Italy doun tae arace,[82]
and intae final ruin tae bet doun
the principal palace and aa the ryal toun.
And nou untae the thack and ruifis hie
the flames and the fire bleezes daes flee.
In thee thair vults,[83] in thee thair een, but fail,
the Latin people dressit haes aahaill.
The King himsel, Latinus, the gret herr,
whispers and muses, and is in mainer fear
wham he sall chuise or caa, intae this thraw,
tae be his douchter's spous, and son-in-law,
or tae whit freindship or alliance fine
is best himselfin at this time incline.
And furthermair, Amata the fair Queen,
whilk at aa times thine aefauld frein haes been
wi her ain haun doth sterve, nou liggin law,
and for affray hersel haes brocht o daw.
Only Messapus and Atinas keen
at the ports daes the stour sustein.
About thir twa on aither side thick stauns
arrayit routs, wi drawn swourdis in hauns.
Fu horrible and austern aither barnage,
cled in steel weed wi wappons, man and page;
and thou, thus rowein furth thy cairt bedene,
walks at advantage on the void green."

Turnus astonished stuid dumb in studying,
smit wi the image o mony diverse thing.
Deep in his hert boldens the felloun shame,
aa mixt wi dolour, anger, and defame;
syne fervent luve him chased in fury rage,
and his bekent hardiment and courage.

---

[82]   arace: pu

[83]   vults: faces

As first the shaddas o pertrublance
wis drive away, and his remembrance
the licht o reason has recovert again.
The birnin sicht o baith his een twain,
sair aggrievit, taewart the waas he kest,
and frae his cairt blent tae the ceity pressed.
But lo, a sworl o fire bleezes upthraw!
Leimin taewart the lift the flame he saw,
amang the plankis and the laftis schire,
streamin and kennellin fast the het fire,
that caucht wes in a meikle touer o tree;
whilk touer o sills and jystis gret built he,
and thare unner, tae rowe it, wheelis set,
wi stairis hie and battelling[84] weirly bet.
"Nou, nou, sister," quo he, "lo, aa and some,
the Fates haes us vanquished and owrecome.
Desist therefore tae mak me langir tarry.
Lat us follae that wey, and thither carry,
whaur God and this hard fortune callis me.
Nou stauns the pynt. I am determined," quo he,
"Eneas haun for haun for til assail.
Nou stauns the pynt, tae suffer in battail
the bitter deid and aa painfu distress.
Nae langir, sister germane, as I guess,
sall thou me see shamefu unworthy wicht;
but, I beseek thee, manly as a knicht
intae this fervent furore suffer me
tae gae enraged tae battle ere I dee."

Thus has he sayed, and frae the cairt in hy
upo the land he lap deliverlie,
and left his sister trist and desolate;
thrist throu his faes and wappons aa, fuit-hait,
and wi sae swift faird shot throu the melée
that the mid routs and wardis sunders he;
and like as the gret rock craig wi a soun
frae the tap o some muntain tummelt doun,
whan at it is owre-smit wi windis' blast,
or wi the drumly shouers' spate douncast,
or than by lang process o mony years
lowsin tharefrae the erd, and away wears,
is made tae faa and tummle wi aa his swecht;[85]

---

[84]   battelling: battlements

like till a wickit hill o huge wecht,
haudin his faird the descense o the brae
wi mony skip and stend[86] baith tae and frae,
while that he shuit faur on the plain ground,
and aa he owre-reikis doth confound –
wuids, hirdis, flockis, cattle, and men,
owre-welterin wi him in the deep glen.

Taewart the waas Turnus rushit as fast
throu-out the routis by his faird douncast,
whaur than the grund wet and bedyit stuid
a weill faur wey wi effusion o bluid,
and large on breid the skyis and the air
for shaftis shot did whustlen here and thare.
A beacon wi his haun tae thaim made he,
and samen eik wi loud voice cries: "Lat be!
Stint, ye Rutulians, see ye fecht nae mair,
and ye Latins, your dartis' casting spare!
Houe'er the fortune standis at this tide,
the chance is mine, the fate I maun abide.
It is mair just and equal I alane
for you sustain the pain wis undertane,
and purge the crime, sae happent nou o late,
o this confederation violate.
Lat me staun tae my chance. I tak on hand
for tae derene[87] the maiter wi this brand."

Than every man amidwart thaim between
gan draw aback, and made room on the green.

Chaipter XII

Eneas fechts and Turnus, hand for hand,
and Turnus fled, for he had broken his brand.

This faither than, this gret Prince Enee,
hearin the name o Turnus cried on hie,
the wallis left, and frae the toun went away

---

[85] swecht: impetus

[86] stend: lowp

[87] derene: decide by combat

richt hastily, secludin[88] aa delay;
stints aa the wark that he begunnen haed,
and hoppit up for joy, he wis sae gled.
The husling[89] in his armour did rebound,
and kest a terrible or a fearfu sound.
Upraxit him he haes amid the place,
as big as Athos, the hie munt in Thrace,
or heich as Munt Eryx in Sicily,
or than the faither o hills in Italy,
cleipit Munt Apenninus, whan that he
doth swouch or bray wi rocky whinnis hie,
and joice tae streik his snawy tap on hicht,
up in the air amang the skyis bricht;
that is tae say, amang aa ither wichts
Eneas seemed tae surmounten in hichts
the remanent o aa the meikle rout,
as thir muntains exceeds the knowes about.
And than, forsuith, Rutulians eagerly,
and aa the Trojan hostis or army,
taewart thair dukes did return thair een.
The Rutulians, I say, and eik bedene
aa the Latins that on the wallis stuid,
and aa thae als tofore, as thay war wuid,
the barmkin law smate wi the rammis fast,
nou o thair shouthers gan thair armour cast.
The King himsel, Latin, abashed tae see
twa men sae big o huge quantity,
gendert and bred in realmis faur in sunder
o sere pairts o the warld, that it wis wonder
twa o sic stature, unmeisurely o hicht,
for till assemble samen intae ficht,
or for tae see thaim, matchit on the green,
derene the bargain wi thair wappons keen.

And than aither thir champions unner shield,
whan voidit weill and roumit wis the field,
that patent wis the plain a weill large space,
wi hasty faird on faur haes tane thair race,
and gan thair spearis cast, ere thay cam near.
While shields soundit and aa thair ither gear,
a martial battle thay begin, but baid,

---

[88] secludin: precludin

[89] husling: clatterin

and aither sternly did his fae invade.
Sae did the strakes din on thair steel weed,
the erd grainis and dindles faur on breid;
syne rashed thegither wi swourdis, or e'er thay stint,
and routis thick thay doubelt, dint for dint.
Wi force o prowess and fatal adventure
middelt samen the bargain thay endure;
like as twa busteous bullis by and by,
on the hie Munt Taburn in Champanie ,
or in the meikle forest o Sila
whan thay assemble in austern bargain thra,
wi front tae front, and horn for horn, at aince
rushin thegither wi cruins and fearfu grains,
that fee-maisters and hirdmen, every wicht,
abashit gies thaim place, sae brim thay ficht.
For fear the beastis dumb aa standis by,
and aa in dout squeals the young kye,
wha sall be maister o the cattle all,
or whilk o thaim the bouis follae sall.
Thae twa bullis, thus strivin in that stound,
by meikle force wirks ither mony a wound,
and dushin festens fast thair hornis stout,
while that abundance o bluid streamis out,
that gan dae wesh, bedye, or aa to-bathe
thair grim necks and thair spauldis baith,
that o thair roustin aa the large plain
and wuidis rank routis and lowes again.
Nane itherwise Enee, the Trojan herr,
and Daunus' son, Turnus, samen infeir,
hurlis thegither wi thair shieldis strang,
that for gret rashes aa the heivens rang.
Thus Jupiter himsel haes aither's chance
a weill lang space to-hungen in balance
by equal meisure, and passit haes alsae
the fates diverse o thaim baith twae;
wham the stout laubour suld deliver free,
and wham the paisand[90] wecht owrewelt tae dee.

Turnus at this time wauxis bauld and blythe;
weenin tae caucht a stound his strenth tae kythe
but ony danger or adversity.
He raxes him, and heaves up on hie

---

[90] paisand: massive

his bluidy swourd, and smate in aa his main.
A gret clamour gave the people Trojane,
and eik the Latins quakin gave a shout;
fu pressed thaim tae behaud stuid aither rout.
But this untraist fause blade is broken in sunder,
and ardent Turnus brocht haes in gret blunder;
for it amiddis o his dint him fails,
and desolate him left, that nocht avails
tae him his strenth, hardiment, and micht,
less than he tak for his defence the flicht.
Yea, swifter than the wind he fled, I guess,
whan that he saw his richt haun wapponless,
and perceivit the plummet[91] wis unknaw;
for sae the fame is, at the ilk thraw
whan he first rushit in his cairt in hy,
and gart dae yoke his steedis by and by
tae gae untae the battle the same day,
that, for the sudden onset and affray,
the cairter Metiscus' swourd he hint in hand,
and aa forget his faither's noble brand.
And this ilk swourd wis sufficient a lang space,
while that he follaed the Trojans in the chase,
that gave the back, as we hae sayed ere this;
but as fast as it tuiched and matchit is
wi divine armour made by God Vulcan,
and thareon smitten in aa Turnus' main,
this untrue tempert blade and fickle brand,
that forgit wis but wi a mortal hand,
in flinders flaw, and at the first clap,
as bruckle ice, in little pieces lap,
while the smaa pairts o the blade broken in twae
as gless gleitin upo the dun sand lay.
Whaurfore this Turnus, hauf mindless and brain,[92]
socht diverse wents tae flee throu-out the plain;
wi mony wynds and turnis, aa on flocht,
nou here, syne thare unsoverly he socht.
Trojans stuid thick belappit environ
in mainer o a compass or a croun;
and on the tae hauf eik a lake braid
him sae inclused that he micht nocht evade,

---

[91] plummet: pommel
[92] brain: mad (brain-wud)

and on the tither side firmed als wis he
wi the hie wallis o the chief ceity.

And tho the wound tarries Enee some-deal,
wrocht tae him by the tackle wi heid o steel,
tae wield his knee made some impediment,
that he micht nocht braid swiftly owre the bent,
wi nae less press and haste yit, nocht-for-thy,[93]
he, fuit for fuit, pursues him ferventlie;
like as, some time, whan that the hunter stout
betrappit haes and umbeset about
wi his railis[94] and wi his hundis guid
the meikle hert swimmin amid the fluid –
whilk thare inclusit needlins maun abide,
for he may nocht escape on naither side,
for fear o hundis, and that awfu bern
beirin shafts feathert wi plumes o the ern –
the rinnin hund daes him assail in threit
baith wi swift race and wi his questis greit;
but this hert, aa abashit o thair slicht,
and o the strait and stey bankis' gret hicht,
gan flee and eik return a thousan ways;
but than the swipper Tuscan hund assays
and nearis fast, aye ready him tae hint –
nou, nou, aamaist like, or ever he stint,
he suld him hint, and, as the beast war tak,
wi his wide chaftis at him maks a snak,
the bite aft failyies for ocht he dae micht,
and chackis[95] waste[96] thegither his wappons wicht.
Richt sae, at this time, upo aither side
the clamour rase, that aa the lake wide
and braes about thaim answert. Sae thay fared,
the heiven owre aa eik rummelt o thair rerd.
And Turnus, fleein, samen fast gan caa
Rutulians, chidin baith ane and aa,
every man cleipin by his proper name,
tae rax him his traist swoord for shame.
And by the contrar, awfully Enee

---

[93] nocht-for-thy: nevertheless
[94] railis: barricades o nets
[95] chackis: clacks
[96] waste: in vain

gan thaim menace, that nane sae bauld suld be;
and shew present the daith aaready here
tae thair undaein, gif that ony drew near,
and quakin for affear made thaim aghast;
schorin[97] the ceity tae destroy and doun-cast,
gif ony help or supply tae him shew,
and, tho he sair wis, fiercely did pursue.
Thus five times round intil a race
about the field gan thay flee and chase,
and as feil syse went turnin here and thare,
like as before the hund wiskis the hare.
And nae wunner, for sae the maiter lies –
tae nae bourdin[98] tuichit thair enterprise,
nor for smaa wages thay debate and strive,
but upo Turnus' bluid-sheddin and life.

On case, amid this field haed growe o late
a wild olive tae Faunus consecrate,
whauron grew bitter leafs, and mony years
wis haud in worship wi aa marineirs,
at the whilk tree, whan thay escapit haed
the storm's blast, and wawis, made thaim rad,[99]
thareon thair offerins wad affix and hing
untae this god umquhile o Laurent king,
and thareon eik the claiths bekent upstent.
But than the stock o this tree doun wis rent
by the Trojans, misknawin it hallowed was,
tae that intent tae plane the battle place.
Eneas' big lance or his casting spear
per case upo the pynt wis stickin here;
thither this shaft the gret force o his cast
haed thraw the ilk stound, and thare fixit fast,
amang the grippill[100] ruitis fast haudand,
wedgit fu law, the lance on end did stand.
The Trojan prince it grippis in that steid,
willin in haun tae pu out the steel heid,
wi cast thareof tae follae him at the back,
wham he throu speed o fuit micht nocht owretak.

---

[97] schorin: threatenin
[98] bourdin: jestin
[99] rad: feart
[100] grippill: tenacious

But than Turnus, half mangit[101] in effray,
cryis, "Oh thou Faunus, help, help! I thee pray;
and thou Tellus, maist noble God o Erd,
haud fast the spear's heid by your weird;[102]
as I that e'er haes worshipped on thir plains
your honour, that by the contrar Eneadanes
haes violate and profaned by strife," quo he,
"wi bluid-sheddin and doun-hewin your tree."

Thus sayed he, and naething in vain, iwis,
the God's help he askit; for, at his wish,
a fu lang time wreelis and tarries Enee
furth o the teuch ruitis o this ilk tree
his spear tae draw, and bites on his lip;
but festent sae is in the ware[103] the grip,
that by nae mainer force, tho he wis wicht,
furth o the stock the shaft up pu he micht.
And as he brimly thus enforces fast
tae draw the spear, this goddess at the last –
I mean Juturna, dochter o Daunus King –
out-throu the field cam rinnin in a ling,[104]
changit again, as that before she wis,
intae Metiscus' semblant and likeness,
and tae her brither haes his swourd betaucht,
whaurat Dame Venus gret disdenyie[105] caucht,
sic thing suld be tholed this bauld nymph tae dae;
than suddenly tae the spear rakes she,
baith shaft and heid anon, or e'er she stent,
at the first pu frae the deep ruit haes rent.

Than aither restit and refreshit weill,
baith in courage and sherp wappons o steel,
he traistin in his swourd that weill wad shear,
and he fu proud and stern o his big spear,
incontrar ithers bauldly lang thay stand
in martial battle aither resistand,

---

101   mangit: dementit
102   weird: decree
103   ware: knot
104   in a ling: straucht aff (literally in a line)
105   disdenyie: disdain

ilkane fu wilfu ithers til owrethraw
at sic debate, that baith thay pant and blaw.

Chaipter XIII

*Hou Jupiter and Juno did contend
Eneas' strife and Turnus' for til end.*

The Faither aamichty o the Heiven abuve,
in the meantime, untae Juno his luve,
whilk than doun frae a wattery yalla cloud
beheld the bargain, thareof naething proud,
thus spak and sayed: "Oh my dear spous, whit nou?
Whit end sall be o this maiter, or hou?
Whit restis finally nou at aa? Lat see.
Thou wat thysel, and grants thou wat, Enee
is destinate untae the Heiven tae come,
and for tae be cleipit wi aa and some
amang the goddis a god Indigites,[106]
and by the Fates for tae rest in peace,
seizit abuve the starry skyis hie.
Whit purposes or ettles thou nou? Lat see.
Or intae whit belief, or whit intent,
hingis thou swa in the cauld firmament?
Wis it honest a godly divine wicht
wi ony mortal strake tae wound in ficht?
Or yit gainand, the swourd lost and adieu,
tae render Turnus, lo, his brand anew,
and strenth increase tae thaim at vanquished be?
For whit availed Juturna, but thy supplie?
Desist hereof, nou at last, by the least,
and condescend tae bou at our requeist;
nor suffer nocht thy hid sorra, I pray,
nae langir thee consume and waste away,
that I nae mair sic waefu thochtis see
shine nor appear in thy sweet face," quo he,
"for nou is come the extreme latter punct.
Thou micht while nou hae chasit at disjunct
the silly Trojans baith by sea and land;
and eik thou micht alsae at thine ain hand
a fell untellable battle raise or weir,

---

[106] Indigites: Eneas and his descendants as minor deities

deform the houshauld, and bring aa on steir
by mony diverse weys o fury rage,
and aa wi murning mixed thair mairriage –
but I forbid you ony mair sic thing."

Thus spak and carpis Jove, gret Heiven's King.
Saturnus' dochter, Juno the Goddess,
answert on this wise, castin doun her face:
"Oh Jupiter, dear lord, certes," sayed she,
"because this thy gret will wis knawn tae me,
on force therefore, and incontrar my mind,
I left the erd and my frein Turnus kind.
Nor, war nocht that, suld thou me see alone
thus sittin in the air aa waebegone,
sustainin thus aa mainer o mischief,
and every stress, baith leisome and unleif;
but at I suld, girthit wi flames reid,
stoutly hae standen in yon battle steid,
and suld hae drawn yon Trojans, ane and all,
intae fell mortal bargain inimical.
I grant, I did persuaden, out o dreid,
Juturna tae pass doun at sic need
tae her brither, and for his life eik I
approves weill, and als daes ratify,
tae unnertak mair than tae her perteinit;
but I forsuith persuadit ne'er, nor meanit,
that she suld dartis cast, or tackles draw,
nor wi the bow mak debate ony thraw.
I sweir tharetae by the unpleasin well
o Styx, the fluid and chief fountain o Hell,
whase only dreidfu superstition here
the goddis keeps, that nane daur it forsweir.
And nou forsuith, thy will obey sall I,
and gives owre the cause perpetuallie;
and here I leave sic weiris and debate,
the whilk, certes, I nou detest and hate.
But for the land o Latium or Itail,
and for majesty o thine ain bluid, sans fail,
ae thing I thee beseek, whilk, weill I wait, is
naewise include in statutes o the Fates:
that is tae knaw, whan that, as weill mot be,
wi happy wedlock and felicity
yon peoples twain sall knit up peace for aye,

bind confederance baith conjunct in ae lay,[107]
that thou nocht wad the auld inhabitants
bid change thair Latin name nor native lands,
nor charge thaim naither tae be caaed Trojans,
nor yit be cleipit Phrygians nor Teucrans;
nor yit the Latin people thair leid tae change,
nor turn thair claithing in ither habit strange.
Lat it remain Latium, as it wis ere;
and lat the kings be namit evermair
princes and faithers o the style Alban;
the lineage eik and gret affspring Roman
mot descend tharefrae potent and michty,
unner the virtuous title o Italy.
Troy is dounbet – dounbet lat it remain
wi name and aa, and ne'er uprise again."

Than gan tae smile Jupiter the gret King,
that is producer o men and everything.
"Sister germane," quo he, "tae Jove art thou,
and saicont child tae Saturn auld. Ha! hou
sae gret a storm or spate o felloun ire
unner thy breist thou roweis het as fire!
But wirk as I thee bid, and dae away
that wrath conceived but ony cause, I pray.
I gie and grants thee thy desire," quo he,
"o free will, vanquished, refers me tae thee.
Thir ilk people cleipit Ausonians,
on itherwise callit Italians,
the auld usance and leid o thair kintrie
sall bruik and joice, and eik thair name sall be
as it is nou, and as thair style remains.
Alanerly thair persons the Trojanes
sall intermiddle and remain thaim amang.
The fashions and the rites, that nocht gae wrang,
o sacrifice tae thaim statute I sall,
and Latin people o ae tung mak thaim all.
The kind o men descend frae thir Trojans,
middelt wi kin o the Italians,
thou sall behaud in peity and gentleness
tae gae abuve baith men and gods express;
nor never clan or ither nation by,

---

[107] lay: legal code

like thaim sall hallow, nor yit sanctify
thy worship, eik and honour, as thay sall dae."

Juno adherit, and gave consent here-tae;
fu blythe and joyous o this grant, perfay,
frae her auld wrath haes writhed her mind away,
and in the meantime untae the heiven her drew,
and left the clud, and bade Turnus adieu.
This bein duin, as sayed is, on sic wise,
this hie Faither gan wi himsel devise
anither craft; and provides the way
hou that he sall Juturna drive away
frae helping o her brither intil arms.

Thare been twa vengeable monsters fu o harms,
cleipit tae surname Dire, wickit as fire,
that is tae say, the goddis' wrack or ire,
whilk mischievous and cruel sisters twa,
samen wi the Hell's fury Megaera,
bare at ae birth, for naething profitable,
the Nicht thair mither, that bairntime miserable;
and aa alike wimpled[108] and cled thir traiks[109]
wi edders thrawn, and hairis fu o snakes,
and tharetae eikit wingis swift as wind.
Thir wickit shrewis ready sall ye finnd
before the throne o Jove, and eik also
within the wanes o cruel King Pluto.
Thay sherp the dreid tae mortal wretchit wichts,
whane'er the King o Goddis by his michts
the daith, or the contagious seikness sere,
dispones him tae send in the erd here;
or whan that him list dae smite and affray
ceities wi weirfare, as deserved hae thay.
Jove ane o thir, fu swipper tae descend,
furth o the heiven abuve anon haes send,
and bade her haud doun bauldly tae the erd,
for tae resist Juturna's ire and weird.
And she anon doun flaw, tae please the laird,
and tae the grund thuddis wi hasty faird;
nane itherwise than frae the string doth flee
the swift arrow out-throu the air, we see,

---

[108]   wimpled: wrappit

[109]   traiks: features

or intae bitter venom wat, some flane
casten or shot by some archer Persian;
by some Persian or man o Cydonie
the shaft thrawen, that whirris throu the sky,
and, whaur it hits, wirkis a wound o pyne,
uncurable by the craft o medicine,
and sae swiftly slides throu the cluddis gray
that whaur it went nane may perceive the way.
On sic mainer the Nicht's dochter on flocht
throu the skyis doun tae the erd suin socht;
and efter that she saw the Trojan hosts,
and Turnus' routs arrayit on the coasts,
she her transformed in likeness o a fowl,
whilk we a little houlet cleip, or owl,
that some time intae graves,[110] or stocks o tree,
or on the waste thack, or hous ruifis hie,
sittin by nicht sings a sorrafu tune
in the daurk scugs, wi skrikes inopportune.
This vengeable wrack, in sic form changit thus,
e'en in the face and veisage o Turnus
gan flee and flaff, and made him for tae growe,
she soundis sae wi mony hiss and how,
and in his shield gan wi her wingis smite.
A new dowfness dissolved his members tyte.
For verra dreid and for gret horror als
up stert his hair, the voice stak in his hals.

But as Juturna suin on faur did hear
o this Fury the whustling and the beir,
the swouching o her wingis and her flicht,
this waefu sister her hair rent for that sicht,
wi nailis ryvin ruthfully her face,
and smitin wi her neives her breist, "Alace!
Turnus, my best beluvit brither," quo she,
"whit may thy sister help nou? Wae is me!
Or whit nou restis tae me, wretchit wicht?
Thy life prolong hou may I? By whit slicht
nay I oppose me tae resist or strive
wi sic a monster? Nay, nane wicht alive.
Nou, nou, I leave the field, and gaes away.
O ye mischievous foules, I you pray,
dae me nae mair agrise[111] trimmlin for fear.

---

[110]   graves: i.e. mausoleums

The clapping o your wings I knaw and hear,
and eik the deidly soundis weill on far.
The proud command o michty Jupiter,
that guides aathing by his majesty,
daes me nocht nou astert, for I it see.
Is this the gainyield that he renders me
in recompense o my virginity?
Whaurtae eternal life haes he me give?
Whaurtae suld I on this wise ever live?
Whaurtae is me bereft the faculty
o deid, and grantit immortality?
For, gif I mortal war, nou, nou suithlie,
thir sae gret dolours micht I end in hy,
and wi my ruthfu brither gae withal
amangis the dim shaddas infernal.
Dear brither germane, without thee
is naething sweet nor pleasin untae me.
O nou whit grund, land, or erd teuch
sall swalla me tharein hauf deep eneuch,
and, tho I been a goddess, doun me draw,
and send untae infernal wichtis law?"

Thus meikle sayed she; and tharewith bade adieu,
her heid veilit wi a haw claith or blue,
and, murnin gretly thare as that she stuid,
this goddess doukit deep unner the fluid.

Chaipter XIV

At Eneas Turnus a stane did cast;
but Eneas haes slain him at the last.

Enee wi this instantly list nocht cess
for tae reconter Turnus in the press,
and his big spear upo him shakkis he,
whilk seemit rude and square as ony tree;
and wi a bauld and busteous breist thus spak:

"Whit meanis this langsome delay ye mak?
Why tarry ye for shame, Turnus, aa day?
Whaurtae withdrawis thou thee sae away?

---

[111] agrise: frichten

We pingle nocht for speed nor course tae rin,
but we debate suld this barras[112] within!
Wi wappons keen and wi our burnished brands,
thegither met derene it wi our hands.
Dae change thysel, or turn at thy ain ease
in aa mainer o feigures as thee please.
Gaither thegither and assemble nou, lat see,
aa that thou haes o strenth or subtilty.
Wuss nou tae flee up tae the starns on hicht
wi feathert wingis for tae tak thy flicht,
or for tae close thysel this ilk thraw
intae some cavern unner the erd law."

Turnus, shakin his heid, sayed, "Thou fierce fae,
thy fervent wordis compt I nocht a strae,
thy sawis maks me nocht aghast, perfay.
It is the goddis that doth me affray,
and Jupiter becomen mine enemie."

Nae mair he sayed, but blent about in hy,
and did aspy whaur that a gret rock lay,
an auld craig stane, huge, gret, and gray,
whilk on the plain, per case, wis liggin near,
a march set in that grund mony year
o twa fieldis, for tae decern thareby
the auld debate o plea or controversie.
Scarcely twice sax stout walit men and wicht,
whilk nou the erd produces, haes sic micht
tae charge it on thair shouthers or tae beir;
wham fu lichtly Turnus, that noble herr,
hint in his haun, and swackit at his fae,
and raxit him on hicht thare unner alsae,
and tharwith chargit a fu swift course ran.
But sae confoundit is this dochty man,
that he nocht knew himselfin in that steid,
naither whaur that he ran, nor whaur he yeid,
nor felt himsel liftin on the land
the meikle stane, nor steir it wi his hand.
His knees stummerit, and his limbis slides;
the bluid congealed for fear within his sides;
sae that the stane he at his faeman threw
faintly throu-out the void and waste air flew,

---

[112] barras: tournament lists

nor went it aa the space, as he did mint,
nor, as he ettelt, perfurnished nocht the dint;
like as, some time, in our swevin we tak keep,
whan langsome drivelling on the unsound sleep
our een owresets in the nicht's rest,
than seemis us fu busy and fu pressed
that we us streik, and doth address in hy
lang rinkis for tae mak and rin swiftlie –
but aa for nocht, for at the first assay,
or in the middis o the stert, by the way,
aa faint we fail, as forfeebelt war we;
the tung availis nocht, it will nocht be,
nor yit the strenthis in our body knaw
seemis sufficient tae us at that thraw;
for, set we press us fast tae speak out braid,
nor voice nor wordis follaes; nocht is sayed.
Siclike-wise haes this goddess mischievous
umbeset aa the weyis o Turnus.
Whit-e'er tae dae by his strenth ettelt he,
she made obstacle. Aa that gainstands she.
Than in his mind become his wittis strange,
and begouth for tae vary and tae change;
and aft he did behaud Rutulianes,
and aft the ceity wi aa that ryal wanes.
He hovers aa abashed for dreid and fear,
and gan dae quake, seein at haun the spear;
nor can he finnd whither away tae wend,
nor on whit weys himsel he may defend,
nor wi whit strenth assail his adversar,
nor by nae weys perceive his cairt or chair,
nor see his sister, that haed his cairter be.

And as he stuid on hover thus, Enee
the fatal deidly spear in haun gan taise,
and wi his een markit and walit haes
a place by fortune tae smite opportune,
and wi the haill force o his body suin
furth frae his haun weill faur the lance gan thraw.
Never sae swiftly whidderin the stane flaw,
swackit frae the engine untae the waa;
nor fulder's[113] dint, that causes touers faa,
wi sic a rummle cam bratlin on sae fast;

---

113   fulder's: lichtnin's

like the black thud o awfu thunner's blast
furth flaw the shaft tae smite the deidly strake,
and wi it brocht cruel mischievous wraik;
whilk throu the haubrek skirtis piercit haes,
and the extreme border gan arace
o his strang shield, couchit o seivin ply,
and whirrin smate him throu the thee in hy,
that wi the dint huge Turnus, fu unsound,
wi faulden hochis dushit tae the ground.
Upstert Rutulians samen complaining
wi a yelloch and carefu womenting,
while aa the hillis rummist thaim about,
and faur on breid thick wuidis gave a shout.

And Turnus than, whaur he at erd did lie,
addresses furth fu hummle and lawlie
taewart Enee his sicht and een twae,
and streikis eik his richt haun him tae pray.
And thus he sayed: "Forsuith, I hae deserve
the deid, I knaw, and o thy haun tae sterve,
nor will I nocht beseek thee me tae spare.
Uise furth thy chance. Whit needis process mair?
But gif that ony cure or thocht," quo he,
"o ony waefu parent may tuich thee,
hae ruth and mercy o King Daunus the auld –
thou haed forsuith, as I hae heard betauld,
Anchises, sic a faither as is he –
and me, ere than, gif better likes thee,
my body, spulyiet and the life bereft,
untae my fowkis thou may render eft.
Thou haes me vanquished, I grant, and me owrecome.
Italian people present aa and some
haes seen streik furth my handis hummely.
Lavinia is thy spous, I nocht deny.
Extend nae further thy wrath and maltalent."

Eneas stern in armis than present
rowein his een taewart Turnus did staun,
and list nocht strike, but gan withdraw his haun;
and mair and mair thir wordis, by and by,
begouth incline him tae ruth and mercie,
abidin lang in hover whit he suld do.
Whan, at the last, on Turnus' shouther, lo!
the fey girdle hie set did appear,

wi studdis knaw and pendas[114] shinin clear,
the belt or tisch o the child Pallas,
whilk by this Turnus lately vanquished was,
as we hae sayed, and wi a grievous wound
slain in the field, bet doun, and brocht tae ground;
and Turnus, in remembrance o this thing,
about his shouthers bare this unfreindly sing.

But efter that Eneas wi his een
sae cruel taikens o dis-ease haes seen,
and gan sic weed bereft thare aspy,
aa fu o furore kennles he in hy,
fu brim o ire and terrible thus gan say:
"Sall thou escape me o this steid away,
cled wi the spulyie o my freindis dear?
Pallas, Pallas, wi this wound richt here
o thee an offering tae the goddis makes,
and o thy wickit bluid punitioun takes."
And sayin thus, fu fierce, wi aa his main,
law in his breist or coast, lay him forgain,
his swourd haes hid fu het; and tharwithal
the cauld o deid dissolved his members all.
The spreit o life fled murnin wi a grain,
and wi disdain unner daurk erd is gane.

Here ends the xii Buik o Eneados and his Prologue, and sae ends the xii Buikis o Eneados made by Virgil, and efter comes the xiii Buik made be a famous author, Mapheus.

---

[114] pendas: the ornamental en o a belt

Translator's note by Gavin Douglas

Here the translator o this buik maks mention o three o his principal warks

Lo, thus, follaein the flouer o poetrie,
the battles and the man translate hae I,
whilk yore ago, in mine undauntit youth
unfructuous idleness fleein as I couth,
of Lundey's[1] *Luve the Remeid* did translate,
and syne of hie *Honour the Palace* wrate,
whan pale Aurora, wi face lamentable,
her russet mantle bordert aa wi sable, etc.

To knaw the name o the translator.

The gaw unbroken middelt wi the wine,
the doo jynt wi the glass richt in a line:
wha knaws nocht the translator's name,
seek nae further, for lo, wi little pain,
spy weill this verse. Men cleips him sae at hame.

Quo the compiler, G. Douglas.

---

[1] Lundey's: Ovid's

The Prologue o the Thirteent Buik

Towart the even, amid the summer's heat,
whan in the Crab Apollo held his seat,
durin the joyous month, time o June,
as gane near wis the day, and supper duin,
I walkit furth about the fieldis tyte,[1]
whilks than replenished stuid fu o delight
wi herbis, cornis, cattle and fruit trees,
plenty o store, birdis and busy bees
in amerant[2] meads fleein east and west,
efter laubour tae tak the nicht's rest;
and as I blinkit on the lift me by,
aa birnin reid gan wauxen the even sky:
the sun enfirit haill, as tae my sicht,
whirlit about his baa wi beamis bricht,
declinin fast taewart the north indeed,
and fiery Phlegon, his dim nicht's steed,
doukit his heid sae deep in fluidis gray
that Phoebus rowes doun unner Hell away,
and Hesperus in the west wi beamis bricht
upsprings, as forrader o the nicht.
Amid the hauchs, and every lusty vale,
the recent dew beginnis doun tae skail,
tae mease[3] the birnin whaur the sun haed shine,
whilk than wis tae the nether warld decline.
At every pile's[4] pynt and corn's craps,
the techirs[5] stuid, as leamin beryl draps,
and on the haillsome herbis clean, but weeds,
like crystal knoppis or smaa siller beads.
The licht begouth to kwinkle out and fail,
the day to daurken, decline and devale;
the gummis[6] rises, doun faas the donk rime;
baith here and there scuggis and shaddas dim.

---

[1] tyte: at the ilk time

[2] amerant: emerald

[3] mease: soothe

[4] pile's: blade's (o gress)

[5] techirs: tears

[6] gummis: mists

Up gaes the bauk wi her pealed leddren[7] flicht;
the lark descends frae the sky's hicht
singin her compline sang, efter her guise,
tae tak her rest, at matine hour to rise.
Out-owre the swire[8] swimmis the sops o mist;
the nicht furthspreid her cloak wi sable list;
that aa the beauty o the fructuous field
was wi the erd's umbrage clean owreheild.
Baith man and beast, firth, fluid and wuidis wild,
involvit in thae shaddas weren siled.[9]
Still war the foules, flees in the air;
aa store o cattle seizit in thair lair;
and everything, whaursae thaim likes best,
bounis tae tak the haillsome nicht's rest
efter the day's laubour and the heat.
Close war aa and at thair saft quiet,
but steirage or removing, he or she,
aither beast, bird, fish, foule, by land or sea;
and shortly everything that daes repair
in firth or field, fluid, forest, erd or air,
or in the scroggis, or the bussis ronk,
lakes, morasses, or thir puilis donk,
a-stabelt liggis still tae sleep, and rests;
be the[10] smaa birdis sittin on thair nests,
the little midges, and the urusum[11] flees,
laborious emmots, and the busy bees;
as weill the wild as the tame bestial,
and every ither thingis gret and small,
out-tak[12] the mirry nichtgale Philomene,
that on the thorn sat singin frae the spleen.

Whase mirthfu notes langin for tae hear,
untae a garth unner a green laureir,
I walk anon and in a siege[13] doun sat,

7	pealed leddren: nakit leathery
8	swire: pass, saddle atween peaks
9	siled: covert
10	be the: ?
11	urusum: ? (only here)
12	out-tak: excep
13	siege: saet

nou musin upo this and nou on that.
I see the Pole and eik the Ursus bricht
and hornit Lucine castin but dim licht,
because the simmer skyis shane sae clear.
Gowden Venus, the mistress o the year
and gentle Jove, wi her participate,
thair beauteous beamis shed in blythe estate;
that shortly, there as I was leanit doun,
for nicht's silence, and this bird's soun,
on sleep I slade, whaur suin I saw appear
an ageit man, and sayed, "Whit daes thou here,
unner my tree, and willest me nae guid?"
Me thocht I lurkit up unner my huid
tae spy this auld, that was as stern o speech
as he haed been a mediciner or leech;
and weill perceivit that his weed was strange,
tharetae sae auld, that it haed nocht been change,
by my conceit, fully that forty year,
for it was threidbare intae places sere.
Side[14] was his habit, roun, and closing meet,
that streikit tae the grund doun owre his feet,
and on his heid o laurer tree a croun,
like tae some poet o the auld fashioun.

Me thocht I sayed tae him wi reverence,
"Faither, gif I hae duin you ony offence,
I sall amend, gif it lies in my micht,
but suithfastly, gif I hae perfit sicht,
untae my doom, I saw you never ere.
Fain wad I wit whan, on whit wise, or where,
againis you trespassit ocht hae I."
"Weill," quo the tither, "wad thou mercy cry
and mak amends, I sall remit this faut,
but itherwise, that saet sall be fu saut.
Knaws thou nocht Mapheus Vegius, the poet,
that untae Virgil's lusty buikis sweet
the thirteen buik eikit Eneadane?
I am the samen, and o thee naething fain,
that haes the tither twal intae thy tung
translate o new – thay may be read and sung

---

14   side: lang

owre Albion Isle, intae your vulgar leid,
but tae my buik yet list thee tak nae heed."

"Maister," I sayed, "I hear weill whit ye say,
and in this case o pardon I you pray;
nocht that I hae you onything offendit,
but raither that I hae my time misspendit,
sae lang on Virgil's volume for tae stare
and laid on side fu mony grave maiter,
that wad I nou write in that treaty more,
whit sud fowk deem but aa my time forlore?
Als, sindry hauldis, faither, traistis me,
your buik eikit but ony necessity,
as tae the text accordin ne'er a deil,
mair than langs tae the cairt the fift wheel.
Thus, sen ye been a Christian man, at large,
lay nae sic thing, I pray you, tae my charge.
It may suffice Virgil is at an end.
I wat the story o Jerome is tae you kenned,
hou he was dung and beft intil his sleep
for he tae gentiles' buikis gave sic keep.
Fu sherp repreif tae some is writ, ye wist,
in this sentence o the haly psalmist:
'They are corrupit and made abominable
in thair studyin things unprofitable.'
Thus sair me dreidis I sall thole a heat
for the grave study I hae sae lang forleit."[15]

"Yea, smy,"[16] quod he, "wad thou escape me swa?
In faith we sall nocht thus pairt ere we gae!
Hou think we he essonyies[17] him tae astert,[18]
as aa for conscience and devote hert,
fenyiet him Jerome for tae counterfeit,
whaur-as he ligs bedowen, lo, in sweit.
I lat thee wit I am nae heathen wicht,
and gif thou haes afore time gaen unricht,
follaein sae lang Virgil, a gentile clerk,
why shrinkis thou wi my short Christian wark?

---

[15] forleit: neglectit

[16] smy: knave

[17] essonyies: excuses

[18] astert: escape

For tho it be but poetry we say,
my buik and Virgil's moral been, baith twae.
Len me a fourteen-nicht, hou-e'er it be,
or by the faither's saul me gat," quo he,
"thou sall dear buy that e'er thou Virgil knew."
And wi that word, doun o the saet me drew;
syne tae me wi his club he made a braid
and twenty routs upo my riggin laid,
while, "Deo, Deo, mercy!" did I cry;
and by my richt haun streikit up in hy,
hecht tae translate his buik, in honour o God
and his apostles twal (in the nummer odd).

He, gled thareof, me by the haun upteuk,
syne went away, and I for fear awoke,
and, blent about tae the north-east weill far,
saw gentle Jubar shinin, the day star,
and Chiron, cleiped the sign of Sagittary,
that wauks the simmer's nicht, tae bed gan carry.
Yonder doun dwines the even sky away,
and upspringis the bricht dawin o day
intil anither place nocht faur in sunder,
that tae behaud was pleasance, and hauf wonder.
Furth quenchen gan the starnis, ane be ane,
that nou is left but Lucifer alane;
and furthermair tae blazon this new day,
wha micht descrive the birdis' blissfu bay?[19]
Belive on wing the busy lark upsprang,
tae salus the blythe morrow wi her sang;
suin owre the fieldis shines the licht clear,
welcome tae pilgrim baith and lauboureir.
Tyte on his hines gave the grieve a cry,
"Awauk, on fuit, gae til our husbandrie,"
and the hird caas further upo his page,
"Dae drive the cattle tae thair pasturage."
The hine's wife cleips up Katherine and Gill;
"Yea, dame," sayed they, "God wat, wi a guid will."
The dewy green, poudered wi daisies gay,
shew on the sward a colour dapple gray;
the misty vapours springin up fu sweet,
maist comfortable tae gled aa man's spreit.
Tharetae, thir birdis singis in the shaws,

---

[19] bay: birdsang

as minstrals playin, 'The jolly day nou daws'.
Than thocht I thus, "I will my cunning keep,
I will nocht be a daw, I will nocht sleep.
I will complete my promise shortly, thus,
made tae the poet maister Mapheus,
and mak my upwark hereof, and close our buik,
that I may syne but on grave maiters leuk.
For, tho his style be nocht tae Virgil like,
fu weill I wat my text sall mony like,
sen efter ane my tung is, and my pen,
whilk may suffice as for our vulgar men.
Wha-e'er in Latin haes the bruit or glore,
I speak nae waur than I hae duin before.
Lat clerkis ken the poets different,
and men unlettert tae my wark tak tent,"
whilk, as tuichin this thirteen buik infeir,
beginnis thus, as furthwith follaes here.

The Thirteent Buik o Eneados eikit tae Virgil by Mapheus Vegius

Chaipter I

Rutulian people, efter Turnus' decease,
obeys Eneas, and taks thaim tae his peace.

As Turnus, in the latter bargain lost,
vanquished in field, yauld furth the fleein ghost,
this martial prince, this ryal lord Enee,
as victor fu o magnanimity,
amiddis baith the routis bauldly stauns,
that tae behaud him, upo aither hauns,
astonished and aghast war aa him saw.
And than the Latin people haill on raw
a felloun murning made and waefu beir,
and gan devoid, and hostit out fu clear,
deep frae thair breistis the hard sorra smert,
wi courage lost and doun-smitten thair hert;
like as the huge forest gan bewail
his granes dounbet and his branches skail,
whan thay been chased and aa to-shaken fast
wi the fell thud o the north wind's blast.
For thay thair lances fixit in the erd,
and leanis on thair swourdis wi a rerd;
thair shieldis o thair shouthers flang away.
That bargain and that weir fast wary[1] thay,
and gan abhor o Mars the wild luve,
whilk lately thay desired and did approve.
The bridle nou refuse thay nocht tae dree,
nor yoke thair neckis in captivity,
and tae implore forgiveness o aa grief,
quiet, and end o hermis and mischief;
as whan that twa gret bullis on the plain
thegither rins in bitter gret bargain,
thair lang debate middlin whaur thay staun
wi large bluid-shedding on aither haun,

---

[1] wary: curse

while aither o thaim untae the battle's fine
his ain beastis and hirdis daes incline;
but, gif the price o victory betides
til ony o thir twa on aither sides,
anon the cattle, whilks favoured lang ere
the beast owrecomen as thair chief and herr,
nou thaim subdues unner his ward in hy
whilk haes the owrehaun wunnen and maistrie,
and o free will, tho thair mindis be thra,
assents him til obey. And e'en richt swa
the Rutulianis, altho the gret syte[2]
thair breistis haed bedowit and to-smite,
wi gret affray o slauchter o thair duke,
yit thocht thaim levar,[3] and haill tae purpose teuk
tae follae and obey, for aa thair harms,
the gentle chieftain and better man o arms,
and thaim subdue tae the Trojan Enee,
and him beseek o peace and amity,
o rest and quiet evermair frae the weir,
for thaim, thair landis, mobles, and ither gear.

Eneas than wi pleasant voice furth braid,
and, staunin abuve Turnus, thus he sayed:
"Oh Daunus' son, hou cam this hasty rage
intae thy breist wi folly and dotage,
that thou micht nocht suffer the Trojanes,
whilks at command o gods untae thir plains,
and by pouer o hie Jove are hither carry,
within the bounds o Italy tae tarry,
and, aa in vain, thaim sae expellen wald
o thair land o behest and promist hauld?
Learn for tae dreid gret Jove, and nocht gainstand,
and tae fulfil gledly the gods' command;
and for thair grief weill aucht we tae beware.
Some time in ire will growe gret Jupiter;
and aft remembrance o the wickit wraik
solists[4] the gods thareof vengeance tae take.
Lo, nou o aa sic furore and affear
the latter methe and term is present here,

---

2   syte: sorra

3   thocht thaim levar: it seemt best tae thaim

4   solists: incites

whaur thou – agin reason and equity,
agin lawtie,[5] and broken aa unity
o confederation sworn and bund ere nou –
the Trojan people sair trubbelt haes thou.
Behaud and see the extreme final day,
tae gie aa ithers guid example for aye,
that it mot never leifu be again
til ony tae contemn gret Jove in vain,
as for tae raise wi sic dreid and affear
sae unworthy motion o wickit weir.
Nou beis gled, bruik thine armour but plead.
Alas, a noble corpse thou liggis deid,
the gret Turnus! And, as tae my deeming,
Lavinia haes thee cost nae little thing;
nor thou nae shame needis think in nae part,
that o Eneas' haun thou killit art.
Nou comes here Rutulians, but delay,
the body o your duke turse hyne away.
I grant you baith the armour and the man.
Haud on, and dae tharetae aa that ye can,
as langs untae the honour o beirying,
or tae bewail the deid o sic a king.
But the gret paisand girdle and sic gear
that Pallas, my dear frein, wis wont tae wear,
tae Evander I will send, for tae be
nae little solace tae him, whan he sall see
his felloun fae is killit thus, and knaw,
fu gled thareof, Turnus is brocht o daw.
And naetheless nou, ye Italians,
that itherwise be cleip Ausonians,
remember hereof, and learn in time coming
wi better aspects and happy beginning
tae move and tak on haun debate or weir;
for, by the blissit starnis bricht I sweir,
never nane hosts nor yit armour gledlie
againis you in battle movit I;
but constrained by your fury, as is kenned,
wi aa my force I set me tae defend
the Trojan pairty and our ain affspring,
as, lo, forsuith this wis but leisome thing."

---

5   lawtie: lealty

Nae mair Eneas sayed, but tharewithal
addresses him taewart his ceity wall,
and throu the fieldis socht fu joyously
tae his new Trojan reset[6] and herbry.
Samen him follaes aa the rout at aince,
the puissance haill and younkers o Teucranes
and owre the plainis, gled and wunner licht,
thair swift steeds, as the foule at flicht,
throu speed o fuit assayis by and by,
and aft wi bitter mouth did cryen, Fy!
and gan accuse the Latin people aa;
aft faint fowkis and slothfu did thaim caa,
that wi thair rerd and beming, whaur thay fare,
for the deray fu heich dinnis the air.

Chaipter II

Hou Eneas, gled o his victorie,
luvit[7] the gods, and gan thaim sacrify.

And than Enee the busy thochtfu cures
constrainit haes, as tuichin sepultures
o his fowkis y-slain, and beirying
wi funeral fire and flames according;
yit, naetheless, in his breist rowes and steirs
ae gretter maiter and larger, as effeirs.
For first the sovereign honour, on thair guise,
on the altars wi debtfu sacrifice
he ordained haes, and than, frae hand tae hand,
efter the rite and usance o thair land,
the ying oxen gan thay steik and slay.
Within thair temple hae thay brocht alsae
the busteous swine, and the twinters snaw-white,
that wi thair cluifs gan the erd smite,
wi mony pelt sheddin thair purpour bluid.
Furth hae thay rent thair entrails, fu unrude,
and gan denude and strippen o thair hides;
syne hacken thaim in tailyies,[8] and besides

---

6   reset: refuge

7   luvit: praised

8   tailyies: bits

the het flames broochit[9] haes thaim laid.
And furth thay yett the wine in cuppis glaid.
God Bacchus' giftis fast thay multiply.
Wi plates fu the altars by and by
thay gan dae charge, and worship wi fat lyre;[10]
the smellin cense upbleezes in the fire.
Than throu that hauld thay feast and mak guid cheer.
Upraise the merry rerd and joyous beir.
Thay did extol and luven wi gret wunner
gret Jupiter, the fearfu God o Thunner,
and Dame Venus thay worshippit also,
and thee, Saturnus' dochter, Queen Juno,
nou pacifyit, and better than before –
a huge laud thay yauld tae thee therefore.
And eik himsel Mars, the gret God o Arms,
thay magnify, as wreaker o thair harms.
Syne haill the remanent o the company
o the goddis thay name furth by and by,
wi hie voices and wi loud cries
luvit and borne upheich abuve the skies.

Before thaim aa maist gracious Eneas
his haundis twa, as than the custom was,
taewart the heiven gan uplift and a-raise,
and syne the child Ascanius did embrace,
sayin a few wordis, that aa micht hear:
"Oh thou my son and only child maist dear –
in wham only rests thy faither's belief,
wham throu sae mony laubours o mischief
I cairryit hae, chasit fu mony gates
by the hard fortune and the frawart fates –
lo, nou our rest and quiet fund for aye!
Lo, nou the last and maist desirit day,
tae mak end o our hermis and distress!
Our painfu laubour passit is express.
Lo, the acceptable day for evermore,
whilk I fu aft hae shawin thee before,
whan untae hard bargain callit wis I,
this wis tae come and betide by and by
by disposition o the gods abuve.
And nou, my dearest child, for thy behufe,

---

9   broochit: spittit

10   lyre: flesh

the morn, suin as Aurora waxes reid,
tae the ceity o Laurent, that ryal steid,
I sall thee send, as victor wi owerhand,
tae be maister and tae maintain this land."

And efter this he turnit him again
untae his fowks and the people Trojane,
and frae the boddom o his breist weill law
wi saft speech furth gan thir words draw:
"Oh ye my feiris and my freindis bauld,
throu mony hard perils and thickfauld,
throu sae feil stormis baith on land and sea
hither nou cairryit tae this coast wi me;
throu sae gret fervour o battle intae stour,
and double fury o weirfare in armour,
by sae feil winter's blastis and tempests,
by aa waes noisome and unrests,
and aa that horrible wis, or yit hivvy,
waefu, hideous, wickit, or unhappy,
or yit cruel or mischievous – nou stad
in better hope, return your mind, beis glad.
Nou is the end o aa annoy and woe.
The term is comen. Here sall thay stynt and ho;[11]
and, like as we desirit for the best,
wi Latin people in firm peace and rest
we sall conjoin, and leive in unity.
And Lavinia, o that ilk bluid," quo he,
"wham I defendit hae in strang bargain,
o Trojan kin, wi bluid Italian
samen middelt, tae me as spous in hy
sall yield lineage tae reign perpetuallie.
Ae thing, my fellaes and my freindis dear,
I you beseeken, and I you requeir:
beir your minds equal, as aa aince,
and common freins tae the Italianes,
and tae my faither-in-law, the King Latine.
Obeyis aa, and wi reverence incline.
A michty sceptre and ryal beirs he.
This is my mind. This is my will, perdee.
But intae battle and dochty deeds o arms,
you for tae wreak and revenge o your harms –
learn for tae follae me, and tae be meek.

---

[11] ho: whoa, stop

Ye counterfeit my ruth and peity eik.
Whit glore is us betid fu weill is knaw,
but the heich heiven and starnis aa I draw
tae witnessing, that I, the samen wicht
whilk you delivert haes intae the ficht
frae sae huge hermis and mischiefis sere,
I sall you seize and induce nou, but weir,
in faur larger rewardis michtilie,
and you render your desert by and by."

Wi sic wordis gan he thaim comforting.
And in his mind fu mony sindry thing
o chances bypast rowein tae and frae,
thinkin hou he is brocht tae rest alsae
wi nae little laubouris, sturt, and pains;
and wi exceedin luve o the Trojanes
fu ardently he floweis aa o joy,
gled at the last frae danger and annoy,
sae huge and hivvy perils monyfauld,
thay war escaped, and brocht tae sover hauld;
like as whan that the greedy gled on hicht
skimmin up in the air aft turns his flicht,
wi felloun faird watchin the chickens lyte,
thair deid menacin, ready for tae smite,
the crestit foule, thair mither, than fu smert
for her pullets, wi hermis at her hert,
affrayit gretly o thair waefu chance,
gan rax hersel and her courage advance,
for tae resist her sae sherpin her bill,
and wi haill force, and micht, and eager will,
upo her adversar bauldly sets she,
while, at the last, tae gie the back and flee
wi meikle pain and verra violence
she him constrainis, and to-peck him thence.
Her birdis syne, cluckin, she seeks on raw,
and aa affrayit daes thaim samen draw,
annoyit gretly for her childer dear;
and whan thay been assembelt aa infeir,
than gled she worthis, and thair meat gan scrape,
for that thay hae sae gret peril escape.
Nane itherwise, the son o Anchises
wi freindly wordis thus amid the press
the Trojan mindis gan mease and assuage,
as man fulfilled o wit and vassalage,

drivin furth o thair hertis aa on flocht
the auld dreid and birnin hivvy thocht,
that weill thaim likes nou thair joy and ease
at last funden efter sae lang dis-ease
and it that late tofore wis tedious
tae suffer or sustain, and annoyous,
nou tae remember the samen, or rehearsing,
daes tae thaim solace, comfort, and liking.
But maist o aa untae the gret Enee,
whilk in excellent virtue and bonté
exceedit aa the remanent a faur way;
and for sae feil dangers and mony affray
the goddis' pouer and michty majesty
wi giftis gret and offerings worships he;
eik Jupiter, the Faither o Gods and King,
gan tae extol wi maist sovereign luving.

Chaipter III

*Hou Turnus' fowks for him made sair regrait,
and King Latin contemns his wretched estate.*

In the meantime the Rutulians each one
the gret deid corpse ruthfu and waebegone
o thair duke Turnus, slain, as sayed is ere,
within the ceity o Laurentum bare,
wi meikle murning in thair minds imprent,
and frae thair een a large shouer furth sent
o tearis gret, as tho the heiven did rain,
and faur on breid did fill the earis twain
o King Latin wi cry and womenting,
that aa to-irkit wis the noble King,
and in his breist, the self time, in balance
wis rowein mony diverse selcouth chance.
But whan he heard thair loud womenting
increasin mair and mair, and Turnus ying
wi sae grisly a wound throu-girt haes seen,
than micht he nocht frae tearis him contein;
and syne this rout, sae trist and waebegone,
fu courteously charges be still anon,
baith wi his haun and words in his presence
enjoinit haes and commandit thaim silence.

Like as whan that the faemy bair[12] haes bet
wi his thunnerin awfu tuskis gret,
throu-out the coast and eik the entrails all,
ane o the rout, the hund maist principal;
than the remanent o that questin sort,
for this unsely chance affrayed, at short
withdraws, and about the maister hunter
wi whingin mouthis quakin stauns for fear,
and wi gret yowling doth complain and mein;
but whan thair lord raises his haun bedene,
and biddis cease, thay haud thair mouthis still;
thair whingin and thair questin at his will
refrainis, and aa close gan thaim withhaud –
the samen wise thir Rutulians, as he wad,
gan at command debate[13] thair voice and cease,
tae hear the King's mind, and held thair peace.
Than thus, weepin, frae his hert ruit weill law
the King Latin begouth thir wordis shaw:

"Oh hou gret motion, whit alterin unstable,
hou aft syse interchanged and variable
been the actis and deeds o man!" quo he.
"Wi hou gret trubble, but tranquility,
is whirled about the life o man, behaud!
Oh damnable pride and ambition, that wad
bruik croun or sceptre, proud in thine intent,
whilk been sae fragile, and nocht permanent!
Oh fury, oh lust, that been owre gretumly
bred in our breists, tae covet seignory!
Thou blinnd desire insatiable, may nocht tarry,
our mortal minds whither doth thou carry?
Oh glory and renown o los,[14] in vain
conquest wi sae feil perils and huge pain,
tae whit condition or tae whit estate
thou steiris furth thir proud mindis inflate!
Hou mony slichtis and deceitis quent
wi thee thou turses! Hou mony weys tae shent,
hou feil mainers o deid and o distress,
hou feil turments, gret herm, and wickitness!

---

12   bair: boar

13   debate: abate

14   los: glory

Hou mony dartis, hou feil swourdis keen,
gif thou behaud, thou haes before thine een!
Alas! thou sweet venom shawis, and yit
this warldly worship haes the deidly bit.
Alas! the sorrafu reward in aathing,
o realmis, and thaim covets for tae ring,
whilk costis aft nae little thing, but weir.[15]
Alas! the hivvy burden o warldy gear,
that never hour may suffer nor permit
thair possessor in rest nor peace tae sit.
Alas! the miserable chance and hard estate
o kingly honour sae misfortunate.
The chance o kingis staundis underlout,[16]
tae meikle dreid aye subject, and in dout
frae thair estate tae decay suddenlie,
that aa quiet and ease is thaim deny.
Turnus, whit availed thee tae steir
in huge bargain sae and feir o weir
aa Italy wi sic deray at aince,
and tae perturb the strang Eneadanes,
constrainin thaim hard battle tae assay?
Or whit availis nou, I pray thee say,
for til hae broken, violate, or shent,
the haly promise and the bandis gent
o peace and concord oblisit[17] and sworn?
Hou wis thy mind to-rent and aa to-torn
wi sae meikle impatience on this wise,
that thee list move the weir, but mine advice,
wi thae people, sae strang, bauld, and sage,
that been descendit o the goddis' lineage,
and at command o Jove the God o Thunder
are hither cairryit? And for tae mak sic blunder,
that wilfully, but motive, sae belive
enforcit thee thaim frae our coast tae drive,
and for tae brek the band that promised we
o our dochter til our guid-son Enee?
And wi thy haun hard bargain raise and steir,
whan I plainly denyit tae move weir?
Hou wis sae gret folly and dotage

15	but weir: wi'out dout
16	underlout: in subjection
17	oblisit: pledged

involvit in thy mind wi fury rage?
Hou aft, whan thou tae awfu battle wend
amid thy routs, and on thy steed ascend,
in shinin armour arrayed aa at richt,
I assayit thee tae withdraw frae ficht!
And feil times defendit[18] thee and forbade
tae gae the wey that thou begunnen haed;
and aa afearit, whan thou wad depairt,
amid the yett thee stoppit wi sair hairt!
But aa for nocht. Naething micht stinten thee.
Whit I hae suffert sinsyne, hou stauns wi me,
our ceity wallis witnessen fuit-het,
wi tenements and biggins hauf dounbet,
and the large fieldis strewit white o banes,
and haill the puissance o Italianes
aa wastit and destroyit thus, alake!
The huge slauchter and mischievous wraik,
and aa the fluidis wauxen reid or broun
o man's quelling gret and occisioun;
the lang abashit quakin fearfu dreid,
and hard laubour, whilk in extreme need
I in mine age sae aft haes undertane,
in sae feil dangers whaur remeid wis nane.
But nou, Turnus, here thou ligs deid.
Whaur is the noble renown o thy youthheid?
And whaur is thine excellent hie courage?
Whither is went thy strenth and vassalage?
Whaur is the stately beauty o thy face?
Whaur is thy shinin feigure nou? alace!
O thy fair veisage whither are gane, but weir,
thy pleasin forret shapely and een clear?
Ha! hou feil tears and waefu dolours smert
sall thou, Turnus, render tae Daunus' hert!
And wi hou large weepin, dule, and wae,
owerfleit sall aa the ceity o Ardeae!
But thay sall nocht behaud thee wi sic lack
throu-girt wi shamefu wound caucht in the back,
nor note thee o nae cowardice in thair mind,
nor that thou wis degenerate out o kind;
and tae thy waefu faither, wull o rede,
at least this sall be solace o thy deid,

---

[18] defendit: prohibitit

altho thy herms daes him sair smert,
that gret Eneas' swourd haes pierced thy hert."

And, sayin thus, wi tearis o peity
his cheekis baith and face owrechargit he.
Syne, turnin him taewart the meikle rout,
the ruthfu corpse o this ilk Turnus stout
bade turse away, and cairry furth anon
untae his faither's ceity waebegone;
and commandit tae dae the body cauld
aa funeral pomp, efter the usage auld.

Chaipter IV

Hou Turnus' corpse til Ardea wis sent,
whilk wis by sudden fire brint doun and shent.

The Rutulians anon aa in a rout
this deid corpse, that slain lay, stert about.
The gentle body o this stout younkeir
thay hae addressed, and laid on a rich bier;
and wi him eik feil taikens by the way,
reft frae Trojans in the bargain, bare thay,
baith helmis, horse, swourdis, and ither gear,
shields, gittarnis,[19] and mony stalwart spear.
Syne efter this his weary cairt furth went,
o Trojan slauchter and het bluid aa besprent.
Furth haulds weepin Metiscus, the cairter,
as he that in the craft wis nocht tae lear,
leadin the steed bedowen aa o sweit,
and cheekis wat o flotterin tearis greit;
whilk steed haed cairryit Turnus aft tofore
as victor hame wi gret triumph and glore
fu pompusly, upo anither wise,
efter fervent slauchter o his enemies.
Yonder ithers, about him environ,
beirs thair armour and shieldis turnit doun.
The remanent syne o the haill barnage
followis weepin, knicht, swain, man, and page,
wi abundance o mony tricklin tear
weitin thair breistis, weeds, and ither gear.

---

[19] gittarnis: pennants

And thus weary furth went thay every wicht
amid the daurk silence o the nicht,
beatin thaimsel wi wunner dreary cheer.
And King Latin, wi aa thaim wi him wer,
taewart his palace gan return anon,
wi mind trubbelt, trist, and waebegone,
for sae excellent deid corpse as wis slain.
Tearis aa samen furth yetts every ane;
baith ageit men, matrons, and childer lyte
the ceity fills wi womenting and syte.

Daunus, his faither – naewise wittin tho[20]
he suld remain tae see sic dule and woe,
nor that his son his stalwart spreit haed yauld,
and made end in the latter bargain bauld,
that thus wis brocht tae toun deid by his feirs
wi sic plenty o bitter weepin tears –
the samen time wi ither dis-ease wis socht,
at meikle sad dolour and hivvy thocht.
For, as the Latin people war owreset
intae battle by Trojans, and dounbet,
and Turnus by his het and recent deid
haed wi his bluid littit[21] the grund aa reid,
a sudden fire within the wallis hie
umbeset hailly Ardea ceity.
The biggin o this faither waebegone,
brint and dounbet, o reeky flames schene,
and aa returnis intil aises reid.
The fiery sperkis intae every steid
twinklin upspringis tae the starns on hie,
that nou nae hope o help may fundin be,
whither sae it wis untae the gods' liking,
or that the Fates before list shaw some sing
o Turnus' deid, in horrible battle slain.
And whan the people saw remeid wis nane,
belive the waefu trubbelt ceitizens,
thair dreary breistis beatin aa at aince,
gan fast bewail wi peitious weepin face
o this unhappy chance the wretchit case.
In lang rabble the wemen and matrons
wi aa thair force fled ruthfully at once

---

20   tho: than

21   littit: dyed

frae the bauld flames and brim bleezes stout.
And like as that o emmets the black rout,
that eidently laubours; and busy bee,
haed buildit, unner the ruit o a heich tree,
intil a clift thair byke and dwellin steid,
tae hide thair langsome wark and wintry breid;
gif sae betide thay feel the aix smite
upo the tree's shank, and thareon bite,
sae that the crap doun-weltis tae the ground,
that wi the felloun rush and grisly sound
thair smaa cavernis aa to-broke and rent is;
than speedily this little rout furth sprentis
aa wull o rede, fleein thay wat nocht whaur,
tursin thair burdens affrayitly here and thare.
Or like as that on the hous side the snail,
shakkin her coppit[22] shell, or than her tail,
fleein the birnin heat that she doth feel,
a lang time gan dae wrastle and to-wrele,
thristin fast wi her feet ontae the waa,
and yit her heid wi force and strenthis aa
frawart the fervent flames fast withdraws;
she scaudis, and wi mony wrekes and thraws
presses for tae eschew the fearfu heat.
Nane itherwise in sae feil perils greit
thir waefu ceitizens gan thaimsel sling,
rushin wi trubbelt mind intil a ling
baith here and thare, and wist nocht whaur away.
But maist o aa – alas! and wallaway! –
wi ruthfu voices cryin tae the heiven,
the ageit King Daunus wi waefu stevin
gan on the goddis abuve cleip and call.

And than amid the flames furth withal
Ardea the foule, wham a heron cleip we,
beatin her wingis, thay behaulden flee
furth o the fire heich up in the air;
that baith the name and taiken owre aawhere
beirs o this ceity Ardea the auld;
whilom wi waas and touers hie untauld
stuid weirly wrocht, as strenth o gret defence;
that nou is changit and fu quate gane hence,
wi wingis wide fleein baith up and doun,

---

[22] coppit: peaked

nou but a foule, wis ere a ryal toun.

Astonishit o this nice[23] and new case,
and o the wondrous mervels in that place,
whilk seemit naething little for tae be,
as tho thay sent war by the goddis hie,
the people aa confusit still did stand,
thair burdens on thair shouthers cairryand,
and moved naither fuit, tung, nor mouth.
And King Daunus, for this affray uncouth,
wi ardent luve smitten and het desire
o his chief saet destroyed and brint in fire,
the hard dolour and the sorra smert
haudis fu close, deep graven in his hert.

Chaipter V

Frae that Daunus his son Turnus saw deid,
huge lamentation made he in that steid.

Amid aa this deray and gret affear,
Fame, o dis-ease forrader and messengeir,
cam hurlin wi huge moving fast tae toun,
and wi large clamour fillis enviroun
thair mindis aa: hou a deid corpse new than
wis comin at haun, wi mony waefu man,
and Turnus lifeless laid wi mortal wound,
in field discomfist, slain, and brocht tae ground.
Than every wicht, trubbelt and waebegone,
the black bleezin firebrandis mony one,
as wis the guise, haes hint intae thair hands.
O shinin flames glitteris aa the lands.
Thus thay recontert thaim that comin wer,
and samen joinit companies infeir;
wham as fast as the matrons gan espy,
thay smate thair hauns, and raisit up a cry,
that tae the starnis went thair waefu beir.

But frae Daunus the corpse o his son dear
beheld, he gan stint and arrest his pace;
and syne, hauf-deal enragit, in a race,

---

[23]   nice: byordnar

wi huge sorra smite, in rushes he
amid the rout, that ruth wis for tae see,
and upo Turnus' corpse him streikis doun,
embracin it on grouf[24] aa in a swoon;
and, as fast as he speak micht, haes furth braid
wi words lamentable, and thus-wise he sayed:

"Son, the dis-ease o thy faither thus drest,
and o my feeble eild the ruthfu rest
nou me bereft, why haes thou sae, alace!
intae sae gret perils and in sic case
me chasit thus, and drive whither?" quo he.
"And unner cruel bargain, as I may see,
nou finally thus vanquished and owrecome,
whaur is thy worthy valour nou become?
Whaur haes the dochty constance o thy spreit
me cairryit thus frae rest and aa quiet?
Is this the notable honour and luving
o thy manheid, and glory o thy ring?
Is this the gret worship o thine empire?
O my dear son, whilom thou bauld sire,
brings thou us hame sicna triumph as this?
Is this the rest and ease thou did promise
tae thy faither, sae trist and waebegone,
and aft owreset wi enemies mony one?
Is this the methe, and final term or end
o aa laubours, as we desired and wend?[25]
O waes me, wretched and waefu wicht!
Hou hastily doun-fallen frae the hicht
thir slidder warldly chances drives fast!
Wi hou gret faird owre-roweit and douncast
sae hastily been thir fates, behauld!
He that wis lately sae stout, heich, and bauld,
renownit wi gret honour o chivalry,
and hauden gret throu-out aa Italy,
wham the Trojans sae awfu felt in arms,
and dreid sae aft his furore, wrocht thaim harms,
mine ain Turnus, lo! nou upo sic wise
a lamentable and waefu corpse thou lies.
Nou dumb and speechless that heid liggis thair,
whilom in aa Italy nane sae fair,

---

[24] on grouf: flat on his face
[25] wend: weened, expectit

nor nane mair gracious intae eloquence,
nor nane sae big but harness, nor at defence!
Son, whaur is nou thy shinin lustiheid,
thy fresh feigure, thy veisage white and reid,
thy pleasin beauty, and thine een twain
wi thair sweet blenkin leukis mony ane;
thy gracious glitterin seemly neck lang,
thy voice's soun whilk as a trumpet rang?
The glore o Mars in battle or in stour
is conquest wi sic adventures sour.
Haed thou sic will thyselfin tae submit
tae fervent bargain, and tae deid's bit,
whan thou depairtit o this steid frae me,
for tae return wi sic pomp as we see?
Hatefu deid! that only, whaur thou likes,
wi thy revengeable wappons sae sair strikes,
that thou thir proud minds bridle may.
Tae aa people alike and common aye
thou haudis even and beirs thy sceptre wand,
eternally observin thy cunnand,
whilk gret and smaa doun-thringis, and nane racks,
and stalwart fowks tae feeble equal maks,
the common people wi the capitans;
and youth and age assembles baith at aince.
Alas, detestable deid, daurk and obscure!
Whit chance unworthy or misadventure
haes thee constrained my child me tae bereave,
and wi a cruel wound thus deid to-leave?
O sister Amata, happy Queen," quo he,
"be gled o sae thankfu chance haes happent thee,
and o thine ain slauchter be blythe in hert,
whaurby thou haes sae gret dolour astert,
and fled sae huge occasions o mischief,
sae hard and chargin huge wae and grief!
Goddis abuve, whit ettle ye mair tae do
untae me, wretchit faither? sen else, lo,
my son ye hae bereft, and Ardea,
my ceity, intae flames brint, alsa
consumit is and turned in aises reid;
wi wingis flees a foule in every steid.
But ha, Turnus! mair trist and wae am I
for thy maist peitious slauchter sae bluidie.
Wantit this last mischance yit or sic thing
tae thine unwieldy faither, auld Daunus King.

But siccarly, wi sic condition aye
thir warldly thingis turns and writhes away;
that wham the furious fortune list infest,
and efter lang quiet bring tae unrest,
brayin upo that caitiff for the naince,
wi aa her force assailyies she at aince,
and, wi aa kind o turment, in her grief
constrainis him wi stoundis o mischief."

Thus sayed he, weepin sadly, as man shent,
wi large fluid o tears his face besprent,
drawin the sobbis hard and sichis smert,
throu ragin dolour, deep out frae his hert;
like sae as whaur Jove's big foule, the ern,
wi her strang talons and her punces stern
lichtin, haed claucht the little hind cauf ying,
torn the skin, and made the bluid out-spring;
the mither, this behauldin, is aa owreset
wi sorra for slauchter o her tender get.

Chaipter VI

*King Latin til Eneas sent message
for peace and eik his dochter's mairriage.*

The neist day follaein wi his beamis bricht
the warld on breid illumnit haes o licht.
The King Latinus than seen, but lat,
Italians discomfist and owreset
by the fatal adventure o weir,
and weill perceivit hou and whit manneir
the fortune haill turnit tae strang Enee.
And in his mind revolvit eik haes he
the huge dout o battle and deray,
fu mony fearfu chance and gret affray,
his confederation and his sworn band,
the wedlock promist, and the firm cunnand,
and spousal o his dochter hecht withal.
O aa the rout untae him gart he call
a thousan worthy men walit at richt,
the whilks the Trojan duke and dochty knicht,
wham he desirit, suld convoy tae toun.

In robes lang alsae, or trail[26] side[27] goun,
wi thaim he joinit orators infeir,
and tae thaim gave feil strait commandis sere.
And further eik, whan thay depairt gan,
o his free will thaim chargit every man,
that – sen by favours and admonishings
o the goddis by mony fearfu sings
expedient it wis the kin Trojan
conjoin and middle wi bluid Italian –
at tharefore gledly tae thaim gang wad thay,
and wi guid willis vissy and assay
for tae convoy the said Eneadanes
wi joy within his hie wallis at aince.

In the mid while, himsel fu busy went,
the ceity, whilk wis disarrayed and shent,
tae put tae pynt and ordinance again;
and the unwieldy common people ilkane
tae cause address efter thair faculty.
Thair mindis meases and estables he,
and gan thaim promise rest in time coming;
and hou, within short time, he suld thaim bring
intil eternal peace for evermair.
Syne chargit he the people owre aawhere,
in joy, blytheness, solace, and deray,
triumph tae mak, wi mirth, gemm, and play,
as wis according; and in ludgins hie
thair kingly honour and sport ryal tae be;
and merrily commandis man and page,
wi ane assent, blythe wit, and gled veisage,
his guid-son thay suld dae welcome and meet,
and wi haill hert receive upo the street
the Trojan people, feastin thaim in hy
wi gled semlant, riot, and melodie;
and tae furthshaw sere taikens o kindness,
and o new peace sae lang desired solace.

By this the rout, as thay instructit wer,
in fu guid rule and ordinance infeir
are entert in the Trojans' new ceity,
and on thair heids garlands o olive tree.

---

[26] trail: trailin (only here)
[27] side: lang

Peace thay besocht as chief o thair message,
wham gentle Eneas, every man and page,
within his palace ryal tae presence
chargit convoy, and gave thaim audience,
and o thair coming the causes and manneir
wi veisage fu debonair did inqueir.

Than the ageit Drances wi courage hot
begouth the first his tung for tae note,
as he that wis baith gled, joyfu, and gay
for Turnus' slauchter, that than wis duin away.
And thus he sayed: "Oh gentle duke Trojan,
firm hope and glory o the people Phrygian,
tae wham o peity and deeds o arms fair
in aa the warld thare may be nae compare,
we vanquished fowks tae witnessen daes caa,
and by the goddis sweirs and goddessis aa,
contrar his willis sair the King Latine
beheld the gret assembly and convine
o the Italians and fowk o Latin land.
Agin his stomach eik, I beir on hand,
outrageously the contrak is y-broken,
nor never he in deid nor word haes spoken
that micht the Trojan honour trubble ocht;
but faur raither, baith in deed and thocht –
sen that the gods' responses swa haes tauld –
the wedding o his dochter grant ye wald,
and wi fu gret desire, fu weill I knaw,
aft covet you tae be his son-in-law.
For aa the brek and steirage that haes been
in feir o weir and burnished armour keen,
wi sae gret rage o laubour and o pain,
the wild fury o Turnus, nou lies slain,
inflamit wi the stang o wickitness,
and infeckit wi hie haterent express,
haes brocht on haun, and movit sae tae steir;
agin thair will tae raise battle and weir
the Latin people constrainin by and by,
whilk thay plainly refused and gan deny.
Him aa the host, turnin backwart again,
besocht tae cease and draw frae the bargain,
and suffer the gret Anchises' son o Troy
his wedlock promised enjoice but annoy.
Syne the maist noble King Latin, fu fain

him for tae brek and tae withdraw again,
his auld unwieldy haunis twa did hauld,
him tae require his purpose stint he wald;
for weill he saw, in our ardent desire
o the bargain he scaudit het as fire.
But aa our prayers and requestis kind
micht naither bou that dour man's mind,
nor yit the taikens and the wunners sere
frae gods sent wi divine answeir,
but that ever mair and mair fiercely he
furth spoutit fire, provokin the melée.
And, for sic succudrous[28] undertakin nou,
his ain mischief, weill worthy til allou,
he funden haes; whilk finally, on the land
thou beein victor wi the owrehand,
him bet tae grund haes made dae gnaw and bite
the black erd intil his mortal syte.
Nou lat that ilk rehatour[29] wend in hy
the black Hell's biggins tae vissie,
unner the dreary deep fluid Acherone.
Lat him gae search, sen he is thither gone,
ither hostis or bargains in his rage,
and als anither mainer o mairriage.
Thou, faur better, and gret deal worthier
tae beir the ryal sceptre, and tae be heir,
succeed tae realm and heritage sall
o Laurent kintrie wi the mobles all.
In thee aahaill the hous o King Latine,
and his unwieldy age, like tae decline,
his hope and aa belief restis in thee.
And thee only, Italians aa," sayed he,
"abuve the shinin starnis, as gowd bricht,
fu wilfu are for til up-hie on hicht.
As maist excellent worthy warriour
thay thee extol in battle and in stour;
thy heivenly armour eik, wi loud stevin,
and thy verra renown sings tae the heiven.
The grave faithers o counsel venerable
in thair digest decreitis sage and stable,
the ancient people unwieldy for age,
the gled ying gallants stalwart o courage,

---

[28]   succudrous: arrogant
[29]   rehatour: a term o abuse

the lusty matrons newfangle o sic thing,
wenches unwed, and little children –
aa, wi ae voice and haill assent at accord,
desires thee as for thair prince and lord,
and joyous are that intae field, fuit-het
unner thy wappons Turnus lies dounbet.
Thee aa Ital, cleipit Ausonia,
beseeks hereof, and furthermair alsa
doth thee extol maist worthy, wise, and wicht.
In thee only returnit[30] is thair sicht.
The King himsel Latinus, nou fu auld,
his ancient unwieldy life tae hauld,
haes only this belief and traist," quo he,
"that he his dochter may dae wed wi thee,
whilk o kin, succession, and lineage,
by that ilk sovereign band o mairriage,
o Trojan and Italian bluid descend
sall children furth bring, while the warld's end
perpetually tae reign in hie empire.
Tharefore, hae duin. Come on, thou guidly sire,
thou gret leader o the Trojan rout;
come enter in our weirly wallis stout;
receive this worthy notable fair profer,
and sasine tak o honours whilks we offer."

Thus endit he; and aa the remanent
intil ae voice samen gave thair consent;
wham the ruthfu Eneas wi gled cheer
receivit haes fu tenderly infeir,
and, in few wordis and a freindly mind
thaim answerin, he carpis on this kind:

"Nocht you, nor yit the King Latin, but lees,
that wont wis for tae reign in pleasant peace,
will I argue o this mainer offence.
Forsuith I wat, the wilfu violence
o Turnus aa that gret wark brocht about;
and I am sover eik, and out o dout,
sae gret danger o battle it wis he
provokit swa and movit tae melée,
for ying desire o hie renown, perfay,
and los o prowess mair than I bid say.

---

[30]   in thee ... returnit: turnt roun tae you

And naetheless, hou-e'er it be, iwis,
this spousage Italian, at me promised is,
no will I nocht refuse on nae-kin wise,
nor for tae knitten up, as ye devise,
this haly peace wi freindly alliance,
wi etern concord, but disseverance.
The same King Latin, my guid-faither auld,
sall his empire and venerable sceptre hauld;
and I, Trojan, for me up in this field
a new reset and wicht wallis sall beild,
whilk ceity sall receive his dochter's name;
and my gods domestical, that frae hame
wi me I brocht, I sall wi you conjoin
in concord and unity aa common.
In time tae come samen aither fellaeship
unner ae law sall leive in gret freindship.
In the meantime gae tae, and speed us suin
untae our wark that restis yit unduin,
and lat us birn the bodies, and beiry eft,
wham the hard waefu rage haes us bereft,
and intae battle killit lieis deid.
Syne, the morn early, as the sun worths reid,
and wi his clear day's licht doth shine,
blythely we seek tae ceity Laurentine."

Thus sayed he; and the Latins, while he spak,
wi veisage still beheld him stupefak;
o his wise gracious answers wunnerin all,
and o sic words debonair in special,
mair evidently gan mervel he and he
o his gret warks o ruth and sic peity.
Belive, wi aa thair forces, every wicht
weltis doun treeis grew fu hie on hicht,
and hastily thegither gaithert haes
in heapis gret, the funeral fire tae raise;
and thare abuve thair ceitizens haes laid,
unner wham syne thay set in bleezes braid.
The flame and reek upglides in the air,
that o the laithly smokes here and thair
the heiven daurkent and the firmament.
Thay hint frae aa the fieldis adjacent
innumerable roch twinter sheep syne,
and o thir acorn swalliers, the fat swine;
and tidy ying oxen steik thay fast,

and in the funeral fires did thaim cast.
The large plainis shines aa o licht,
and, throu thir het scaudin flames bricht,
stuid blout[31] o beastis, and o treeis bare.
Wi huge clamour smit dindillit the air.

Chaipter VII

*Hou King Latinus meets wi Eneas keen,
and freindly talking wis thir twa between.*

By this the shinin saicont day's licht
upraisit Phoebus wi gowden beams bricht.
Than aa the Trojans and Ausonians,
fu blythely in a rout assembelt at aince,
mountit on horse, and held thair weyis syne
untae the maister ceity Laurentine,
wi wallis hie and biggins weirly made.
Before thaim aa ruthfu Eneas rade;
and neist per order Drances, that tae the King
as ageit man carpis o mony thing;
syne come his only child Ascanius,
that itherwise wis cleipit Iulus;
neist him Aletes, wi mind fu digest,
grave Ilioneus, Mnestheus, and stern Serest;
syne follaes thaim the forcy Sergestus,
Gyas alsae, and stalwart Cloanthus;
efter wham, middelt samen, went arrayen[32]
the ither Trojans and fowk Italian.

In the meanwhile the Latin ceitizens
without thair wallis issued furth at aince,
that wi gret laud, in much solemnity
and triumph ryal haes received Enee.
By this thay comen war untae the toun;
wham wi blythe front, tae meet thaim ready boun,
the King Latin wi huge companie
thaim welcomes and feastis by and by.
And frae that he beheld amid the rout

---

[31]   blout: barren

[32]   arrayen: text has *arayn*

Eneas comin, the Dardane captain stout,
his verra feigure did him nocht dissaive;
for, whaur he went, excellin aa the lave
and hie-er faur a gret deal seemis he,
that faur on breid his ryal majesty
and princely shinin countenance did appear.
And whan that he comen wis sae near
that aither guidly tae ither speak micht,
and hear the wordis carpit upo hicht,
and, like as thay desirit, on the land
tae lap in airms and adjoin hand in hand,
the King Latinus, as a courteous man,
wi gled semblin thus first tae speak began:

"Weill be ye comen finally, Enee,
and the firm hope haes nocht deceivit me
o my desirous mind, nou fu o joy.
Shinin glorious licht tae fowks o Troy!
Wham the command o the gret goddis' micht,
throu sae feil chances chasit and ill dicht,
in Italy within our boundis plain
haes destinate and ordained tae remain;
altho that man's wanton wilfu offence,
by owre malapert and undauntit licence,
in thair fury wi brag and meikle unrest
thae haly lawis trubbelt and infest,
provokin and commovin the gods' grief,
sae that alsae, whither me war loth or lief,
fu aft resistin and denyin the weir,
constrained I wis, and warpit thair and here,
that, maugré my heid, me behuved sustein
the hard dangers o Mars and meikle tene.
Nou is it endit; but, certes, nae little thing
haes it cost some man sic undertaking.
The godly pouer wilfu vengeance tae tak,
haein disdain at sic deray wis mak,
untae thae wickit saulis for the naince
haes sent condign punition and just pains.
Hae duin, gret Trojan prince, nou I thee pray,
sen baith the crap and ruitis are away
o aa sedition and discord, iwis,
and wirkers o sae gret trespass and miss.
Come and receive thy spous and mairriage
tae thee promised. Succeed tae heritage.

Realmis I hae, and ceities mony ane
fu strangly beltit wi hie waas o stane,
and some alsae that I in weir conquest,
and thair barmkins tae grund bet and doun kest.
But only the belief and beild," quo he,
"o my weary age and antiquity,
ae dochter hae I, whilk suld be mine heir,
whaurfore in time comin for evermair
I thee receive, and haudis in dainté,
as son-in-law and successor tae me."

Tae wham the gentle Eneas reverentlie
this answer made again, and sayed in hy:
"Maist ryal King, aa time accustomate
tae leive in pleasant peace, but aa debate,
o this weirfare and sae gret strife," quo he,
"I traistit e'er thare wis nae wyte in thee.
Therefore, my dearest faither, I thee pray,
dae aa sic douts o suspicion away
gif ony sic thochts restis in thy mind,
and traistis weill Enee aefauld and kind.
Nou am I present, ready as ye wald,
that you receives and frae thence sall hauld
as faither-in-law, and in aa chance, perdee,
as verra faither that me begat, but lee.
The feigure o the gret Anchises deid
I see here present tae me in this steid;
and I again in fervent het desire
you for tae please, my faither, lord, and sire,
sall birn in luve, as some time wont wis I
taewarts him me engendert o his bodie."

Chaipter VIII

Here Eneas, that worthy noble knicht,
wis spousit wi Lavinia the bricht.

Wi sicna sermon aither ither grat,
and samen tae the chief palace wi that
thay held infeir. Than micht thou see wi this
the matrons and young damisels, iwis,
that gret desire haes sic thing tae behauld,
thring tae the streets and hie windaes thickfauld.

The ageit faithers, and the ying gallands,
per order eik assembelt ready stands
in gret routis, tae vissy and tae see
the guidly persons o the Trojan menyie,
but specially, and first o aa the lave,
the gret captain Enee notit thay have,
attentfully behauldin every wicht
his stout courage, his big stature and hicht,
and in thair mind comprised his kin maist hie,
his pleasin veisage, and knichtly large bonté;
and, gled and joyfu, extol and luve thay gan
the gret appearance o guid in sic a man,
and sae fair giftis and belief, but lees,
as thay desired, o final rest and peace;
like as, whan the gret eident weit or rain
frae the cluddis furth yett owre aa the plain,
haudis the husbands idle agin thair will,
lang wi his cruikit beam the pleuch lies still;
syne, gif bricht Titan list dae shaw his face,
and wi swift course faur furth a large space
daes each his steedis and his gilten chair,
and kythes his gowden beamis in the air,
makkin the heivenis fair, clear, and schene,
the weather smout,[33] and firmament serene;
the landwart hines than, baith man and boy,
for the saft season owreflowes fu o joy,
and aither ithers gan exhort in hy
tae gae tae laubour o thair husbandrie.
Nane itherwise the people Ausoniane
o this gled time in hert waux wunner fain.

By this the King Latin, lord o that land,
wi maist noble Eneas hand in hand,
within the chief palace, baith he and he,
are entert in the salle ryal on hie;
wham follaes neist the ying Ascanius fair,
that wis his faither's only child and heir.
Syne fowk o Ital, middelt wi Trojanes,
are entert in that ryal haa at aince.
Wi pompous feast and joyous mirth owre aa
resoundis than baith palace, bower, and haa,
and aa the chymmis ryal round about

---

[33]   smout: fine

wis fillit wi thair train and meikle rout.
And tharewithal, o chaumer by and by,
wi sae guidly a sort and companie
o leddies fair and damisels unwed,
innumerable aamaist, as furth wis led
the fair fresh Lavinia the may,
amid thaim shinin in her ryal array.
The crystal beams o her een twain,
that as the bricht twinklin starns shane,
some deal ashamed, taewart the erd doth haud;
wham as this Trojan prince first gan behaud,
o beauty, shape, and aa effeirs, perfay,
sae excellent that wunner war tae say,
at the first blenk astonished hauf waux he,
and musin hovers still on her tae see;
and in his mind gan rue the hard mischance
o Turnus, wham nae little appearance
sae bauldly movit tae derene bargain,
tae raise the weir, and fecht for siccan ane;
for weill, he thocht, the hope o sic a wicht
tae deeds o arms aucht constrain ony knicht.

Syne, tae abridge our maiter, hand in hand
thay war conjunct intil eternal band
o matrimony; and than at aa device
thair wedlock wi honour, as wis the guise,
by minstralis and heralds o gret fame
wis played and sung, and throu the court proclaim.
Than joy and mirth, wi dancing and deray,
fu mirry noise, and sounds o gemm and play,
abuve the bricht starns hie upwent,
that seemit for tae pierce the firmament,
and joyous voices ringis furth alsae
owre aa the palace ryal tae and frae.

And sic riot endurin amid the press,
Enee thus carpis tae traist Achates,
and bade him gae belive, but mair delay,
dae fetch the rich robes and array,
the fresh attire, and aa the precious weeds,
wrocht craftily, and weave o gowden threids
whilom by fair Andromache's hand,
by wham thay war him given in presand;
and eik the collar o the fine gowd bricht,

wi precious stanes and wi rubies picht,
wham she alsae about her hause white
wis wont tae wear in maist pomp and delight,
while that the Trojan weillfare stuid abuve;
the gret cup eik, the whilk in sign o luve
whilom King Priam tae his faither gave,
auld Anchises, o fine gowd weill engrave.
Than, but delay, Achates at command
brocht thir rich gifts, a wunner fair presand.
Syne tae his faither-in-law, the King Latine,
the precious cup gave he o bricht gowd fine,
and tae his spous, Lavinia the may,
the weedis ryal and the collar gay.

Than aither did thare duly observance
wi breistis blythe and pleasant daliance,
tae feasten, entertain, and cherish
thair feirs about on the maist guidly wise.
Wi diverse sermon carpin aa the day,
thay short the hours, and drives the time away.

Chaipter IX

> *Gret mirth and solace wis made at the fests,*
> *rehearsin mony histories auld and gests.*[34]

By this it wauxis late taewart the nicht,
and fast declinen gan the day's licht,
the time requirin, efter the auld mainer,
tae gae tae meat and sit tae the supper.
Anon the banquet and the mangerie
for feast ryal accordin, by and by,
wi aa abundance pertainin tae sic thing,
as weill effeired in the hous o a king,
wi alkin mainer ordinance wis made
amid the haas heich, lang, and braid,
apparellit at aa devise and array.
Untae the banquet haill assembelt thay,
and on the carpets spreid o purpour fine
tae tables set, whaur thay war servit syne
wi alkin denties, and wi meatis sere,

---

[34]   gests: heroic tales

that aa tae reckon prolix war tae hear:
as hou the crystal ewers tae thair hauns
the watter gave, and hou feil servants stauns
tae mak thaim ministration in aa cures,
and hou thay tracen[35] on the large fluirs
wi blythe veisage intil every steid,
and hou that first on buirdis thay set breid.
Some wi messes gan the tables charge;
anither sort doth set in aa at large
the cuppis gret and drinking tassies fine,
and gan dae skink and birl the noble wine,
that tae behaud thaim walkin tae and frae
throu the room hallis, and sae busy gae,
and thaim at tables makkin sae gled cheer,
a paradise it wis tae see and hear.

But wi his een unmovit Latin King
gan fast behaud the child Ascanius ying,
wunnerin on his effeirs and veisage,
and o the speech and wordis grave and sage
o sic a child's mouth sicwise suld fall,
and o his digest and ready wit withal,
before the yearis o maturity.
And o feil thingis him demandis he,
aither tae ither renderin mony a saw;
and syne wad he alsae, anither thraw,
fu tenderly dae kiss his lusty face,
and lap him in his airmis and embrace;
and, wunnerly rejoiced, declare wad he
happy and tae the gods bedebtit Enee
whilk him haed given sic a child as that.
And whilst thay thus at the supper sat,
efter that wi sae mony denties sere
thair appetite o meats assuagit wer,
wi commoning and carping every wicht
the lang declinin and owreslippin nicht
gan shape fu fast tae mak short and owredrive,
nou the Trojans hard adventures belive
rehearsin owre, and aa the Greekis' slicht;
nou the fierce bargain and the awfu ficht
o Laurent people callin tae thair mind;
as hou, and whaur, wham by, and by whit kind,

---

[35]   tracen: trace, step

the hostis first discomfist war in field,
and whaur that aither routis unner shield,
wi dartis casting, dint o swourd and mace,
constrainit wis tae flee in sic a place,
and leave the field; and wha best did his debt,
wha bauld in stour eik made the first onset,
and wha first, on a stertlin courser guid,
his burnished brand bedyit wi reid bluid.
But principally Eneas, Trojan bauld,
and Latinus the King sage and auld,
o conquerors and sovereign princes digne
the gestis gan rehearse frae king tae king,
tuichin the state, whilom by dayis gone,
o Latium that michty region:
hou umquhile Saturn, fleein his sun's brand
lurkit and dwelt in Italy the land,
by whilk reason he did it Latium caa;[36]
that kind o people, dwelt scattert owre aa
in muntains wild, thegither made convene
and gave thaim laws and statutes, and fu bein
taucht thaim tae grub the wines, and aa the airt
tae aer,[37] and saw the corns, and yoke the cairt;
and hou the gret Jupiter, God divine,
tae this his faither's reset socht haes syne;
and hou that he engenerit thair alsa
on Atlas' dochter, the fair wench Electra,
Sir Dardanus, that efter, as thay sayen,
his ain brither Jasus haes slain;
syne frae the ceity Choryte in Italy
tae sea is went wi a gret company,
and gan arrive efter in Phrygia,
and built the ceity on the Munt Ida;
and hou that he, in sign, for his banneir,
frae Jupiter received, his faither dear,
the fleein eagle displayed fair and plain,
a knawn taiken tae people Hectoriane,
as the first noble arms and ensenyie,
baith o the Trojan ancestry and menyie
by him erectit and upraisit stuid,
wis first begun, and chief stock o that bluid.

---

[36] he did it Latium caa: from Latin *latere*, to be concealed (as explaint in Buik Echt, chaipter VI)

[37] aer: ploo

Thus, wi sic mainer talkin, every wicht
gan driven owre and shortis the lang nicht.
Tharewith the bruit and noise raise in thae wanes
while aa the large haas rang at aince
o man's voice and sound o instrumentis,
that tae the ruif on hie the din up went is.
The bleezin torches shane and serges[38] bricht,
that faur on braid aa leamis o thair licht.
The harpis and the citherns plays at aince.
Upstert Trojans, and syne Italianes,
and gan dae double brangils and gambats,[39]
dances and roundis tracin mony gates,
aither throu ither reelin, on thair guise.
Thay fuit it sae that lang war tae devise
thair hasty fair, thair revelling and deray,
thair morrises and sic riot, while near day.
But for tae tellen hou wi torch licht
thay went tae chaumer, and syne tae bed at nicht,
mine author list nae mention thareof draw.
Nae mair will I, for sic thingis been knaw:
aa are expert, efter new mairriage,
on the first nicht whit suld be the subcharge.

Chaipter X

Eneas founds a wallit toun and square;
whamtae Venus gan diverse things declare.

And thus thay feasten dayis nine at all,
wi large pomp and kingly apparel,
accordin sic a spousage as wis this.
And, whan the tenth morra comen is,
than this ilk sovereign and maist dochty man,
Eneas, for tae found his toun began.
First gan he merk and circle wi a pleuch
whaur the wallis suld staun; thare drew a sheuch;
syne Trojans founds tenementis for thaimself,
and gan the fosses and the ditches delve.

---

[38] serges: muckle caunles

[39] double brangils and gambats: lively dances an lowps

But lo, anon, a wunner thing tae tell!
A huge bleeze o flames braid doun fell
furth o the cluddis, at the left haun straucht,
in mainer o a lichtning or fire-flaucht,
and did alicht richt in the samen steid
upo the croun o fair Lavinia's heid;
and frae thyne hie up in the lift again
it glade away, and tharein did remain.
The faither Eneas astonished waux some-deal,
desirous this sign suld betoken sele;[40]
his haundis baith upheaves taewarts heiven,
and thus gan mak his buin[41] wi mild stevin:

"Oh Jupiter, gif e'er ony time," sayed he,
the Trojan people, baith by land and sea,
thine admonitions, command, and empire,
obeyit haes, page, man, or sire;
or gif that I your pouer and godheid
dreid, and adornit intil ony steid,
your altars, or ony worship did tharetae;
and by that thing yit restis for tae dae,
gif onything behinnd yit doth remain;
wi this your happy taiken augurane
yield us your pleasant rest and firm peace.
Mak end o aa our herms, and cause thaim cease."

As he sic wordis warpis out that tide,
his gowden mither appears him beside,
confessin her tae be the fair Venus,
and wi her blissit mouth she carpis thus:
"Son, dae sic thocht and dreid furth o thy mind.
Receive thir godly signs in better kind,
and joyously enjoice, my ain Enee,
the gret weillfare frae thence sall betide thee.
Nou is thy rest and quiet fund and kenned.
Nou o thy harrass is comen extreme end.
Nou at the last, as thou desires, perfay,
this warld wi thee sall knit up peace for aye.
Abhor thou nocht the fire and flames bricht,
frae thy dear spous's heid glade tae the hicht,

| 40 | sele: prosperity |
| 41 | buin: prayer |

but constantly thy mind thou nou address.
It sall be she, I thee declare express,
that sall wi bluid ryal thy dochty name,
thy succession, renown, and noble fame,
and Trojan princes, o thy seed descend,
abuve the cluddis hie and starnis send.
She sall o thy lineage, my son Enee,
beir children fu o magnanimity,
o whase affspring sic men sall succeed,
that aa this large warld faur on breid
wi thair excellent worship sall fulfill,
and by thair michty pouer, at thair will,
as conquerors, unner thair seignory
subdue and rule this warld's monarchy;
o wham the shinin sovereign glore sall wend,
and faur beyond the ocean sea extend,
makkin thaim equal wi the heivens hie;
wham, finally, thair ardent gret bonté
and sovereign virtue, spreid sae faur on breid is,
efter innumerable sae feil dochty deedis,
sall mak thaim goddis, and thaim deify,
and thaim upheize fu hie abuve the sky.
This flame o fire the worship and renown
doth signify o thy successioun.
The God aamichty frae his starnit heiven
haes shawn tharefore this sign o fiery levin.
Tharefore, in recompense o siccan thing,
and sae meikle worship o her sall spring,
this ceity, whilk thou closes wi a wall,
efter thy spous's name cleip thou sall.
And further eik, the goddis wham thou hint
o Troy, that time whan it in flames brint,
Penates, or the gods domestical,
thou set alsae within the samen wall.
Tharein thou gar thaim suin be brocht in hy,
in hie honour and time perpetualie,
thare tae remain, eternally tae dwell.
I sall tae thee o thaim a wunner tell:
thay sall sae strangly luve this new ceity,
that, gif thaim happens cairryit for tae be
til ony ither steid or place thareby,
aa by thaimsel again fu hastilie
thay sall return tae this ilk toun o thine,
that thou buildis in bounds o King Latine.

Yea, hou aft syse that thay away be tane,
thay sall return hamewart again ilkane.
Oh happy ceity, and weill fortunate wall,
wi wham sae gret relictis remain sall,
whaurin thou sall in time tae come, but lees,
govern the Trojan fowk in pleasant peace!
Efter this at last Latin, thy faither-in-law,
weary o his life, and faur in age y-draw,
doun tae ghaistis in the Camp Elysé
sall wend, and end his dully days, and dee.
Untae his sceptre thou sall dae succeed,
and unner thy seignory, faur on breid,
sall wield and lead thir ilk Italians,
and common laws for thaim and the Trojans
statute thou sall; and syne thou sall ascend,
and up tae Heiven gledly thysel send.
Thus stauns the goddis' sentence and decreit."

Nae mair she sayed; but, as the gleam doth gleit,
frae thence she went away in the schire air,
I wat nocht whither, for I come never thare.
Enee astonished, haein his mind smite
wi sic promise o renown and delight,
his blissit mither's command gan fulfill.
And nou at pleasant rest, at his ain will,
the Trojan people rulit he in peace.

Wi this the King Latinus gan decease,
and left the sceptre vacant tae his hand.
Than the ruthfu Enee owre aa the land
o Italy succeedis in his steid,
and gan fu large boundis in lordship lead,
that hailly obeyed tae his wand,
and at his liking rulit aa the land.
Nou equally o free will every ane,
baith people o Troy and fowk Italian,
aa o ae rite, maineris and usance,
becomen are freindly but discrepance;
thair minds and thair breistis in amity,
in firm concord and gret tranquility,
gan leive at ease, confederate in ally,
as unner ae law samen conjunct evinlie.

Chaipter XI

Hou Jupiter, for Venus' cause and luve,
haes set Eneas as god in Heiven abuve.

Venus wi this, aa gled and fu o joy,
amid the heivenly hauld, richt mild and moy,[42]
before Jupiter doun hersel set,
and baith her airmis about his feet plet,
embracin thaim and kissin reverentlie.
Syne thus wi voice express she sayed in hy:

"Faither aamichty, that frae thy heivenly ring
at thy pleisure rules and steers aathing,
that man's deedis, thochtis, and adventures,
reckons and knaws, and thareof haes the cures —
weill I remember, whan that the people Trojane
wi hard unfreindly fortune wis owretane,
thou promist o thair laubours and distress
help and support, and efter dis-ease solace.
Naither thy promise, faither, nor sentence
haes me deceived: for lo, wi reverence
aa the faithers o Italy haes see,
but discrepance, fully thir yearis three,
in blissit peace my son enjoys that land.
But certes, faither, as I unnerstand,
untae the starnit heivenly hauld on hie
thou promist raise the maist dochty Enee,
and, for his merit, abuve thy shinin sky
him for tae place in Heiven, and deify.
Whit thochtis nou doth rollen in thy mind?
Sen, else, doth the virtuous thewis kind
o this ruthfu Eneas thee require
abuve the poles bricht tae raise that sire."

The Faither than o men and goddis all
gan kiss Venus his child, and thairwithal
thir profound wordis frae his breist furth braid:
"My dear dochter Citherea," he sayed,
"thou knaws hou strangly the michty Enee,
and the Eneadans aa o his menyie,

---

[42] moy: demure

eidently and unirkit luved hae I,
on sea and landis chasit by and by,
in perils sere; and hou that aft time eik,
haein peity o thee my dochter meek,
for luve o thee, for thair dis-ease wis wae;
and nou I hae, lo, finally alsae
aa thair hermis and annoy brocht til end,
and made Juno, as that fu weill is kenned,
for tae become freindly and favourable.
Nou likes me, forsuith, aa firm and stable
my sentence promist tae complete," quo he,
"whan that the ryal Trojan duke Enee
amang the heivens institute I sall,
and him tae nummer o the goddis call.
Aa this I grant wi guid willis perfay.
Tharefore, see that thou cleanse and dae away,
gif thare be in him ony mortal thing,
and syne abuve the starnis thou him bring.
I sall alsae heich ony o his kin,
whilk o thair proper virtue list dae win
perpetual luvings by deeds honourable,
and doth contemn the wretchit warld unstable.
Thaim in likewise abuve the heivens hie
I sall dae place and deify," quo he.

The gods abuve aahaill gave thair consent,
nor ryal Juno, at that time present,
list nocht contrary, but gan persuade fu even
tae bring the gret Enee up tae the Heiven,
and freindly wordis o him carpis thair.
Than Venus slade descendin throu the air,
and socht untae the fieldis Laurentane,
nearby whaur that Numicus throu the plain,
that fresh river, flowes tae the sea,
deckit about wi reedis growein hie;
whaurin the body o her son sae dear
she made dae wesh, and unner the streams clear
aa that wis mortal or corruptable thing
gart dae away. And syne, at her liking,
the recent happy saul wi her hint she,
and bare it up abuve the air fu hie
untae the Heiven, whaur ruthfu Eneas
amid the starnis chosen haes his place;
wham the faimil and kinrent Juliane

Douglas' translation o Virgil's Eneados modrenised

doth cleip and caa amangs thaim every ane
Indigites; whilk is as meikle tae say
as god indweller at thair sojourns aye;
and, in remembrance o this ilk turn,
thay gan his temples worship and adorn.

Douglas' Efterword

The Conclusion o this Buik o Eneados

Nou is my wark aa feinished and complete;
wham Jove's ire, nor fire's birnin heat,
nor trinshin swourd sall deface, and doun-thring,
nor lang process o Age, consumes aathing.
Whan that unknawen day sall him address,
whilk nocht but on this body pouer haes,
and ends the date o mine uncertain eild,
the better pairt o me sall be upheild
abuve the starns perpetually tae ring,
and here my name remain, but enparing.[1]
Throu-out the isle y-cleipit Albione
read sall I be, and sung wi mony one.
Thus up my pen and instruments fu yare[2]
on Virgil's post I fix for evermair,
never, frae thence, sic maiters tae descrive.
My muse sall nou be clean contemplative,
and solitar, as doth the bird in cage;
sen faur byworn is aa my childish age,
and o my days near passit the hauf date
that nature suld me granten, weill I wait.
Thus, sen I feel doun sweyin the balance,
here I resign up younker's observance.
Adieu, gallants, I gie ye aa guid nicht,
and God save every gentle courteous wicht!

Amen.

---

[1] enparing: lessenin
[2] yare: eident

Douglas' translation o Virgil's Eneados modrenised

Here the translater direcks his buik and excuses himsel

My Lord, tae your nobility in effeck,
tae wham this wark I hae abuve direck,
Gavin, your cousin, provost o Sanct Gile,
greeting in God aye lestin and guid hele.
Receive guid will, whaur that my cunning fails,
and gif within this volume ocht avails,
or is untae your pleisure agreeable,
than is my laubour something profitable.

Whaur I offendit, or misters correctioun,
unner your saufguard and protectioun
I me submit. Ye be my shield and defence
agin corruptit tungis' violence,
can nocht amend, and yit a faut will spy.
Whan thay backbite, whane'er thay cleip and cry,
gif need beis, for your kinsman and clerk
than I protest ye answer, and for your werk.
Gif thay speir why I did this buik translate,
ye war the cause thareof, fu weill ye wait.
Ye causit me this volume tae indite,
whaur-throu I hae wrocht mysel sic dispite,
perpetually be chidit wi ilk knack,[3]
fu weill I knaw, and mocked behinnd my back.
Say thay nocht, I mine honesty hae degrade,
and at mysel tae shuit a butt haes made?
Nane ither thing thay threip, here wrocht hae I
but feignit fables o idolatrie,
wi sic mischief as aucht nocht namit be,
openin the graves o smert iniquity,
and on the back-hauf writes widdershins
plenty o lesings, and auld perversed sins.

Whaur that I hae my time super-expendit,
mea culpa, God grant I may amend it,
wi grace and space tae up-set this tinsell.[4]
Tho nocht by faur sae largely as thay tell,

---

[3] knack: baur, joke

[4] tinsell: loss, i.e. spiritual lapse

as that me seems, yit offendit hae I;
for weill I wat, our wark tae mony a wy
sall baith be pleasin and eik profitable,
for tharein been sere doctrines fu notable.
It sall eik dae some fowk solace, I guess,
tae pass the time, and eschew idleness.
Anither profit o our buik I mark,
that it sall be repute a needfu wark
tae thaim wad Virgil tae children expone;
for wha list note my verses, one by one,
sall finnd tharein his sentence every deal,
and aamaist word by word, that wat I weill.
Thank me tharefore, maisters o grammar schuils,
whaur ye sit teachin on your binks and stuils.
Thus hae I nocht my time sae occupy
that aa suld haud my laubour unthriftie.
For I hae nocht interpret nor translate
every burell rude poet divulgate,
nor mean indite, nor empty wordis vain,
common ingyne, nor style barbarian;
but in that art o eloquence the fluid
maist chief, profound and copious plenitude,
source capital in vein poetical,
sovereign fountain, and flume imperial;
wham, gif I hae offendit, as thay mean,
deem as ye list, whan the wark is owreseen.
Be as be may, your freindship, weill I wait,
wrocht mair at me than did mine ain estate;
for kindness sae mine een aamaist made blinnd,
that, you tae please, I set aa shame behinnd,
offerin me tae my waryers[5] wilfully,
whilk in mine ee fast stares a mote tae spy.
But wha-sae lauchs here-at, or heidis nods,
gae read Bocas in the *Genology o Gods*:
his twa last buiks sall suage thair fantasy,
less than nae reason may thaim satisfy.
I reck nocht whither fuils haud me deil or sanct —
for you made I this buik, my lord, I grant,
naither for price, debt, reward, nor supplie,
but for your tender request and amity,
kindness o bluid grundit in natural law.
I am nae cake-fiddler,[6] fu weill ye knaw.

---

5   waryers: cursers

Naething is mine whilk sall nocht youris be,
gif it effeirs for your nobility;
and o your mobles and aa ither gear
ye will me serve siclike, I hae nae weir.

But as tuichin this our wark nou in hand
(whilk, aft is sayed, wis made at your command),
tae whit effeck, gif ony wad inquire,
ye may answer, tho I need nocht you lear,
that Virgil micht intil our langage be
read loud and plain by your lordship and me,
and ither gentle companions wha-sae list.
Nane are compelled drink nocht but thay hae thrist,
and wha-sae likes may tasten o the tun
unforlatit,[7] new frae the berry run;
read Virgil baldly, but meikle offence
except our vulgar tung's difference,
keepin nae fecund rhetoric castis fair,
but hamely plain termis familiar,
naething altert in substance the sentence,
tho scant perfit observed been eloquence.
I will weill ithers can say mair curiously,
but I hae sayed efter my fantasy.
I covet nocht tae prefer ony wicht.
It may suffice I sayed naething but richt;
and, set that empty be my brain and dull,
I hae translate a volume wonderful.
Sae profound wis this wark at I hae sayed,
me seemit aft throu the deep sea tae wade,
and sae misty umquhile this poesy,
my spreit wis reft hauf deal in ecstasy.
Tae pyke the sentence as I couth as plain,
and bring it tae my purpose, wis fu fain,
and thus, because the maiter wis uncouth,
nocht as I suld I wrate, but as I couth.
Wha weens I say thir wordis but in vain,
lat thaim assay as lang laubour again,
and translate Ovid, as I hae Virgile –
per chance that wark sall occupy thaim a while.

---

[6]   cake-fiddler: parasite

[7]   unforlatit: nocht decantit (in contrast to Caxton's version, cf. 'The Prologue o the Fift Buik' abune)

Yit hae I heard aft sayed by men no clerks,
til idle fowk fu licht been leukin[8] warks.

Tae you, my lord, whit is thare mair tae say?
Receive your wark desirit mony a day;
whaurin alsae nou am I fully quit,
as tuichin Venus, o mine auld promit
whilk I her made weill twal yearis tofore,
as witnesseth my *Palace of Honour*,
in the whilk wark, ye read, on haun I teuk
for tae translate at her instance a buik.
Sae hae I duin abune, as ye may see,
Virgil's volume o her son Enee
reducit, as I couth, intil our tung.
Be gled, Enee, thy bell is hiely rung;
thy fame is blaw; thy prowess and renown
divulgate are, and sung frae toun tae toun;
sae hardy frae thence, that aither[9] man or boy
thee ony mair repute traitor o Troy;
but as a worthy conqueror and king
thee honour and extol, as thou art digne.

My Lord, altho I did this wark compile,
at your command, intil our vulgar style,
suffer me borrow this ae word at the least,
tharewi tae quit my promise and behest,
and lat Dame Venus hae guid nicht adieu
(whamtae some time ye war a servant true).
I hae alsae a short comment compiled
tae expone strange histories and terms wild;
and gif ocht lackis mair, whan that is duin,
at your desire it sall be written suin.
And further, sae that I be nocht prolixt,
the etern Lord, that on the ruid wis fixt,
grant you and us aa in this life weillfare,
wi everlestin bliss whan we hyne fare!

Amen.

Quo Gaewinus Dowglas.

---

8   leukin: onlookin

9   aither: *sic* (naither?)

Ane exclamation agin detractors and uncourteous readers, that been owre studious, but occasion, tae note and spy out fauts or offences in this volume, or ony ither crafty warks

Nou throu the deep fast tae the port I mark,
for here is endit the lang-despairit wark,
and Virgil haes his volume tae me lent.
In sover rade[10] nou anchored is our bark.
We dout nae storm, our cables are sae stark.
We hae escaped fu mony perilous went.
Nou God be luved, haes sic grace tae us sent!
Sen Virgil beis wide-whaur in Latin sung,
thus be my laubour read in our vulgar tung.

But whit danger is ocht tae compile, alace!
Hearin thir detractors intil every place,
or e'er thay read the wark, bids birn the buik.
Some been sae frawart in malice and wangrace,
whit is weill sayed thay luve nocht worth an ace,
but casts thaim e'er tae spy out faut and cruik.
Aa that thay finnd in hiddils, hirn, or neuk,
thay blaw out, sayin in every man's face,
"Lo, here he fails! See thare he leeis, leuk!"

But, gif I lee, lat Virgil be our judge.
His wark is patent – I may hae nae refuge.
Thareby gae note my fautis one by one.
Nae wunner is, the volume wis sae huge,
wha micht perfitly aa his hie termes ludge
in barbar langage, or thaim duly expone?
But weill I wat, o his sentence wants none.
Wha can dae better, lat see whaur I forvayit –
begin anew, aathing is guid unassayit.

---

[10] rade: roadstead

Faur either[11] is, wha list sit doun tae mote,[12]
anither sayer's fauts tae spy and note,
than but offence or fate thaimsel tae write,
but for tae chide some been sae brim and hot,
haud thay thair peace, the word wad scaud thair throat;
and haes sic custom tae jangle and tae backbite,
that, but thay shent some, thay suld brust for syte.
I say nae mair, whan aa thair rerd is rung,
that wicht maun speak that can nocht haud his tung.

Gae, vulgar Virgil, tae every churlich wicht.
Say, I avow thou art translatit richt.
Beseek aa nobles thee correck and amend,
beis nocht affeart tae come in pricer's[13] sicht.
Thee needis nocht tae ashame o the licht,
for I hae brocht thy purpose tae guid end.
Nou shalt thou wi every gentle Scot be kenned,
and tae unlettert fowk be read on hicht,
that erst wis but wi clerkis comprehend.

Quod Douglas.

---

[11] either: easier
[12] mote: fin faut (only here as verb)
[13] pricer: literally valuer

Douglas' translation o Virgil's Eneados modrenised

Here follaes the time, space, and date, o the translation o this buik

Completit wis this wark Virgilian,
upo the feast o Mary Magdalene,
frae Christ's birth, the date wha list tae hear,
a thousan five hunner and thirteen year;
whilk, for ither gret occupation, lay
unsteirit close beside me mony a day;
and naetheless, whither I serve thank or wyte,
frae time I tharetae first set pen tae write –
tho God wat gif thir boundis war fu wide
tae me that haed sic business beside –
upo this wise, as God list len me grace,
it wis compiled in auchteen month space;
set I feil syse, sic twa monthis infeir
wrate ne'er a word, nor micht the volume steir
for grave maiters and gret solicitude,
that aa sic laubour faur beside me stuid.
And thus gret scant o time and busy cure
haes made my wark mair subtle and obscure
and nocht sae pleasin as it aucht tae be,
whaurof ye courteous readers pardon me.
Ye writers aa, and gentle readers eik,
offendis nocht my volume, I beseek,
but readis leal, and tak guid tent in time,
ye naither maggle nor mis-metre my rhyme,
nor alter nocht my wordis, I you pray.
Lo, this is aa. Nou, beau sirs, hae guid day.

Quod Gaewinus Douglas.

Opere finito sit laus et gloria Christo.

Virgil's efterword

Mantua me genuit, Calabri rapuere, tenet nunc Parthenope; cecini pascua, rura, duces.

O Mantua am I beget and bore,
in Calabre deceasit and forlore.
Nou stant I grave in Naples the ceity
that in my time wrate notable warks three:
o pasturage and eik o husbandry,
and dochty chieftains fu o chivalry.